영유아 교과교재 연구 및 지도법

유은정 • 이혜정

창지사

머리말

유아에게 놀이는 생활이자 삶이다. 유아들은 놀이를 통해 탐색하고 발견해가며 진지하게 세상을 알아간다. 유아의 놀이를 지원할 교재교구를 연구하고 제공하는 일은 교사의 중요한 역할 중 하나이다. 예비유아교사에게 유아를 위한 교과교재를 연구하고 지도하는 방법을 익히는 과정은 다양한 내용을 포함한다. 따라서 교과교재연구 및 지도법은 교재교구에 대한 이론적인 연구와 함께 제작과 관련된 실제적인 방법도 익혀야 하기 때문에 다양한 역량을 필요로 하는 교과이다.

최근 유아교육현장에서는 개정된 누리과정이 적용되어 놀이중심으로 교재교구를 제공하는 방법을 고민하고 있다. 유아들의 놀이를 학습목적에 맞는 경험으로 확장하기 위해서는 교사의 민감한 관찰을 바탕으로 한 교재교구에 대한 창의적 아이디어가 필요하다. 학습목적에 맞는 가장 효과적인 방법을 구상하고 교재교구를 제작하여 유아들에게 제공하기까지 교사는 많은 과정을 거쳐야만 한다.

예비교사들에게 이러한 과정에 대한 경험을 제공하는 교과교재연구 및 지도법에 관한 훌륭한 교재가 범람하고 있는 가운데 굳이 새로운 교재를 더해야 하는 이유에 대해 고민하며 책의 방향을 정했다. 첫째, 유아교육현장을 이해하며 자기주도적 교재교구개발의 경험을 제공할 교재가 필요하다. 둘째, 유아교육현장의 기존의 교재교구에서 발전된 형태의 새로운 아이디어를 적용한 교재교구의 개발을 연습할 수 있는 교재가 필요하다. 셋째, 협동학습이나 PBL과 같은 새로운 형태의 교수방법을 적용하여 학습자들이 유아교육현장에 적합한 문제들을 협력적으로 해결하는 경험을 제공할 필요가 있다. 넷째, 놀이중심으로 개정된 유아교육현장에서 놀이의 흐름에 따라 교재교구를 적용할 수 있도록 양성과정에서도 차별적인 수업이 가능한 교재가 필요하다.

이러한 관점에서 이 책은 각장마다 '생각해보기'로 시작하여 내용을 이해하고 그에 따른 연습활동을 제공함으로써 이론에서 그치지 않고 실제에 적용하도록 활동을 제시하였다. 또한 '협동학습'을 통해 현장의 이해와 조사과정을 협력적으로 진행하고, 자기성찰의 기회뿐 아니라 다른 사람의 아이디어를 피드백 받아 발전할 수 있도록 활동을 첨가하였다. 교과를 통해 얻은 이론이 현장에 어떻게 적용하는지와 교재교구의 기획, 제작, 적용, 평가에 이르기까지 예비교사들에게 실제활동으로 연결하도록 하는 것에 주안점을 두었다.

먼저 1장 교재교구의 개념, 2장 교재교구의 역사적 배경, 3장 교재교구의 이론적 배경을 통해 교재교구에 대한 이론적 기초를 다루었다. 4장 발달에 따른 교재교구, 5장 다양한 교재교구, 6장 교재교구의 제작, 7장 대 · 소집단 교재교구 제작방법, 8장 영역별 교재교구 제작방법과 함께 9장에서는 새로운 개념의 교재교구를 제시하였다. 10장부터는 실제 부분으로, 놀이진행에 따른 교구 제작을 제시하였다. 10-1장에서는 유치원에 가는 길에서 만난 다양한 상황을 바탕으로 진행된 교재교구, 10-2장에서는 다양한 계절에 대한 놀이 흐름, 10-3장에서는 간단한 주제로 교통기관, 별자리, 동물에 대한 교재교구의 사례를 제시하였다.

각장마다 협동학습으로 진행할 수 있는 실제를 첨부하였으며 교재교구의 개발에 대한 자기성찰, 동료평가, 계획안 작성 등에 대한 다양한 협력의 기회로 발전적이고 긍정적인 결과를 도출할 수 있도록 구성한 것이 이 교재의 특징이다. 모쪼록 이 교재를 통해 예비교사와 교수자 모두 효과적인 수업을 진행하는 데 도움이 되기를 기대하며, 이 교재를 제작하는 데 도움을 준 창지사 관계자 여러분에게 감사를 드린다. 또한 매학기 교재교구를 제작하며 힘써 준 학생들에게도 감사를 드린다.

2022년 7월

저자 일동

차례

A B C D
1 2 3 4

CHAPTER

1

교재교구의 개념

학습목표

- 교재교구의 정의에 대해 안다.
- 유아교육현장에서의 교재교구의 중요성과 필요성을 이해한다.
- 교재교구의 다양한 활용방법을 알고 현장에 적용할 수 있다.
- 영유아의 발달에 따른 적절한 교재교구를 선정하고 활용할 수 있다.

생각해보기

- 유아에게 가장 사랑받는 장난감은 무엇이 있을까요?
- 유아교육기관과 초등학교의 수업과 교재와 교구의 차이점은 무엇일까요?

교사는 학습 내용을 학습자에게 효과적으로 전달하기 위해 다양한 방법을 구상한다. 특히 유아를 대상으로 한 유아교육현장의 교사는 교수매체의 선정과 교수자료의 활용을 위해 많은 시간과 노력을 할애한다. 유아들에게 교사의 말이나 글자로 이루어진 교재로 내용을 전달하기에는 발달적 한계가 있기 때문에 유아교육현장에서 교재를 연구하여 개발하고 활용하는 것은 학습내용을 효과적으로 전달하기 위해서 필요한 교사의 역량이라고 할 수 있다.

유아교육에서 이루어지는 교과는 영역으로 나뉘어져 있고 주로 통합적인 형태를 보이고 있다. 특별한 교과서도 없고 교재도 없는 유아교육현장의 교과는 학습내용에 따라 영역으로 나누는 것이 일반적이다. 초등학교 이후 교과목으로 분류하는 데 반해 유아교육에서는 통합된 형태에서 신체, 언어, 인지, 사회, 정서, 예술 영역으로 학습내용에 따라 분류되어 있으며 한 명의 교사가 모든 교과를 담당하고 있다.

이 장에서는 유아교육현장에서 사용되는 교재교구에 대한 개념에 대해 어떻게 정의할 수 있을지 알아보고, 교재교구의 중요성 및 필요성에 대해 차례로 다루어 봄으로써 교재교구의 기본적인 개념을 정리하고자 한다.

1. 교재교구의 정의

교육현장에서는 교과교재, 교구, 교재, 교구교재, 교수학습 자료, 교수 매체 등 다양한 용어로 혼용되어 사용하고 있다. 교육을 하기 위해서 학습자의 발달에 맞게 학습목표를 정하고, 그 목표를 달성하기 위한 내용을 선정하여 조직한 후, 목표 달성 여부에 대하여 평가하는 것을 교육과정이라고 정의한다. 교육내용은 학습경험이라고도 할 수 있다. 학습경험 안에는 교사에 의해 의도된 경험과 의도되지 않은 경험이 포함된다.

유아교육에서는 놀이를 통한 학습이 중요하기 때문에 의도되지 않은 학습이 비중 있게 이루어진다. 아래 그림과 같이 일련의 과정으로 교육과정은 운영된다. 교육목표에 따라 교육내용이 선정되고 체계적으로 조직한 후 교수학습방법을 적용하여 전달하게 된다.

교육과정의 운영

교과란 교육과정을 운영할 때 꼭 다루어야 할 내용을 정하고 분류하여 나누어 놓은 것이라고 볼 수 있다. 교과내용은 교육내용이라고도 정의하며 학습목표를 달성하기 위해 교육내용을 전달하는 매개체를 교재라고 할 수 있다(교육학용어사전, 1999).

교사가 교육목표를 달성하기 위해 의도를 가지고 하는 모든 활동을 교수(teaching)라고 하며 다양한 방법을 고안하여 효과적으로 내용을 전달해야 한다. 이때 사용하는 것이 교재와 교구이다. 교재란 교사에게는 교수자료이고 학습자에게는 학습자료라고 할 수 있다. 결국 교재는 교육 자료로서 교사가 원하는 학습 목표를 달성하는 데 도움이 되도록 교수 및 학습 상황에서 사용하는 생물 및 무생물, 인적 및 비인적 자원을 포함한 모든 자료의 총칭을 말한다(위키백과).

교재가 초등학교 이상의 학제에서는 교과서로 이루어져 있는 반면, 유아교육현장에서는 교사에 의해 제공되는 학습자료 혹은 교구가 중심이 된다. 언어를 통한 개념의 이해가 부족하고 문자를 습득하지 못한 유아의 발달적 특성을 고려할 때 교과서가 아닌 교재나 교구를 활용하는 것이 적합하기 때문이다. 교재와 교구의 사전적 의미를 제시한 아래의 〈표 1-1〉을 보면, 교재는 언어적 도구로 보고 시각 자료와 청각 자료로 나뉘며, 교구는 비언어적 도구로 구분하여 다양한 표현적 자료와 실물 자료로 구분하기도 한다(김성은, 2019).

〈표 1-1〉 교재와 교구의 의미

교재(언어적 도구)		교구(비언어적 도구)	
시각	청각	표현	실물
교과서 보조교재	라디오 녹음자료	그림 사진 모형	자연물 화석 인공적인 실물자료

출처: 김성은(2019). 영아의 통합발달을 위한 어린이집 평가제 교재교구 개발 및 적용 효과. 숙명여자대학교 대학원 박사학위청구논문. p. 37.

교재는 학습내용을 가르치기 위해 사용하는 언어를 활용한 직접적인 매개물이고 교구는 간접적인 매개물로 교재를 보완하는 보조적인 역할을 한다고 정의할 수 있으나(교육학용어사전, 1999), 유아교육현장에서 구분 없이 교재교구로 사용되고 있는 것이 현실이다. 최근 교구의 개념은 교수–학습과정에 사용되는 교육 미디어와 각종 기자재 등으로 확대되는 추세이다.

교재교구는 교수를 위해 사용된다는 의미에서 교수매체라는 용어를 사용하기도 한다. 유아교육에서 사용하는 교수매체는 다양하다. 유아교육에서 주로 사용하는 교수를 위한 매체로는 교사에 의해 제작된 감각자료(시각, 청각, 촉각 자료 등)와 각종 영상자료 등이 있다. 또한 개별적인 활동을 위해 상품화된 교구나 흥미영역에서 유아들이 가지고 놀 수 있는 각종 놀잇감이 있으며 다양한 정보화 기기와 환경까지 폭넓게 적용된다.

교육공학 분야의 발달로 교수매체는 더욱 다양하게 적용되고 있는데, 이제 교육현장에서도 e–Leaning의 붐이 일고 현실을 구성한 VR(가상현실), 향상된 현실을 적용한 AR(증강현실), AI(인공지능)가 적용된 수업까지 등장하였다. 수업에서 다양한 영상을 활용한 비디오 학습지원이 늘어남에 따라 컴퓨터, 노트북, 태블릿, 스마트폰 등의 기기가 일반화될 것으로 보인다.

교육공학과 교수매체의 개념에서 교재란 유아가 학습할 내용을 말하며 각종 정보화 기기를 통해 제시되는 교수자료를 의미한다. 이때 교구란 유아가 학습목표를 달성하기 위한 학습내용과 활동에 사용되는 물품을 의미한다(이선애 외, 2018).

학습내용을 교과서를 통해 수업이라는 정형화된 형태로 진행하는 초등 · 중등학교와 달리 유아교육은 학습내용을 전달함에 있어서 수업뿐 아니라 놀이와 활동의 비중이 높으며 환경의 영향이 크다는 특징을 가지고 있다. 따라서 유아교육의 관점에서 교재교구의 정의는 유아의 발달에 따라 놀이 시 사용하는 자료 및 환경뿐 아니라 교사가 교수활동에서 활용하는 모든 종류의 자료의 총칭이라고 정의할 수 있다.

유아교육현장의 교재교구

교과서나 교재가 없는 유아교육현장에서는 교사에 의해 제공되는 학습자료 혹은 교구를 중심으로 진행된다.

2. 교재교구의 중요성

유아기는 급격한 발달이 이루어지는 시기이며 환경에 영향을 가장 많이 받는 시기라고 할 수 있다. 유아기교육에서 교재교구가 차지하는 비중이 어느 시기보다 크기 때문에 이 시기에 교재교구를 활용한 활동은 유아의 발달은 물론 교육의 질을 좌우하는 결정적 역할을 하게 된다.

유아는 놀잇감을 가지고 놀면서 자연스럽게 학습을 하게 되며 환경을 통해 세상을 받아들인다. 유아는 끊임없이 주변을 탐색하고 쉬지 않고 움직이며 환경과의 상호작용을 한다. 유아들은 다양한 감각을 사용하여 환경을 받아들이고 익히면서 세상을 향한 호기심을 채워나간다. 의도된 교육뿐 아니라 의도되지 않은 교육도 환경을 통해 자연스럽게 습득하기 때문에 유아에게 제공되는 교재교구는 유아의 동기유발, 주의집중, 호기심과 같은 정의적 태도 및 학습의 내용이해와 학습결과에도 영향을 미치게 된다.

1) 교재교구의 선정기준

유아를 위해 제공되는 교재교구에는 선정기준에 대한 선행연구의 내용을 정리하면 다음과 같다(이대균 외, 2002; 김유정 외, 2019; 심성경 외, 2019).

(1) 유아의 발달을 고려한다

유아에게 제공되는 교재교구는 연령에 따른 신체적, 인지 및 언어적, 사회적 발달을 고려해야 한다. 먼저 신체적 발달의 측면에서 살펴보면, 연령에 따른 신체 사이즈를 고려하고 소근육과 대근육 발달의 정도에 맞는 교재교구를 선정해야 한다. 예를 들면, 영아 교구의 경우 크기가 너무 작으면 삼킬 수도 있고, 협응능력과 소근육 발달이 이루어지지 않아 조작하기 힘들다. 유아의 신체적 발달 즉, 시각, 청각, 촉각, 미각, 후각과 대 · 소근육의 발달을 고려하여 교재교구의 크기, 형태, 소재, 색 등을 선택해야 한다.

인지 및 언어발달의 측면에서 살펴보면, 교재교구를 통해 유아는 다양한 언어를 습득하고 환경 속에서 필요한 문해의 기본을 경험한다. 시장놀이를 통해 가격표를 읽고 수를 세며 적목 쌓기 놀이를 하면서 도형, 균형, 공간 등을 익힌다. 교구를 통해 문제를 해결함으로써 세상을 살아가는 데 필요한 정보와 사고의 힘을 기를 수 있다.

사회성 발달의 측면을 살펴보면, 놀이를 통해 친구들과 상호작용을 하는 기회를 갖는다. 함께 협력하기도 하고 경쟁하기도 하면서 문제를 해결한다. 좋은 교재교구를 통해 흥미와 자신감, 자기조절과 같은 태도를 키울 수 있다. 흥미롭고 매력적인 교재교구는 유아에게 즐거움과 같은 긍정적인 정서를 제공하지만 발달 수준에 적합하지 않은 교구는 유아의 자존감을 떨어뜨리기도 한다.

(2) 교재교구의 내구성을 고려한다

반복적으로 교재교구를 활용하고 왕성한 에너지로 활동하는 유아들의 교재교구는 견고해야 한다. 쉽게 부서지거나 조작이 불편한 교재교구는 유아들에게 부적합하다. 놀이를 하다 보면 경우에 따라서는 상상력을 동원하여 원래의 용도가 아닌 다른 활동으로도 활용하기 때문에 어떠한 활동에도 견고하게 견디는 교재교구를 준비해야 한다. 견고하지 않은 교재교구를 제공하여 유아들이 적극적인 활동에 제한을 받거나, 망가뜨렸다는 좌절감이나 죄책감 혹은 친구들로부터 비난을 받지 않도록 해야 한다. 교과서가 없고 생활주제 혹은 프로젝트 주제로 진행되는 유아교육 현장에서 유아교사들은 교재교구를 제작하여 사용하는 경우가 많다. 교사에 의해 제작되는 교재교구의 경우 상품화된 교구에 비해 견고하지 않은 경향이 있다. 교재교구를 제작할 때 교사는 경제적이면서도 내구성이 강한 소재를 선택하고 이음새의 접착 상태를 튼튼하게 마무리하여야 한다.

(3) 교재교구의 안전성을 고려한다

유아를 대상으로 제공되는 교재교구는 무해하며 안전한 소재와 형태를 갖추어야 한다. 유아의 발달적 특성상 놀잇감과의 접촉이 빈번하고 직접적이라는 점을 감안하여 소재의 선정에 신중해야 한다. 유아에게 친환경적인 소재를 확인하고 표면이 거칠지 않은 교재교구를 선택하여 안전한 활동을 하도록 한다. 표면에 색을 표현하기 위해 사용된 물감이나 표면처리를 위한 약품으로 인한 냄새가 없는지, 놀잇감이나 교재교구의 형태도 모서리가 날카롭지 않고 둥글게 처리되었는지 확인하여 감각활동에 제한을 받지 않도록 한다.

(4) 교재교구는 교육적이어야 한다

교재교재는 교육적으로 가치가 있어야 한다. 유아는 교재교구를 가지고 활동하면서 다양한 개념과 정보를 받아들이고 내면화하는 과정으로 학습이 이루어진다는 점에서 교사가 제공하는 교재교구가 유아에게 바람직한 발달을 돕는지 검토해야 한다. 교사는 성, 문화, 정치, 인종, 종교, 장애 등에 대한 편견이 없는 교재교구를 사용해야 함을 유의해야 한다. 무엇이든지 자연스럽게 받아들이는 유아기의 발달을 고려하여 폭력적인 내용이 포함되어 있다거나 사회적인 가치 예를 들면, 환경이나 평화 등의 가치에 부적합한 내용을 담고 있지는 않은지 검토하여야 한다.

(5) 교재교구는 매력적이어야 한다

인간은 본능적으로 아름다움을 추구하는 존재라고 할 수 있다. 우리는 누구나 아름다움에 대한 선호를 갖고 있고 아름다운 자연을 감탄하며 아름다운 색과 모양을 좋아한다. 유아들에게 주어지는 교재교구는 이러한 유아의 심미감을 충족시킬 수 있어야 한다. 최근 제작되는 동화책을 보면 과거에 비해 다양한 기법과 소재를 사용하여 유아에게 즐거움을 주고 있다. 이러한 경험은 어린시절부터 예술적 감상 능력을 길러줌으로써 심미감 발달에 기여한다.

교재교구를 선정할 때 교사는 이러한 유아의 아름다움에 대한 요구를 반영하여 교재교구에 대한 흥미와 호기심을 충족시켜 주어야 한다. 유아의 관심과 주의를 끌지 못하는 교재교구는 학습에 효과를 떨어뜨리는 결과로 이어진다.

2) 교재교구의 중요성

어린이집 평가에서 교재교구와 관련된 내용을 살펴보면, 교수학습방법 및 놀이지원에서 활동주제와 유기적으로 연관된 활동자료를 제공하고 있는지와 영유아의 발달 수준과 연령, 사전경험을 고려하여 자료를 준비하며 충분한 자료가 구비되었는지를 평가하고 있다.

유치원 평가 항목을 살펴보면, 교수학습방법의 측면에서 교사는 놀이를 지원하고 유아가 흥미와 관심에 따라 자유롭게 참여하고 즐길 수 있도록 하며 다양한 놀이를 경험하도록 환경을 제공하는지 평가한다. 교재교구의 측면에서는 놀이를 지원할 때 놀이에 필요한 자료와 적절한 공간을 제공하도록 하여야 하며 자연물과 실물자료를 포함한 놀이 자료를 풍부하게 구비하여야 한다. 유아가 상상력과 창의력을 발휘할 수 있는 개방적인 놀이 자료를 다양하게 사용하는지 평가하는데 예를 들면, 다양한 감각자료와 자연물, 직접 관찰하고 느낄 수 있는 실물자료, 조작할 수 있는 자료 등 다양한 자료를 준비했는가에 대해 평가한다.

또한 실내외 교재교구는 별도의 보관 장소를 마련해야 하며 일정한 기준에 따라 체계적으로 관리해야 하는데, 교구 목록이나 관리대장 등을 작성하여 찾기 쉽고 사용이 용이한지, 놀잇감은 청결하고 안전하게 관리되고 있으며 제공되는 놀잇감은 안전인증기관으로부터 인증받은 것(KC)을 제공하는지 등을 평가하고 있다.

풍선놀이

유아가 풍선을 이용하여 달리면서
바람의 세기와 방향을 경험한다.

블록놀이

블록은 연령에 제한을 받지 않고
자신의 수준에 맞게 함께 놀 수 있는 교구이다.

좋은 교재교구는 다양한 방법으로 활용 가능하여 유아의 창의성 발달에 도움을 준다. 한 가지 방법으로만 사용하는 것보다 변형이 가능하도록 하여 다양한 변화를 줄 수 있는 것이 유아의 활용범위를 넓혀 아이디어를 발휘하도록 할 수 있다. 유아기는 상상력이 풍부하고 가상놀이가 활발한 시기임을 고려할 때 고정적이고 구조화된 놀잇감보다는 가변적인 구성놀잇감이 효과적이다. 구성놀잇감은 어떤 문화권이나 사용 가능하며 연령의 제한을 받지 않는다. 블록은 문화, 성, 연령에 제한을 받지 않는 대표적인 놀잇감이라고 할 수 있다. 이러한 놀잇감은 주제에 제한을 받지 않고 다양한 활용이 가능하며 창의적으로 변화를 줄 수 있어 유아의 사랑을 받고 있다.

유아에게 미치는 교재교구의 중요성을 정리하면 다음과 같다.

(1) 교재교구는 유아의 통합적, 전인적 발달을 돕는다

유아의 발달은 통합적으로 연결되어 있기 때문에 교재교구를 가지고 활동할 때 전인적 발달이 이루어진다. 유아에게 발달과 학습은 서로 연관되어 있어서 또래와 보드게임을 할 때 주사위를 통해 수개념을 형성하고 순서와 규칙을 따르면서 사회성을 기른다. 또래와 상호작용하는 가운데 의사소통 기술을 습득하고 또래의 말을 통해 새로운 어휘를 배우기도 한다. 함께하는 또래와 경쟁하거나 의견 대립과 같은 다툼의 경험을 통해 타인의 기분과 정서를 이해하는 기회를 가질 수 있다. 이러한 전인적 발달로 이끄는 매개 역할을 하는 것이 교재교구이며 교재교구는 다양한 활동의 기회를 제공함으로써 유아들의 성장을 돕는다.

(2) 교재교구는 유아의 학습내용에 대한 지식, 기능, 태도를 기른다

유아의 생활 속 경험을 소재로 하여 지식, 기능, 태도 및 가치를 습득하도록 한다. 교사는 유아가 일상 생활에서 광범위하게 알아야 하는 생활 경험을 학습의 장으로 연결할 수 있도록 교육적으로 접근해야 한다.

지식은 유아가 습득하게 되는 사실, 개념, 정보 등을 말하며 기능은 습득한 지식을 바탕으로 적용하는 방법을 찾는 능력을 말한다. 태도 및 가치는 가치판단, 감정의 성향, 학습할 때 나타나는 태도, 흥미, 호기심 등이 포함된다. 이러한 지식, 기능, 태도가 일상 생활을 하는 중에 학습으로 이어지도록 구체적이고 실제적인 접근을 해야 한다(교육부, 2013). 교재교구는 유아가 학습해야 할 내용을 이해하기 쉽게 전달할 수 있게 한다. 유아교사에게 교재교구는 수업과 학습내용 전달의 성패를 좌우하는 도구이다. 이야기 나누기 시간에 다루는 주제에 대해 사진이나 그림자료, 실물자료, 모형 같은 교재교구는 교사에게는 중요한 교수자료가 된다. 이러한 자료는 유아에게 새로운 정보를 제공하여 필요한 기술을 익히게 한다. 흥미로운 교재를 통해 유아는 몰입하며 집중하는 학습에 대한 좋은 태도를 기를 수 있다.

(3) 교재교구는 유아의 놀이를 통한 학습을 심화·확대하도록 돕는다

놀이는 유아의 일상이다. 유아는 매일의 일상에서 놀이를 선택하고 놀이를 통해 배운다. 일상에서 만나는 무엇이든지 놀잇감이 되며 유아들은 그것을 가지고 다양한 규칙과 방법을 고안해 내며 놀이를 즐긴다. 놀이는 유아에게 즐겁게 탐색하고 실험하고 배우게 하는 과정이며, 이때 교재교구는 이러한 놀이를 지속하게 하고 심화 · 확대하도록 돕는다. 다양한 자료의 제공은 더욱 깊은 놀이에 빠지게 할 수 있으며 풍부한 경험을 제공하게 된다.

(4) 교재교구는 유아의 타인과 주변세계에 대한 이해를 돕는다

교재교구를 통해 자기조절과 통제를 배우는 것은 물론, 친구와의 놀이 경험은 타인에 대한 감정을 이해하는 기회를 제공하기도 한다. 역할놀이와 같은 가상활동을 통해 타인의 역할이나 감정을 이해하고 다양한 주변 세계를 이해하게 된다. 유아를 둘러싸고 있는 인적 · 물적 환경에 대한 간접적인 경험을 제공하며 이것은 유아가 타인이나 환경과 상호작용하는 데 필요한 기능을 익히도록 돕는다.

(5) 교재교구는 유아의 탐색, 표현, 감상 등의 예술경험을 돕는다

유아는 새로운 재료가 주어질 때 그것을 다양한 방법으로 표현하는 기회를 갖는다. 인공적인 재료뿐 아니라 자연물을 활용하여 자신의 생각과 느낌을 표현하는 기회는 창의성 계발과 표현력 향상을 돕는다. 교사는 미술, 신체, 음률 등의 활동에 필요한 다양한 교재교구를 제공하여 유아의 예술경험을 기르도록 풍부한 환경을 마련해야 한다.

3. 교재교구의 필요성

교과서나 교과목이 없는 유아교육에서는 교재교구가 학습내용이 되기도 하고 교수학습방법이 되기도 한다. 따라서 교사는 효과적인 교수를 위해 교수학습방법과 교재교구에 대해 연구해야 한다. 유아에게 학습내용과 주제에 대해 어떤 경험을 어떤 방법으로 제시해야 할지 선택하는 것이 교육의 질과 효과를 결정하는 중요한 요인이 되기 때문이다.

유아들은 자신들의 흥미에 따라 선택한 놀잇감을 통해 끊임없이 상호작용하며 세상을 알아간다. 교사가 열심히 준비한 교재교구가 유아에게 흥미가 없을 때도 있고, 의외의 자료에 집중할 때도 있다. 어떤 환경에서 어떠한 자료를 만나는지에 따라 유아에게는 다른 경험을 줄 수 있기 때문에 교사가 선정한 교수학습자료와 교구는 중요하다. 유아교육 현장에서 교수학습방법의 핵심은 교재교구라고 해도 과언이 아닐 것이다.

1) 유아의 발달이론적 측면에서의 교재교구

유아 발달연구가 활발하게 진행되면서 발달연구의 결과가 교육현장에도 적용되고 있다. 교사는 교육전문가로서 유아의 발달이론이 주장하는 바를 알고 그에 따른 교재교구를 제공함으로써 유아의 발달에 긍정적인 효과를 주어야 한다. 발달을 연구하는 연구자들은 저마다 자신의 관심분야와 관점이 다르기 때문에 유아의 발달에 미치는 교재교구의 역할도 다르다. 각 이론이 강조하는 교재교구의 역할을 알아보면 다음과 같다.

(1) 성숙주의 관점

성숙주의 관점의 이론에서는, 성숙(maturation)을 발달의 방향을 결정짓는 데 중요한 요인으로 보고 천성적으로 발달에 대한 예정표를 가지고 있다고 보았다. 대표

학자인 게젤(Gesell)은 500여 명의 유아를 관찰한 결과로 신체운동능력에 대한 발달 표준치(developmental norms)를 제시한 바 있다. 성숙주의 입장에서 아동의 내부의 힘과 예정된 프로파일이 존재하며 발달이 일정한 순서에 의해 순차적으로 진행되는데 그 힘은 성숙에 있다고 보았다. 학습이 일어나기 위해 신경세포와 구조, 운동능력 등의 성숙이 작용하기 때문에 관찰을 통해 각 유아에게 필요한 환경을 제공해야 한다는 입장이다.

각 유아의 생물학적인 요구에 따라 발달을 거스르지 않는 교재교구의 제공이 필요하다. 성숙이론에서 주장하는 학습의 준비도와 발달에 적합한 교육은 유아교육 현장에서 적용되고 있는 개념이다. 신체발달과 행동발달을 중심으로 유아의 내적인 성숙을 강조한 성숙주의의 관점은 무분별한 조기교육이나 발달의 개인차를 무시한 교육형태에 대해 반성의 기회를 제공한다. 교사는 유아의 성숙을 바탕으로 발달에 맞는 풍부한 자료와 환경을 마련하고 연령에 맞는 교재교구를 준비해야 한다. 예를 들면, 유아가 글자에 흥미를 보일 때 혹은 수에 대한 관심을 가질 때 그 흥미에 따른 적절한 교구를 활용하여 발달을 도울 수 있다.

(2) 행동주의 관점

행동주의 이론은 자극에 따른 반응으로 행동형성과 학습이 이루어진다고 보는 관점이다. 칭찬, 인정, 스티커, 음식, 장난감 등과 같은 강화나 벌 · 애정 철회와 같은 처벌에 의해 바른 행동이나 학습이 이루어질 수 있다고 보았다. 학습에 대해서 행동주의 이론은 체계적으로 구조화하여 순차적인 단계로 진행하는 것을 제안한다. 행동주의 관점에서는 구조화된 수업과 관찰 가능한 목표의 제시 등을 적용할 수 있다. 구조화된 수업은 단계적으로 위계가 있는 수업을 의미한다. 1단계를 마친 후에 2단계로 넘어가는 것을 말하는데, 예를 들면, 수개념의 경우 1부터 5까지 센 후에 10까지의 수를 알아보는 것이다. 교재교구의 자료로 구체적인 것에서부터 추상적인 것으로 제시하며 학습목표가 분명하게 드러날 수 있도록 하는 활동에 적용 가능하다. 예를 들어 '5까지의 수를 셀 수 있다.'와 같은 목표에 구체물을 활용한 교재교구를 마련한다든지 '봄에 피는 꽃에 이름을 말할 수 있다.'와 같은 활동에서 실물을 먼저 보고 사진과 이름이 쓰여진 단어카드를 제시할 수 있다. 흥미롭고 매력적인 교구를 통해 유아는 호기심을 충족하고 만족감을 얻게 되는데 이것은 학습에 대한 강화를 제공할 수 있다.

(3) 구성주의 관점

구성주의 이론의 대표적인 학자는 피아제(Piaget)와 비고츠키(Vygotsky) 등이 있다. 피아제는 유아를 능동적인 탐색을 통해 세상을 배워가는 과학자에 비유하였다. 환경과의 직접적인 상호작용을 통해 발달이 이루어진다고 보고 물리적 환경의 중요성을 언급하였다. 인지발달에 관심이 있던 피아제는 아동의 인지구조에 대한 질적 변화를 4단계로 나누고, 각 단계의 연령과 인지적 특성을 제시하고 있다. 비고츠키 역시 아동이 환경을 적극적으로 탐색하며 새로운 원리를 터득한다고 보았지만 사회적 상호작용을 통해 학습이 일어난 후 내면화한다고 생각한 점에서 피아제와는 견해를 달리하였다. 근접발달영역(ZPD)의 개념을 통해 혼자 해결할 수 있는 실제 발달 수준에서 누군가에 도움을 받아 해결할 수 있는 잠재적 발달 수준이 있다고 제시한 점은 교사들에게 교수법에 대한 새로운 시사점을 제공하였다.

특히 인지발달을 매개하는 도구로 언어, 수, 도표, 기호, 신호 등이 심리적 도구로 작용하며 컴퓨터, 계산기, 게임기 등은 물리적 도구로 다양한 인지활동을 돕는다고 보았다. 구성주의 관점에서 교사는 발달에 맞는 풍부한 물리적 환경을 제공하여 환경과의 상호작용을 돕고 탐색과 실험을 반복할 수 있는 기회를 제공하여야 한다. 탐색과 실험을 할 수 있는 실물자료와 함께 언어, 수, 도표와 같은 상징적 기호와 컴퓨터, 계산기와 같은 매체를 활용하여 유아의 사고 및 인지 발달을 도울 수 있도록 해야 한다.

〈표 1-2〉 이론의 주요관점에 따른 교재교구

유형	이론의 주요관점에 따른 교재교구
성숙주의	• 유아는 선천적인 성숙의 예정표에 의해 보편적인 발달이 진행됨 • 유아의 발달과 성숙에 따라 학습은 진행되어야 함 • 교사는 유아의 행동과 반응을 관찰하여 흥미를 파악함 • 발달에 적합하고 흥미에 맞는 교재교구를 제공하는 수동적 역할 수행 • 발달과 성숙을 무시한 환경이나 조기교육과 같은 압력은 제한함 • 유아 스스로의 발달과 흥미에 맞는 선택이 가능하도록 풍부한 환경 제공
행동주의	• 유아는 환경에 의해 영향을 받는 수동적인 존재이므로 환경구성이 중요함 • 학습은 구체적인 목표를 제시하며 행동의 변화를 관찰할 수 있어야 함 • 교육활동이나 교재교구는 단순한 것에서 복잡한 과제로 위계화, 순서화하여 단계별로 제시함 • 교사는 수업을 구조화하고 바람직한 행동변화를 가질 수 있도록 강화를 제공함 • 언어적 교수방법을 주로 사용하며 반복과 연습, 다양한 강화의 방법과 처벌을 통해 바람직한 행동변화를 모색함
구성주의	• 유아가 환경을 통해 능동적으로 지식을 구성할 수 있도록 풍부한 환경 제공 • 환경과의 상호작용을 돕도록 물리적 탐색의 기회와 사회적 상호작용의 기회를 제공함 • 교사는 인지 발달에 대한 이해를 바탕으로 유아가 스스로 탐색할 수 있도록 격려함 • 실험과 탐색을 통해 풍부한 지식 구성이 가능하도록 다양한 자료를 제공함 • 적절한 질문을 통해 새로운 지식을 구성하도록 함 • 새로운 지식을 습득하도록 도전적인 활동과제 제공

2) 교수학습 측면에서의 교재교구

유치원 교재교구 질관리 방안 연구(김정숙 외, 2015)에서 유치원에서 사용하고 있는 교재교구를 대부분이 담임교사가 계획하고 제작(84.8%)하고 있다고 응답하였다. 여전히 현장에서는 상품화된 교구보다는 교사가 제작하는 교구의 비중이 높은 것을 알 수 있다. 연구에 참여한 교사들은 주로 누리과정 교사용 지도서에서 정보를 얻으며(53.8%) 교재교구를 제작하는 데 가장 큰 어려움으로 시간 부족(84.6%)을 꼽았다. 같은 연구에서 유치원 현장에서 교육 효과에 영향을 주는 변인으로 충분한 교재교구의 양, 발달 수준과 영역을 고려한 다양한 종류, 교재교구의 교체 빈도, 교재교구의 복합성과 구조성을 제시했다.

교사는 교수학습 측면에서 학습내용이나 주제를 유아들이 이해할 수 있도록 하기 위하여 필요한 자료를 제공하는 데 시간과 노력을 기울이게 된다. 교육적 효과를 극대화하기 위해 고려할 점을 살펴보면, 유아의 수를 고려한 충분한 양을 제공하여야 하고 연령과 개인차를 고려한 다양한 교재교구를 준비해야 한다. 발달 수준의 측면에서 연령은 보편적 발달을, 개인차는 발달의 차이와 성향을 의미한다. 자유선택활동이나 교실 환경 구성을 위해 준비할 때 보편적 발달의 측면에서 준비하게 되는데, 이때 사전경험, 발달 수준. 개인적 흥미 등을 고려하여 심화 · 확장할 수 있도록 해야 한다. 신체운동 · 건강, 의사소통, 사회관계, 예술경험, 자연탐구 등의 5개 발달 영역에 따른 충분한 자료가 제공되어 통합적 발달을 돕는 동시에 해당 영역에 대한 지식, 기능, 태도를 형성하는 기회를 갖도록 해야 한다.

유아에게 제공되는 교재교구를 주제나 학습내용에 따라 교체해 주어야 하며 교체 주기가 길고 빈도가 낮은 경우 흥미와 학습효과를 떨어뜨리게 된다. 교재교구의 복합성이 높을수록 즉, 복잡하고 어려울수록 문제를 해결하기 위해 또래와 상호작용이 활발해지는 효과가 있다. 교재교구의 구조성은 특정한 용도로 사용하는 정도를 말하는데 구조성이 높으면 용도에 맞는 표현과 사용에 대한 정보를 얻을 것이고 구조성이 낮은 경우에는 다양한 용도로 변형하는 상상력과 창의성을 발휘하는 등 교육효과가 달라지게 된다. 이처럼 어떤 교재교구를 제공하는가에 따라 유아의 발달과 학습에 다른 영향을 미치게 된다.

3) 누리과정 운영을 위한 교재교구

유아교사들이 현장에서 교재교구에 대한 아이디어를 얻고 적용하는 국가수준 교육과정인 누리과정의 운영을 위해 필요한 교재교구에 대해 알아볼 필요가 있다. 『개정 누리과정 해설서 총론』 중 교수학습방법에서 제시한 교재교구에 대한 내용을 정리하면 다음과 같다.

(1) 유아가 흥미와 관심에 따라 놀이에 자유롭게 참여하고 즐기도록 한다

유아가 일상생활 속에서 자연스럽게 자연, 사물, 사람을 만나며 교감할 수 있도록 하며 자유롭게 놀이를 선택하고 즐길 수 있도록 필요한 놀이자료와 놀이공간을 지원해야 한다. 교사는 자신이 미리 준비한 놀이를 하도록 하는 대신 유아가 필요로 하는 놀이가 진행될 수 있도록 놀이상황에 필요한 자료를 제공한다.

(2) 유아가 놀이를 통해 배우도록 한다

놀이와 연계한 활동을 통한 유아의 배움이 이루어지도록 유아의 흥미를 중심으로 활동을 선택하고 지속할 수 있도록 지원한다. 그러기 위해서는 유아가 보이는 관심을 파악하여야 하며 유아의 개인차에 따라 선택의 폭을 넓힐 수 있도록 다양한 활동 및 자료를 준비해야 한다.

(3) 유아가 다양한 놀이와 활동을 경험할 수 있도록 실내외 환경을 구성한다

교실 내 흥미영역을 구성할 때 다른 영역과 통합하거나 재구성할 수 있도록 하여 유아 주도적인 놀이 확장을 해야 한다. 실외 놀이 환경도 충분한 탐색과 활발한 신체활동이 이루어지도록 적절한 공간과 필요한 자료를 마련해야 한다.

비구조적이고 개방적인 자료 즉, 특정 용도가 정해져 있지 않아 다양하게 활용할 수 있는 자료를 풍부하게 제공함으로써 유아가 새롭고 창의적인 놀이자료로 사용하는 것을 지원해야 한다. 유아에게 풍부한 놀이자료를 제공해야 하는데 이때 놀이자료는 놀잇감, 매체, 재료와 도구 등을 포함한다. 일상의 평범한 사물, 자연물, 악기, 미술자료, 그림책, 재활용품 등을 포함하며 계절이나 행사와 관련된 자료도 시기에 맞게 제공해야 한다.

(4) 유아와 교사, 유아와 유아, 유아와 환경 간에 능동적인 상호작용이 이루어지도록 한다

유아는 교사나 또래 친구뿐 아니라 교육환경과도 능동적인 상호작용을 하면서 새로운 지식과 기능을 습득하고 태도를 형성한다. 이때 교육환경, 즉 제시된 교재나 교구를 가지고 상호작용하면서 학습할 수 있다는 점에서 연령, 사전경험, 발달 수준을 고려한 환경을 제공해야 한다. 유아는 다양한 사물, 자료, 자연물을 만지며 움직여 보기도 하고 물, 모래, 블록과 종이 등을 가지고 새로운 놀이를 창안하며 즐거움을 느낀다. 이처럼 교사는 다양한 환경을 제공하여 유아가 환경과 상호작용하도록 지원해야 한다.

(5) 5개 영역의 내용이 통합적으로 유아의 경험과 연계되도록 한다

누리과정을 운영할 때 유아가 신체운동 · 건강, 의사소통, 사회관계, 예술경험, 자연탐구 등 5개 영역이 유아의 경험과 연계되도록 운영해야 한다. 교사는 다루고 있는 내용이나 주제가 분절된 형태가 아닌 놀이를 바탕으로 한 통합된 경험을 할 수 있도록 계획하고 운영한다. 블록놀이를 할 때 친구와의 언어적 의사소통을 경험하고 신체활동과 공간 지각력을 기를 수 있는 것처럼 유아의 놀이와 활동은 5개 영역의 경험이 통합되어 이루어진다. 따라서 교재교구를 선정할 때도 다양한 자료를 풍부하게 마련하여 5개 영역의 통합적 발달을 돕는다.

(6) 개별 유아의 요구에 따라 휴식과 일상생활이 원활히 이루어지도록 한다

하루일과를 운영할 때 교사는 개별 유아의 요구 즉, 건강 상태나 개별적인 신체리듬에 따라 융통성 있게 일과를 운영해야 한다. 교사는 유아가 가지고 있는 개별적 특성을 인정하고 존중하며 개별적인 요구를 파악하여 일과 운영에 반영해야 한다. 교사는 일과 운영을 할 때 정적 활동과 동적 활동의 균형을 고려하여 계획하지만 경우에 따라서 휴식이 필요한 개별 유아의 요구를 파악하여 융통성 있는 운영을 할 수 있다.

(7) 유아의 연령, 발달, 장애, 배경 등 개별 특성에 적합한 방식으로 배우도록 한다

교사는 유아의 서로 다른 관심과 흥미, 발달이나 환경특성 등을 고려하여 유아에게 적합한 방식으로 학습하도록 해야한다. 각기 다른 가정과 환경에서 자란 유아들은 개별적인 특성을 가지고 있다. 같은 연령이라도 나타나는 유아의 개별적인 관심과 흥미, 발달, 환경의 다양성과 개별성을 고려하여 각각에 맞는 개별적인 학습방식과 자료를 지원해야 한다. 교사는 다양한 문화, 발달특성, 장애에 따른 특성이나 정도 등을 반영하여 필요한 자료를 제공해야 한다.

4) 교재교구의 필요성

교재교구가 유아의 발달과 학습 그리고 놀이에 미치는 영향과 역할을 살펴보았다. 이를 종합하여 교재교구의 필요성을 정리하면 다음과 같다.

(1) 교재교구는 유아의 발달에 적합한 경험을 제공한다

교사는 유아의 흥미와 요구를 민감하게 관찰하여 연령적 발달뿐 아니라 발달의 성숙 정도에 맞는 교재교구를 마련하여 발달에 적합한 경험을 제공한다. 동일한 연령에서도 나타나는 발달의 차이를 고려하여 난이도를 조절할 수 있는 교재교구를 제공하는 것이 바람직하다. 예를 들어, 글자를 모르는 유아를 위해 그림이나 색깔로 단서를 줄 수 있다.

(2) 교재교구는 유아의 놀이와 학습을 강화한다

교사는 어린 연령에서는 구체적인 자료를 준비하고 점차 상징적이고 추상적인 자료를 제공한다. 유아에게 결과에 대한 피드백을 주는 교구를 활용하여 놀이와 학습에 강화를 제공하여야 한다. 예를 들면, 정답을 맞추면 소리가 나거나 다음 단계로 올라갈 수 있도록 하는 교구를 들 수 있다.

(3) 교재교구는 유아에게 사고 및 인지발달을 위한 경험을 제공한다

교재교구를 통해 풍부한 탐색과 실험의 기회가 주어지도록 자연물을 포함한 다양한 교구를 제공한다. 풍부한 교재교구는 유아들이 새로운 지식과 개념을 익히게 하고 또래와의 상호작용을 통한 인지 및 사고의 발달을 돕는 역할을 한다.

(4) 교재교구는 유아에게 교수학습 자료로써 질높은 교육적 경험을 제공한다

유아의 놀이와 활동에 적합한 교재교구를 제공할 때 충분한 교재교구의 양, 발달 수준과 영역을 반영하고 다양한 종류, 교재교구의 교체 빈도, 교재교구의 복합성과 구조성 등을 고려하여 질 높은 교육적 경험을 제공할 수 있다.

(5) 교재교구는 유아에게 다양한 놀이 경험을 제공하여 능동적인 놀이 참여를 통해 배움을 제공한다

유아에게 교실 내 활동뿐 아니라 실외 활동에서 제공되는 교재교구 사용은 유아의 흥미와 호기심, 성취와 만족감 등을 제공하여 능동적인 놀이 참여로 이어진다. 이러한 놀이 참여의 경험은 지식, 기능, 태도 등의 배움을 제공하는 역할을 한다.

(6) 교재교구는 유아-유아, 유아-교사, 유아-환경과의 상호작용 기회를 준다

교재교구는 유아-유아, 유아-교사, 유아-환경과의 상호작용에 더 많은 기회를 주는 매개체가 된다. 다양한 자료의 제공, 새로운 자료의 추가, 방법을 변경할 수 있는 자료를 제공함으로써 더 많은 상호작용의 기회를 제공할 수 있다.

(7) 교재교구는 유아의 개별 특성에 적합한 방식으로 배울 수 있도록 한다

교재교구를 통하여 유아의 연령, 발달, 장애, 배경 등 서로 다른 요구에 따라 자신의 수준과 흥미에 맞는 놀이가 가능하다. 자신의 개별 특성에 맞게 수준별 놀이와 학습이 이루어지도록 다양한 교재교구를 활용하도록 준비한다.

연습하기

1. 연령별 미술 발달과 협응능력 발달의 주요 특징을 보고 이러한 특성에 맞는 필요한 교재교구 및 환경 구성을 적어보세요.

1) 미술 발달

연령	발달적 특징	미술적 특징	교재교구 및 환경구성
출생~2세	감각과 자연 탐구를 통한 창의적 표현 작업	• 감각 경험을 통한 반응 • 감각을 통한 탐색, 실험 반복 • 12~20개월에 첫 그리기 • 끼적거리기의 시작	ex) · 감각자료 · 자연물 · 공
2~4세	손으로 만지고 발견하는 기능의 발달	• 탐색 놀이로서의 미술 경험 • 반복 활동 • 상징물에 이름을 붙임 • 작은 결과물 • 형태가 나타남	ex) · 미술도구 · 책
4~6세	보다 복잡한 창의적 표현활동	• 생각과 느낌을 표현한 창의적 상징물 • 아는 것에 대한 표현 • 보다 섬세하고 현실적인 작업이 시작 • 명확한 모양과 형태의 창작 • 분해 활동	ex) · 다양한 재활용품 · 생활소품 · 자연물 등

2) 협응능력 발달

연령	근육조절	목적	단계의 특징	교재교구 및 환경구성
1~3세	눈과 손의 협응력과 근육발달 미성숙	움직임에 대한 신체 감각을 이용한 끼적거림	• 지시나 목적에 대한 표현하기에 어려움 • 자신에 움직임과 생각을 연결하는 데 어려움	ex) · 거울을 벽면에 붙여줌 · 간단한 동작 따라하기
유치원 시기	눈과 손의 협응력과 근육발달의 향상	끼적거림의 조절	• 손으로 만드는 재료의 탐색 • 색, 글씨, 도구, 기능에 대한 탐색과 발견 시도 • 반복 행동 • 우연하게 또는 의도적으로 표현하고자 하는 형태를 만듦	ex) · 무독성 크레파스 · 도화지 등 · 그리기 도구
3~4세	선의 크기 조절 가능	선을 따라 그리는 것을 즐김	• 기본적인 형태의 완성: 선, 원, 타원, 직사각형, 사각형. • 자신의 행동과 표현 사이의 관계를 발견	ex) · 선따라 오리기 · 안전가위
4~5세	눈과 손의 협응력과 근육 발달	그리기를 통한 환경과의 상호작용 사람과 환경과의 관계를 상징적으로 표현	• 기본적인 형태 그리기 • 그림에 대한 의미를 가지고 이름을 붙임	ex) · 전시판 준비

출처: Mayesky, Mary(2006). *Six simple ways to assess young children*. : Delmar Thomson Learning 참조하여 구성

협 • 동 • 학 • 습

<1주차> 팀 구성을 합니다

교과교재연구 및 지도법의 수업을 통해 친구들과 아이디어를 모으고 서로 제작하는 교재교구에 대한 의견을 나눌 수 있도록 팀을 구성하고자 합니다.

1. 팀 구성방법을 선택하세요(사다리 타기 VS 친한 친구들 VS …).
2. 팀의 구성은 몇 명씩 진행할 것인지에 대해 선택하세요(3, 4, 5).
3. 교수자는 위의 선택에 따라 팀을 구성할 수 있도록 지원해주세요.
4. 구성된 자신의 팀 친구들의 이름을 적어주세요.

친구 이름	교재교구 제작에 있어 친구의 장점을 찾아보세요. 〈손재주가 있다 / 그림을 잘 그린다 / 컴퓨터를 잘한다 등〉

CHAPTER

2

교재교구의 역사적 배경

학습목표

- 교재교구의 역사를 통해 유아를 위한 교재교구의 흐름을 이해한다.
- 교재교구의 역사를 통해 현재 유아교육현장의 교재교구에 미친 영향을 알아본다.
- 사상가에 따른 교재교구의 특성을 정리할 수 있다.
- 사상가에 따른 교재교구를 현대 교재교구에 적용할 수 있다.

생각해보기

프뢰벨이 생각한 유치원(kindergarten)의 특징을 다음과 같이 요약할 수 있다(이상욱, 2008).

1) 유치원은 유아의 불행한 환경을 극복하기 위해서 존재해야 한다.
2) 유치원은 가정같은 학교이다.
3) 유아들의 만남의 장소이다.
4) 유아가 자유롭게 발달할 수 있는 곳을 제공하는 곳이다.
5) 유치원은 놀이와 작업을 통해 유아의 심리발달을 돕는 장소이다.
6) 유치원은 어린시기의 자유나라이다.
7) 유치원은 개인의 삶을 아름답게 만들기 위한 삶의 터전이다.
8) 유치원은 하나님의 명령을 실천한 결과물이다.

내가 생각하는 유치원의 정의와 특징을 적어 보세요.
1)
2)
3)

유아를 위한 교육사상의 뿌리는 고대부터 있어 왔지만 교재교구의 역사는 코메니우스의 『세계도회』에서 시작되었다고 할 수 있다. 르네상스 이후 17세기에는 자연과학의 발전과 실학주의의 등장이 교육학에도 영향을 미치게 되었다. 교육학에 흐름이 언어와 암기 위주의 교육에서 실생활과 연관된 적응의 중요성을 강조하는 방향으로 바뀌게 된다. 이러한 영향은 교수법의 변화에도 영향을 미치게 되어 감각적 직관 교육과 시청각 교육의 개념이 도입되었다. 많은 교육사상가와 이론이 있지만 이 장에서는 유아를 대상으로 한 교재교구의 역사에 대표적인 학자인 코메니우스, 프뢰벨, 몬테소리를 중심으로 그들의 사상과 교재교구에 대해 알아보기로 한다.

1. 코메니우스

1) 생애

코메니우스
(Johann Amos Comenius, 1592~1670)

출처: https://ko.wikipedia.org/wiki/

코메니우스(Comenius)는 모라비아(현 체코) 태생으로 독실한 신학자이며 교육자이다. 헝가리의 침범으로 가족을 모두 잃고 고아가 되어 이모집에서 자라게 되었고 교육은 16세가 지나서야 받을 수 있었다. 신학과 철학을 공부한 목사였던 코메니우스는 중등학교 교사와 짐나지움 등 학교현장에서 일하게 되면서 다양한 교수법과 교육학에 관련된 책을 저술하였다.

특히 실천적으로 활용될 수 있는 학교교재와 교수법 개발에 관심이 많았다. 그의 대표저서로는 어머니학교의 지침서인 『유아학교(*The school of Infancy*)』, 세계 최초의 삽화를 이용한 교과서인 『세계도회(*Orbis seneualium Pictus*)』, 보편 평등한 교육의 실천방법을 교사들에게 제시한 『대교수학(*Didactica Magna*)』, 연령별 성장에 따른 교육방법을 제시한 『범교육학(*Pampaedia Allerziehung*)』 등이 있다.

전쟁에 패하여 망명길에 올라서도 마지막까지 왕성한 저술활동을 하던 코메니우스는 1670년에 사망했지만 새로운 교육방법론을 제시한 교육학자로 이름을 남겼다.

2) 세계도회

『세계도회』는 유아를 위한 별도의 교재가 없던 시대에 삽화를 글과 함께 제시하여 유아에게 언어와 사물을 그림을 통하여 이해하도록 한 세계 최초의 그림책이다. 오늘날의 그림책에 비하면 소박해 보이는 삽화이지만 현재까지 백 수십 판을 출판한 베스트셀러이며, 아이들이 세상의 모든 것을 실물과 병행하여 배울 수 있도록 한 현대의 교수매체의 지평을 연 교과서라고 할 수 있다(한국코메니우스교육연구소, 2004).

『세계도회』는 1658년에 출판되었고 총 20과 150장으로 구성되었다. 각 장마다 주제에 따라 설명과 함께 삽화를 그려 넣어 그림을 보면서 언어와 연결된 사물의 개념과 지식을 가르치는 내용을 대화형식을 추가하여 구성한 것이 특징이다(이상욱, 2008).

〈표 2-1〉 세계도회의 구성

순서	주제	순서	주제	순서	주제	주제	주제
1과	신(하나님)	6과	식물	11과	집의 내부	16과	도시
2과	세계	7과	동물	12과	교통수단	17과	놀이
3과	하늘	8과	인간	13과	지적 교류	18과	정치
4과	기본원리	9과	일차적 작업	14과	교훈	19과	종교
5과	땅	10과	집	15과	사회개혁	20과	최후의 심판

출처: 구경선(2008). 유아교육사상사. 서울: 교육아카데미, p. 116 내용 참조.

범지학을 배경으로 한 그의 교육사상이 드러나듯『세계도회』에서는 광범위한 주제와 내용을 다루고 있다. 그는 단편적인 지식이 아닌 모든 것을 모든 사람에게 가르쳐야 하며 부분적 지식을 전체로 통합하도록 해야 한다고 주장한다.

JOH. AMOS COMMENII,
ORBIS SENSUALIUM PICTUS.
Hoc eſt,
Omnium fundamentalium in Mundo Rerum & in Vitâ Actionum
Pictura & Nomenclatura.
Die ſichtbare Welt /
Das iſt /
Aller vornemſten Welt-Dinge und Lebens-Verrichtungen
Vorbildung und Benahmung.

OMNIA SPONTE FLUANT ABSIT VIOLENTIA REBUS.

NORIBERGÆ,
Typis & Sumptibus MICHAELIS ENDTERI.
Anno Salutis clɔ ɔc LVIII.

세계도회의 표지

표지 중앙의 "Omnia sponte fluant absit violentia rebus"는 라틴어로 '모든 것은 스스로 흐르게 하고 폭력은 제거하라'는 의미이다.

출처: https://no.wikipedia.org/wiki/Orbis_Pictus

(224)
CX.
Prudentia. Die Klugheit.

Prudentia, 1	Die Klugheit/ 1
omnia circumſpectat,	ſihet umher auf alle Sachē/
ut Serpens, 2	wie eine Schlange/ 2
nihilq; agit,	und thut/
loquitur, vel cogitat	redet / oder denket
in caſſum.	nichts vergebens.
Reſpicit, 3	Sie ſihet zurücke / 3
tanquam in Speculum, 4	als in einen Spiegel/ 4
ad Præterita;	auf das Vergangene;
& proſpicit, 5	und ſihet vorſich/ 5 (7
tanquam Teleſcopio, 7	als durch ein Perſpectiv/
Futura	auf das Künftige/
ſeu Finem: 6	oder auf das Ende: 6
atq; ita perſpicit,	und alſo erſihet ſie/

세계도회의 내용의 일부분

삽화에 번호가 써 있고 아래 설명을 달아 유아들이 이해할 수 있도록 구성되었다.

출처: https://commons.wikimedia.org/wiki/File:Orbis-pictus-027.jpg

코메니우스는 『세계도회』의 표지에 "모든 것은 스스로 흐르게 하고, 모든 사물에서 폭력은 제거하라(Omnia sponte fluant absit violentia rebus)"는 자신의 자연주의 철학, 아동중심교육, 평화를 중시하는 교육관을 제시하였다(한국코메니우스교육연구소, 2004). 당시 교사 주도의 언어중심 교육방법을 사용하던 교육상황에서 실로 근대적인 사상을 제시한 것이라고 볼 수 있다. 모든 것의 기초가 되는 유아기에 자연의 원리처럼 스스로 배우도록 하고 이를 거스르는 교사의 압력은 폭력이 될 수 있음을 의미한다.

코메니우스는 감각적 실학주의자로서 합자연 원리를 따르고 유아의 감각 훈련을 중시했다. 유아기는 특히 감각기관을 통해 배우며 발달한다는 점을 강조하고 실물교육과 함께 『세계도회』와 같은 시각교재를 제안한 점은 근대 교수학습방법의 기틀을 제공하였다.

3) 교수학습방법

코메니우스는 『대교수학』에서 교육이 쉽게 이루어지도록 하는 방법을 자연의 원리에 비유하여 제시하였다. 그가 제안한 교육방법의 주요 내용을 요약하면 첫째, 자연의 모든 것은 때가 있어서 교육도 적절한 시기에 해야 하며 가능한 이른시기를 선택해야 한다. 둘째, 자연이 재료를 먼저 준비하는 것처럼 교육도 적당한 자료를 먼저 준비해야 한다. 셋째, 자연이 일반적인 것에서 특수한 것으로, 비약하지 않고 단계를 지키는 것처럼 교육도 이러한 단계를 지켜야 한다. 넷째, 자연은 중단하지 않고 완성된다. 따라서 교육도 중단해서는 안 된다.

그는 자연을 통해 얻은 교수 방법과 함께 교육의 효과를 높이는 원리를 다음과 같이 제시하였다(Comenius, J.A.(정확실 역), 2007; 이상욱, 2008).

첫째, 가능한 한 마음이 부패하기 전에 일찍 시작해야 한다.
둘째, 마음의 준비가 충분히 된 후에 시작한다.
셋째, 일반적인 것에서 특수한 방향으로 진행한다.
넷째, 쉬운 것에서 어려운 것으로 진행한다.
다섯째, 너무 많은 내용을 다루어 학생에게 부담을 주지 않는다.
여섯째, 천천히 진행한다.
일곱째, 연령과 학습단계에 맞지 않는 것, 스스로 원하지 않는 것을 강제로 하지 않는다.
여덟째, 모든 것은 감각을 통해 가르친다.
아홉째, 모든 학습한 것을 적용한다.

코메니우스의 교수학습 원리는 오늘날의 교육에 많은 영향을 준 과학적이고 실용적인 방법이다. 교수학습방법뿐 아니라 적절한 교수학습 자료를 준비하고 단계별로 제시하여야 한다는 점에서 교재교구를 준비하는 교사들에게 시사하는 바가 크다. 코메니우스의 유아교육 분야와 교수 매체에 대한 그의 공헌은 자연에서 받은 영감을 통해 유아의 감각교육을 위한 자연물이나 실물을 학습자료로 제안하였다는 점에서 의의가 있다. 특히 『세계도회』와 같은 시각자료의 활용은 교수매체의 근대화를 앞당겼다고 할 수 있다. 끊임없이 새로운 교수법을 찾고 연구하여 근대화된 교수방법의 원리를 찾아내고 학습이 지식으로만이 아니라 실생활에 적용으로 연결되어야 한다는 그의 입장은 현대 유아교육에 많은 영향을 끼쳤다.

2. 프뢰벨

1) 생애

프뢰벨
(Friedrich Wilhelm August Froebel, 1782 ~ 1852)
출처:https://ko.wikipedia.org/

프뢰벨(Froebel)은 1782년 독일 오버바이스바흐(Oberweissbach)의 목사의 가정에서 태어났다. 불행히도 어머니가 프뢰벨을 출산한 이후 9개월만에 사망하게 되면서 외로운 시간을 보내게 되었다. 아버지의 재혼으로 프뢰벨은 10세 때부터 목사이면서 교장이었던 외삼촌과 함께 생활하게 되었다. 철학과에 입학했으나 경제적인 문제로 퇴학을 당한 후 삼림학, 식물학을 공부하면서부터 자연에 대한 관심을 갖는 계기가 되었다. 이후 프뢰벨은 학교교사가 되면서 교육에 관심을 기울이게 되고 페스탈로치를 찾아가 만나면서 그의 자연주의 교육사상과 학습방법에 영향을 받게 되었다.

괴팅겐대학교와 베를린대학교에서 수학하면서 다양한 학문을 접한 프뢰벨은 저술활동과 학교설립 등 활발하고 열정적인 교육활동을 이어갔다. 1840년 일반 독일 킨더가르텐(Der Allgemeine Deutsche Kindergarten)을 설립하였는데, 이것은 최초의 유치원이 되었다. 킨더가르텐의 설립뿐 아니라 교사 양성과정인 어린이 지도자 과정과 1837년 '은물(Gabe, Gift)'을 개발하여 유아들에게 놀이자료로 활용하기도 하였다. 왕성한 교육활동을 하던 그가 독일정부에 의해 1851년에 킨더가르텐이 자유주의와 사회주의적인 사상과 함께 무신론을 조장한다는 이유로 폐쇄조치되는 수난을 당하게 되고 이듬해인 1852년에 사망하게 되었다. 대표 저서로는 인간의 성장발달 단계와 학교수업에 대한 그의 교육사상을 제시한『인간교육』, 자녀를 기르는 어머니들을 위한『어머니와 사랑의 노래』가 있다.

2) 은물(Gabe, Gift)과 작업(Occupations)

프뢰벨은 당시 중요하게 여기지 않던 유아교육의 중요성을 인식하고 유아를 위한 교육을 실천하고자 노력한 인물이다. '아이들의 정원'이라는 뜻의 '킨더가르텐(kindergarten, kindergarden)'이라고 명명한 것을 보아도 그의 유아에 대한 교육철학을 알 수 있다. 3~7세 사이의 아이들에게 관심을 가졌던 그는 이 시기 유아의 발달에 맞는 창조적인 놀이와 활동이 중요하기 때문에 유아학교가 아닌 자연과의 조화를 이루는 정원에서 자라야 함을 강조하는 의미에서 킨더가르텐을 설립했다.

또한 놀이는 의미 없는 활동이라고 여기던 당시 교육계에 놀이 활동이 자기교수와 자기학습으로 이끈다고 생각하고, 놀잇감을 통해 풍부한 놀이활동을 할 수 있도록 해야 한다는 그의 주장은 파격적이었다고 할 수 있다. 놀이가 내면의 자기활동적 표현이기 때문에 유아는 주변세계와 관계를 맺으며 감각활동을 통해 새로운 지식을 축적해 간다고 본 프뢰벨의 놀이에 대한 관점은 현재까지 이어지고 있다. 특히 이러한 놀이의 매개체로 은물과 작업활동을 고안하여 제작한 점은 유아교육 현장에 매우 큰 영향을 끼쳤다.

은물은 '하나님의 은혜로운 선물(spielgaben)'이라는 뜻으로 그의 신앙과 유아들을 향한 애정이 반영된 것임을 알 수 있다. 프뢰벨은 유아들이 은물을 가지고 놀면서 기하학적인 도형을 중심으로 자신의 내면을 표현하며 사고할 수 있도록 고안하였다. 이 과정에서 유아들은 신체적인 발달뿐 아니라 정신적인 발달도 단계적으로 이루어질 수 있으며 단순한 형태 인식이 아니라 사물과 세상을 연결하는 기회를 얻을 수 있다고 보았다.

은물은 제1은물에서부터 제10은물까지 10가지 종류로 구성되어 있으며 형체, 면, 선, 점 순서로 이루어져 있는 놀이자료이다. 은물을 활용하여 유아들은 완성된 장난감에서 얻을 수 없는 창조적인 활동으로 자신의 내면의 욕구를 표현하도록 구성하였다.

(1) 제1은물

제1은물은 털실로 짠 여섯 개의 공으로 구성되었다. 공은 유아가 만나는 가장 첫 번째 놀잇감으로, 공을 가지고 굴리거나 두드리는 공활동을 하거나 다양한 형태와 움직임을 모방할 수 있다. 공의 수를 세어 보거나 공에 달려 있는 끈을 이용한 방향놀이가 가능하며 공의 색을 이용한 색깔놀이를 할 수 있다.

은물구성
- 실로 짠 직경이 6cm인 빨강, 노랑, 파랑, 주황, 초록, 보라색으로 이루어진 6개의 공

활동 방법
- 공활동, 모방놀이, 수놀이, 방향놀이, 색깔놀이 등

출처: 오연주, 김혜옥, 박향아(2021). 교재교구 연구 및 지도법. 서울: 창지사.

(2) 제2은물

제2은물은 나무로 만들어진 원, 원기둥, 정육면체와 입체도형을 걸어 회전할 수 있도록 나무틀과 막대가 제공된다. 나무로 만들어진 입체물의 느낌을 감각적으로 경험할 수 있으며 입체도형을 회전할 때 끈의 길이에 따라 어떻게 달라지는지 차이점을 관찰할 수 있다. 입체도형을 보고 연상되는 다른 사물을 떠올리는 모방놀이가 가능하다.

	은물구성 – 나무로 만든 6cm의 공, 원기둥, 한 변 6cm의 정육면체와 회전놀이를 위한 틀과 막대 2개 활동 방법 – 감각놀이, 회전놀이, 모양놀이, 모양 비교 등

출처: 오연주, 김혜옥, 박향아(2021). 교재교구 연구 및 지도법. 서울: 창지사.

(3) 제3은물

제3은물은 나무로 구성된 정육면체를 가지고 만들기, 쌓기, 허물기 등 다양한 모양을 구성할 수 있다. 정육면체를 이용해서 높이의 비교를 하거나 대칭 모양의 무늬를 만들 수 있다. 초기에는 단순한 쌓기를 하다가 점차 복잡한 모양의 건축물을 구성하게 되고 패턴구성으로 확장될 수 있다.

	은물구성 – 3×3cm 크기의 나무로 만들어진 8개의 정육면체 활동 방법 – 구성놀이, 모양놀이, 대칭, 쌓기, 패턴 등

출처: 오연주, 김혜옥, 박향아(2021). 교재교구 연구 및 지도법. 서울: 창지사.

(4) 제4은물

제4은물은 직육면체 형태로 만들어져 있어서 3은물과 함께 공간이나 사물을 구성하는 데 활용할 수 있다. 4은물을 활용하면 연결이나 대칭이 가능해 정육면체만을 사용할 때보다 다양한 구성놀이에 적용할 수 있다. 또한 직육면체를 이용한 도미노를 하며 집중력을 기를 수 있다.

은물구성
- 3×1.5×6cm 크기의 8개의 직육면체

활동 방법
- 구성놀이, 도미노, 연결, 패턴 등

출처: 오연주, 김혜옥, 박향아(2021). 교재교구 연구 및 지도법. 서울: 창지사.

(5) 제5은물

제5은물은 정육면체뿐 아니라 대각선으로 자른 입체 도형이 포함되어 있어서 다양한 도형을 경험할 수 있다. 나뉘어진 입체물을 합쳐보고 비례의 개념을 익힐 수 있고 비교활동을 할 수 있다. 유아는 집이나 건축물을 구성할 때 작게 나눈 입체도형으로 장식을 하며 아름답게 꾸밀 수 있고 복잡하고 정교한 구성놀이를 할 수 있다.

은물구성
- 3×3의 정육면체 21개, 정육면체의 1/2크기의 삼각기둥 6개, 삼각기둥의 1/2크기의 삼각기둥 12개

활동 방법
- 구성놀이, 모양놀이, 무늬놀이, 비례, 비교 등

출처: 오연주, 김혜옥, 박향아(2021). 교재교구 연구 및 지도법. 서울: 창지사.

(6) 제6은물

제6은물은 4은물과 함께 직육면체의 입체 도형이다. 반으로 나뉘어져 있는 도형으로는 비율과 비례를 알 수 있도록 구성되었다. 나뉘어진 입체도형은 합치거나 나누어 크기와 높이를 비교하며 공간구성력을 높이는데 유용하게 활용된다.

은물구성
- 3×1.5×6cm 의 직육면체 18개, 직육면체의 1/2크기의 직육면체 6개, 6×1.5×1.5cm의 직육면체 12개

활동 방법
- 구성놀이, 도미노, 비례, 균형 등

출처: 오연주, 김혜옥, 박향아(2021). 교재교구 연구 및 지도법. 서울: 창지사.

(7) 제7은물

제7은물은 다양한 모양과 색의 평면도형이다. 은물은 형태, 면, 선, 점의 순서로 구성되어 있는데 1~6은물까지는 형태를 나타낸 입체도형이고 7은물은 평면으로 구성되었다. 유아는 다양한 색깔과 모양의 평면도형을 가지고 조합하거나 비교할 수 있으며 패턴활동을 할 때도 색, 모양을 조합하여 복잡한 수준으로 할 수 있다.

은물구성
- 정사각형, 직사각형, 직각이등변삼각형, 직각부등변삼각형, 둔각이등변삼각형 등 5가지 평면 도형

활동 방법
- 패턴, 구성놀이, 조합, 칠교놀이 등

출처: 오연주, 김혜옥, 박향아(2021). 교재교구 연구 및 지도법. 서울: 창지사.

(8) 제8은물

제8은물은 3cm로부터 시작하여 3cm씩 늘어나는 직선으로 구성되었다. 이 직선들을 모아서 면을 만들 수 있고 각각의 선을 가지고 길이 비교, 수 세기 등의 수학활동을 할 수도 있다. 구성활동을 할 때 외곽선으로 사용할 수 있으며 사물을 선으로만 나타내는 표현활동에 활용가능하다.

은물구성
- 3cm, 6cm, 9cm, 12cm, 15cm의 막대

활동 방법
- 비교, 수 세기, 표현활동, 측정 등

출처: 오연주, 김혜옥, 박향아(2021). 교재교구 연구 및 지도법. 서울: 창지사.

(9) 제9은물

제9은물은 다양한 크기와 색의 곡선으로 이루어져 있다. 직선으로 표현할 수 없던 둥근 형태의 사물이 곡선을 이용하면 가능해진다. 일상생활에서 곡선이 들어간 사물을 연상해보고 이것을 다채롭게 표현해 볼 수 있다.

은물구성
- 6×4.5×3cm의 고리와 반고리 형태의 곡선

활동 방법
- 연상놀이, 표현활동 등

출처: 오연주, 김혜옥, 박향아(2021). 교재교구 연구 및 지도법. 서울: 창지사.

(10) 제10은물

제10은물은 8가지의 점으로 구성되어 있다. 점은 선, 면, 형태의 기본이 되는 것으로 은물을 통해 점이 모여 선을, 선이 모여 면을, 면이 모여 형태를 이루는 수학의 기본개념을 습득할 수 있다. 점을 활용하여 표현활동을 할 수 있고 수 세기와 수의 비교활동이 가능하다. 같은 개수의 점의 간격을 다르게 배열한 후 비교해 보는 활동을 할 수 있다.

은물구성
– 빨강, 주황, 노랑, 초록, 파랑, 보라, 검정, 하얀색의 점

활동 방법
– 표현활동, 수 세기, 비교, 보존개념 등

출처: 오연주, 김혜옥, 박향아(2021). 교재교구 연구 및 지도법. 서울: 창지사.

프뢰벨은 인간의 본성인 놀이의 자발성과 창조적 자기활동을 위해 완성된 장난감이 아닌 쉽게 만들어서 구성하고 해체될 수 있는 은물을 유아에게 제공하였다. 가장 기본적이면서 단순한 형태인 입체적인 형체에서 면, 선, 점으로 이어지는 자료를 제공하여 발달 수준에 맞게 완성해 나갈 수 있도록 하였다. 은물을 활용하여 유아는 높이, 균형, 비교, 측정, 수와 같은 수학적 개념과 공간지각력의 발달은 물론 창의성과 심미감 발달, 집중력의 향상 등 다양한 교육적인 효과를 얻을 수 있다.

은물에 대한 교육적 의미를 제시하면 다음의 〈표 2-2〉와 같다.

〈표 2-2〉 은물의 교육적 의미

이론가	교육적 의미
사사키 마사히로 (1994)	• 자발적인 활동으로 감각능력과 발달에 도움 • 부분과 전체를 이해하고 모양 크기를 식별함 • 도형의 활용으로 공간에 대한 이해에 도움 • 집중력 향상, 정서안정, 심미감 발달에 도움 • 만들고 허무는 과정에서 자발성과 창조성을 기름 • 지능의 발달에 도움 • 정리정돈 습관을 기름
이상욱 (2008)	• 인간의 본질인 생각하는 존재, 놀이하는 즐거움을 아는 존재, 도구를 만들고 활용하는 존재에 적합함 • 자기활동의 활동욕구, 내적 사고를 외부로 표현하는 표현욕구, 만들고자 하는 창조욕구 등을 만족시킴 • 놀이활동을 통해 주변세계를 단계적으로 알아가게 하는 매개체 • 놀이를 통해 유아에게 알맞은 교육환경을 제공하여 심신의 조화로운 발달에 도움 • 유아의 잠재력을 발견하고 발전시킴으로써 유아의 미래를 열어 줌 • 유아에게 가장 적합한 환경과 방법을 제공함
우원경 (2001)	• 사물의 면, 점, 선만 주어 날마다 유아들이 자신이 체험한 것을 가지고 새로운 것을 만들 수 있음 • 기본적인 도형으로 아름다운 것을 표현할 수 있음 • 발달에 맞게 발전된 형태로 만들 수 있음 • 표현과 활동에 의욕을 주고 생각하는 힘을 길러 줌

프뢰벨은 은물과 함께 작업(occupation)을 통해 유아의 손, 눈과 같은 신체 발달과 정신적인 발달, 감각기관의 각성을 돕도록 하였다. 유치원에서 이루어지고 있는 다양한 조작활동들이 해당되는데 구멍뚫기, 바느질하기, 선 그리기, 색칠하기, 매트짜기, 종이접기, 자르기, 콩으로 하는 작업, 골판지 상자 만들기, 모래놀이, 점토놀이 등이 있다.

은물과 작업의 차이점은 작업활동이 일상생활에서 볼 수 있는 사물들을 가지고 일정한 순서로 진행한다는 점과 은물은 분해 · 해체되는 반면 작업은 결과가 그대로 남게 된다는 점을 들 수 있다. 작업의 순서와 내용을 구체적으로 살펴보면 다음의 〈표 2-3〉과 같다.

〈표 2-3〉 작업순서와 활용내용

작업순서	활동내용	놀이자료
11작업 구멍 뚫기	• 색지를 올려놓은 모눈종이에 구멍을 뚫어 봄으로써 점의 형태를 이해하고 사물의 위치, 방향, 거리 등을 인식함 • 구멍을 뚫어가면서 여러 가지 선과 사물을 표현하며 점의 다른 형태를 인식함	작은 송곳, 바늘, 스티로폼 받침, 색지, 모눈종이
12작업 바느질하기	• 점과 점을 이어 선을 표현하는 바느질 활동으로 수학적인 개념, 순서와 질서, 정확성, 대칭을 이해함 • 천을 연결하는 바늘의 역할을 이해함	바늘, 색실, 색지, 천
13작업 선 그리기 색칠하기	• 다양한 선을 그리면서 말로 표현하며 사물의 형태를 인식 • 면에 색칠하기를 통해 색과 사물의 형태를 이해, 주변세계에 대한 관찰력과 과학적 탐색능력을 기름	모눈종이, 연필, 색연필
14작업 엮기, 짜기, 뜨기	• 종이끈을 이용하여 다양한 도형을 만들고 가로 · 세로로 엮어 다양한 패턴의 면을 만듦	종이끈, 종이짜기판
15작업 종이접기	• 기본 접기, 종이접어 변화주기, 평면 도형 접기, 육면체 접기, 유니트 만들기, 종이 무늬 만들기, 구체물 만들기를 통해 다양한 종이의 변화를 경험함	다양한 크기의 정사각형 색종이
16작업 자르기 붙이기	• 여러 가지 방향과 방법으로 종이 자르기, 도형조각 종이 붙이기 활동을 함 • 한 장의 종이를 잘라 분해하고 붙이는 과정에서 전체와 부분의 관계를 인식함	색종이, 가위, 풀, 모눈종이
17작업 콩작업	• 콩을 활용하여 간단한 평면도형 만들기, 입체도형 만들기, 사물 구성하기, 공간퍼즐 만들기 등 다양한 형태를 만들어 봄	콩, 점토, 코르크, 연결막대, 철사 등
18작업 판지공예	• 가베에서 경험한 입체도형을 전개도로 만들어 분해하고 조립하는 과정을 통해 겉과 속, 부분과 전체 등을 이해함	두꺼운 종이 또는 골판지
19작업 모래놀이	• 다양한 재료의 감각활동을 제공함 • 모래, 색모래, 곡물 등으로 사물을 표현함	모래놀이터, 다양한 모양과 크기의 통, 상자, 병, 색모래, 도화지, 풀, 곡물 등
20작업 흙(점토) 주무르기	• 흙이나 점토를 이용하여 원하는 모양을 만듦	찰흙, 지점토, 밀가루 점토 등

출처: 이상욱(2008). 유아교육 사상사의 두 지평. 경기: 교육과학사. p. 349.

3) 교수학습방법

프뢰벨이 제시한 교수학습방법은 다음과 같은 원리로 정리할 수 있다.

(1) 통일(unity)의 원리

프뢰벨은 깊은 신앙심을 바탕으로 자연현상을 보면 하나님의 존재와 활동이 가장 잘 드러난다고 믿었고 놀이를 통해 창조의 법칙을 알 수 있다고 생각했다. 은물에는 그의 생각이 반영되어 상징성이 특징으로 나타난다. 특히 모든 것을 창조하고 통치하는 하나님이 이론의 중심사상이다. 프뢰벨의 통일의 원리는 하나님, 자연, 인간이 조화를 이루며 사는 것을 아동이 이해하도록 하는 것이며(이상욱, 1996), 놀이, 자기활동, 관찰 등을 행함으로써 신, 인간, 자연에 대한 지식을 가르치고자 하였다(염정은, 2018).

(2) 자기활동의 원리

프뢰벨은 선천적으로 인간이 가지고 태어나는 신성(영성)을 계발하도록 유아들에게 자기활동이 필요하다고 보았다. 자발적 자기활동은 자신의 내면의 흥미와 동기에 따라 선택되고 그 힘에 의해 결정되기 때문에 표현의 기회를 주어야 한다고 보았다. 교사는 소극적 교육으로 아동이 답을 찾을 수 있도록 기다리고 유아가 놀이와 활동을 통해 원하는 답을 얻도록 기다려야 한다는 입장이다.

(3) 노작의 원리

프뢰벨은 페스탈로치의 아동의 직관과 노작교육의 중요성에 영향을 받고 발전시켰다. 특히 유아는 스스로 활동을 통해 배우고 얻는다는 점에서 착안하여 다양한 노작활동을 제안했다. 유아에게 놀이는 곧 노동이며 유아기의 놀이는 성인의 노작과 같은 개념으로 보았다. 유아기의 모든 활동을 노작으로 보았으며 그 자체로써 목적이며 생명을 위한 창조적 자기활동이라고 보았다. 이러한 생산활동은 어린시기부터 교육과 훈련이 되어야 하며 그 때문에 은물과 작업같은 활동자료를 교육에 적용하게 되었다.

3. 몬테소리

1) 생애

몬테소리
(Maria Montessori,
1870 ~ 1952)
출처: https://en.wikipedia.org/wiki/Maria_Montessori

몬테소리(Maria Montessori, 1870~1952)는 이탈리아 카라멜레의 비교적 유복한 가정에서 태어났다. 몬테소리는 군인출신이며 회계사였던 아버지와 명문가의 신앙심이 깊은 어머니 사이에서 교육적 지원을 받으며 자랐다. 6살이 되던 1875년 로마로 이사하면서 공립학교와 기술학교를 다니다 1896년 의과대학에 입학한 이탈리아 최초의 여의사였다. 몬테소리는 여성이라는 이유로 입학이 거절되었으나 여러 차례 입학을 청원했고 교황 레오 13세에게까지 청원하여 입학허가를 받을 만큼 진취적인 행동가였다. 의학뿐 아니라 교육, 여성 인권운동, 사회개혁에 이르기까지 관심을 보이며 다양한 활동을 하게 되었다.

1897년부터 자원봉사로 로마대학교 정신병원에서 일하면서 정신지체아 교육에 관심을 가지게 되고 이후 특수교사들을 훈련하면서 정신지체아를 교육하는 방법을 연구하게 되었다.

방치되어 있는 빈민가 아이들을 위한 어린이집(Casa dei Bambini)을 로렌소에서 부터 시작하여 밀라노, 로마 등에 개설하였다. 이즈음 『몬테소리 방법(*The Montessori*

Method)』을 저술했고 이 책은 20여 개 언어로 번역되어 출판되었다.

이때부터 몬테소리는 아이들을 위한 교육과 교사양성에 전념하며 열정적으로 자신의 교육방법을 강의하고 훈련하는 데 힘썼다. 1934년부터 조국인 이탈리아에서는 무솔리니에 의해 몬테소리 학교가 폐쇄되고 스페인, 영국, 네덜란드를 거쳐 인도로 강연을 갔다가 2차 세계대전으로 인해 돌아오지 못하고 7년간 인도에 머물면서 많은 인도의 교사들을 훈련시키게 된다.

노벨평화상 후보에 지명될 만큼 평화교육에도 활발한 활동을 이어가던 몬테소리는 1952년 네덜란드 노르딕에서 82세의 나이로 세상을 떠났다.

대표 저서로는 몬테소리 교육의 원칙과 성과를 쓴 『몬테소리 교육방법*(The Montessori Method)*』, 유아들의 발달과정에 보이는 민감기에 맞는 교육방법을 소개한 『어린이의 비밀*(Kinder sind anders)*』, 환경을 통해 스스로 습득하는 유아들의 정신능력을 소개한 『흡수하는 정신*(The Absorbent Mind)*』 등이 있다.

1970년 인도 우표에 새겨진 마리아 몬테소리

출처: https://en.wikipedia.org/wiki/Maria_Montessori

아이들과 함께하는 몬테소리

출처: https://montessori-ami.org/resource-library/photos/maria-montessori-children

2) 준비된 환경과 교구

몬테소리의 교육은 능동적이며 무한한 잠재력을 가진 아동에 대한 존중에서부터 시작한다. 유아는 선천적으로 잠재력을 가지고 태어나지만 어떠한 환경에서 교육을 받는가에 따라 잠재력의 발현이 달라진다고 보았다. 발달에 적합한 자유와 발달을 촉진하는 환경이 제공되어야 하는데, 이때 적합하고 준비된 환경이란 유아의 스스로 자유롭게 자기활동을 하면서 인격을 완성하고 궁극적으로 사회에 이바지하는 사람으로 자랄 수 있도록 하기 위한 모든 환경을 말한다.

준비된 환경은 다음과 같다(구경선, 2008: 신화식,1996).

첫째, 유아들이 관심을 가질 만한 환경이 갖추어져야 한다. 발달적 민감기에 맞는 자기활동이 가능한 구체적인 대상을 가지고 상호작용할 때 발달이 촉진할 수 있다. 교실에는 친근감 있는 동식물이 있고 아름다운 물건을 배치하여 미적 감각을 기르도록 해야 한다.

둘째, 유아들에게 밝고 매력적이며 단순한 구조의 환경이 제공되어야 한다. 유아들을 위한 환경은 체계적으로 잘 정리된 환경으로 단순하게 제공되어야 한다.

셋째, 준비된 환경에는 유아들에게 활동하고 싶은 욕구를 충족시킬 수 있는 풍부한 내용이 포함된 자료를 제공해야 한다.

넷째, 준비된 환경에는 유아들이 활동과 자료를 선택할 자유, 활동시간의 자유, 자유롭게 움직일 공간의 자유가 보장되어야 한다. 활동이 끝나면 스스로 교구를 제자리에 정리하도록 교육해야 한다.

다섯째, 준비된 환경은 유아의 체격에 적합하게 제공되어야 한다. 연령에 맞는 크기로 유아들이 가지고 활동하기에 적합해야 한다.

준비된 환경은 이러한 물리적 환경뿐 아니라 교사도 포함된다. 교사는 유아가 가진 잠재력과 능동적인 발달을 돕기 위해 관찰하는 관찰자이고, 옳은 방향으로 이끄는 안내자이며, 촉진자이다.

준비된 환경의 중요한 요소로 몬테소리 교구가 있다. 몬테소리 교구는 민감기라는 발달에 적합성을 고려하여 유아들이 스스로 선택하고 활동하며 몰입할 수 있도록 제작되었다.

〈표 2-4〉 몬테소리 교구의 특징

특징	내용
자동교육	교구자체에서 오류의 수정을 할 수 있도록 되어 있어 유아의 생각과 능력을 사용하여 분별하는 능력을 증가시킬 수 있음
심미감	감각적 교구뿐 아니라 모든 환경이 유아에게 매력을 느낄 수 있도록 준비함
유아의 관심	유아는 사물에서 제시하는 기술에 흥미를 갖는 것보다 작업하도록 기회를 제공하는 교구자체에 흥미를 갖음
제한적 교구	과다한 교육자료는 유아의 정신세계를 산만하게 하고 자발성 결여를 가져오기 때문에 자료에 대한 파악이 제대로 되지 않아 유아의 심리적 발달기회를 방해할 수 있음. 준비된 환경 속에서 한정된 범위의 교구 연습을 하도록 하여 유아의 내적 발달과 질서감을 획득하도록 함

출처: 정원애(2012). 몬테소리 수학활동에서 나타난 수학 저성취 유아의 수학적 태도 변화 양상. 총신대학교 석사학위논문. p. 6.

몬테소리 교구는 일상생활 훈련교구, 감각교구, 언어교구, 수교구, 문화교구 등으로 구성되어 있다. 몬테소리 교실의 환경은 체계적으로 잘 정돈되어 있어서 유아들이 스스로 찾아 활동할 수 있도록 구비되어야 한다. 자신이 원하는 교구를 선택하여 자신의 발달 속도에 맞게 활동할 수 있도록 하고, 교구를 가지고 활동한 후 스스로 오류를 발견할 수 있도록 자동교육의 원리에 의해 제작되었다. 교사가 지적해 주지 않아도 스스로 오류를 알 수 있도록 감각교구의 경우 뒷면에 동일한 도형을 표시해 두어 스스로 확인하고 수정하도록 고안되었다.

유아는 선천적으로 아름다움을 추구하는 존재로 보고 교구는 매력적이고 아름다워야 한다고 생각한 몬테소리는 아름답고 견고한 교구를 고안하였다. 이러한 아름다운 교구는 유아들이 흥미를 가질 수 있고 집중하도록 한다. 몬테소리 교구는 관심과 흥미를 가지고 지속적으로 활동할 수 있도록 제작되었으며 너무 많은 교재를 주지 않고 적절한 수를 유지하도록 제한한다. 과다한 교구교재는 집중에 방해가 되고 산만해질 수 있다. 교구의 수를 흥미와 집중을 할 수 있는 정도로 제한하는 것이 정리정돈에도 도움이 된다.

몬테소리는 교구를 가지고 활동하는 유아를 관찰하여 그들의 흥미와 관심에 맞는 자료를 제공하는 소극적인 교사의 역할을 강조한다. 사물과 단어의 연결로 개념을 알려주어야 할 때, 사물의 특성과 차이점을 인식한다는 생각이 들 때 3단계 교수법을 사용하여 사물과 단어의 연결을 돕는 방법을 사용한다.

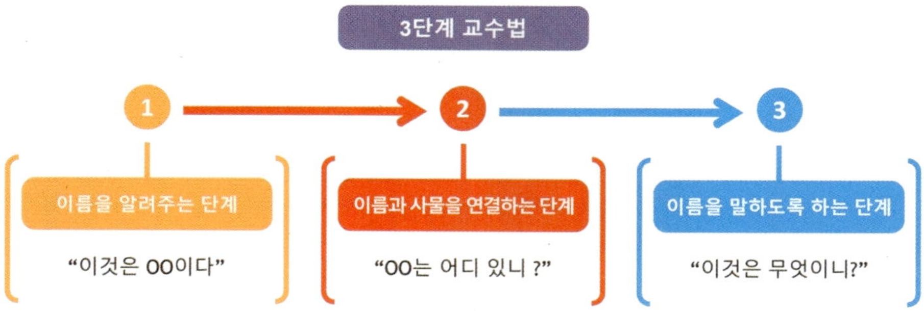

(1) 일상생활훈련

몬테소리 교구의 일상생활훈련은 일상생활에 필요한 자조기술을 익히도록 고안되어 있다. 유아들이 일상생활훈련을 통해 필요한 감각과 기술을 익히면서 독립심, 책임감 등을 익힐 수 있고 사회성을 기를 수 있다.

일상생활훈련 영역은 자기 돌보기, 타인 돌보기, 환경 돌보기 등의 기본생활습관에 해당되는 것으로 좋은 습관을 형성하는 인성의 기초에 해당하는 영역이라 할 수 있다. 일상생활훈련을 통해 자신의 기본적인 돌봄의 예를 들면 옷입기, 신발신기와 같이 스스로 자신의 신변을 해결할 수 있는 훈련을 반복한다. 타인 돌보기는 예절과 타인과의 관계에 관련된 걷기, 문열고 닫기, 인사하기, 양보하기 등이며 환경 돌보기는 청소하기, 동식물 돌보기, 음식 준비하기 등이 해당된다.

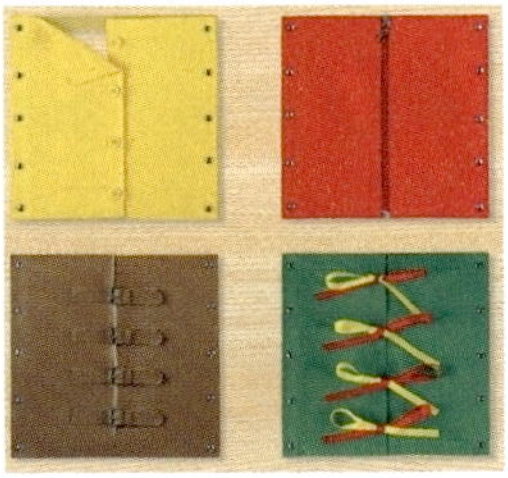		
옷입기	잠그기	따르기

출처: 한미몬테소리협회(2017). 몬테소리 일상생활영역(증보). 서울: 창지사.

(2) 감각교육

몬테소리 감각교육은 유아의 감각을 자극함으로써 세상에 대해 인식하며 감각교구를 활용하여 감각발달을 돕도록 구안되었다. 감각교구는 시각, 청각, 후각, 미각, 촉각의 감각을 활용하여 크기, 모양, 색, 무게, 온도 등을 비교 판단하도록 한다. 감각을 활용한 경험은 사물을 직관적이고 정확하게 파악하도록 돕는다.

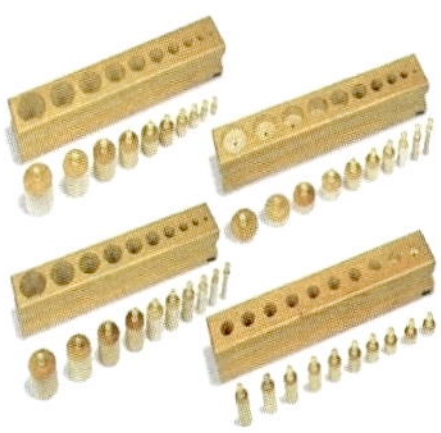	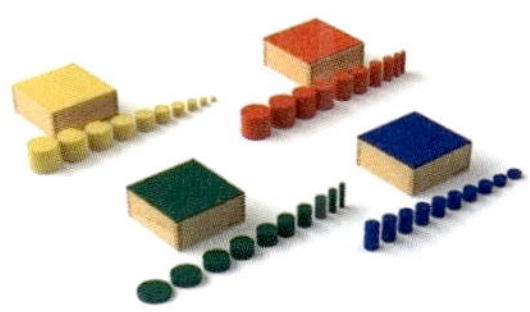	
꼭지점 원기둥	색 원기둥	분홍탑

출처: 배진영, 송미령, 왕기은, 이성숙(2019). 몬테소리 감각 교육(3판). 서울: 창지사.

(3) 언어교육

언어는 내가 속한 문화에서 사용하는 의사소통을 위한 기능이다. 언어는 사고의 기본이므로 언어를 습득하는 것은 개념을 형성하고 문화를 전승하는 의미를 가진다. 언어는 자신의 생각을 말하고 쓰며 타인의 생각을 읽고 듣는 과정으로 읽기, 쓰기, 말하기, 듣기의 4가지로 이루어진다. 언어는 유아의 표현력, 사회성, 이해력 등을 발달하는 데 중요한 역할을 한다.

특히 유아기는 모국어 발달이 폭발적으로 일어나는 시기이므로 이때 어휘나 문자를 익히는 것이 중요하다고 보고 다양한 교구를 제시하였다.

모래 글자판

쓰기판

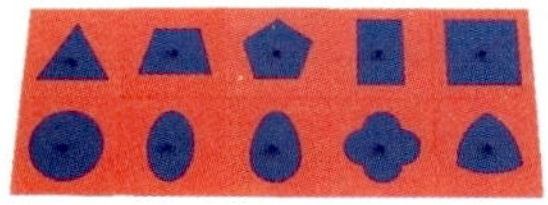

철판 도형

출처: 배진영, 송미령, 왕기은, 이성숙(2020). 몬테소리 언어 교육(3판). 서울: 창지사.

(4) 수교육

몬테소리는 유아의 수교육 교구를 통해 논리적 사고의 힘을 기르고 수의 개념과 양을 익히는 구체적인 활동자료를 고안했다. 숫자는 추상적 개념이므로 눈으로 볼 수 있도록 수의 개념을 교구로 가시화했으며 조작활동을 통해 수를 익히도록 교구로 제시했다. 수 세기, 비교, 측정, 서열화 등의 수 활동을 할 수 있도록 했을 뿐 아니라 십진법을 구슬로 소개하여 유아들이 수의 개념을 실제적으로 확인할 수 있도록 제시했다.

모래 숫자

셈막대

분수봉

출처: 배진영, 송미령, 왕기은, 이성숙(2020). 몬테소리 수학 교육(2판). 서울: 창지사.

(5) 문화교육

문화교육은 유아가 자신이 존재하는 세계에 대한 이해를 다루고 있다. 따라서 다루는 내용은 지리, 기후, 역사, 동물, 생태, 식물, 우주 등 광범위한 내용을 포함한다. 문화교육을 통해 유아가 살고 있는 세상에 대한 상황과 현실을 인식하도록 돕고 그러한 세상에 일원으로 살아가는 데 필요한 책임감을 갖게 한다. 문화교육을 위해 구체적인 활동자료를 제시하여 다양한 사회적 이해를 감각적으로 익힐 수 있도록 구성하였다.

지도 퍼즐	태양계	시계

출처: 배진영, 송미령, 왕기은, 이성숙(2017). 몬테소리 문화 교육(2판). 서울: 창지사.

3) 교수학습방법

몬테소리의 교수학습방법은 유아의 전인적 발달을 위해 유아가 가지고 있는 내면의 욕구를 잘 관찰하여 계발하고 능동적인 활동을 통한 학습이 이루어지도록 하는 데 기초를 둔다. 몬테소리의 교육목적은 정상화(normalization)의 개념으로 설명할 수 있다. 정상화란 유아가 흥미를 갖고 집중하고 반복하는 과정에서 목적지향적인 선택을 하고 몰입하면서 내면의 발달이 이루어지는 것을 의미한다. 이러한 과정에서 유아는 활동에 자발적인 집중을 하며 성취감을 느끼게 된다. 정상화가 이루어지기 위해서는 준비된 환경, 발달에 적합한 과학적인 교구, 소극적인 교사가 중요하다고 보았다. 몬테소리는 유아가 발달하며 시기별로 민감하게 학습할 수 있는 민감기(sensitive period)가 있다고 보고 흡수정신(absorbent Mind)을 통해 학습이 이루어진다고 설명하고 있다. 유아는 흡수정신을 통해 단순히 환경에서 빨아들이는 것이 아니라 능동적인 선택에 의해 얻은 느낌을 내면적으로 구성하고 이것을 반복하는 활동을 통해 개념을 형성한다.

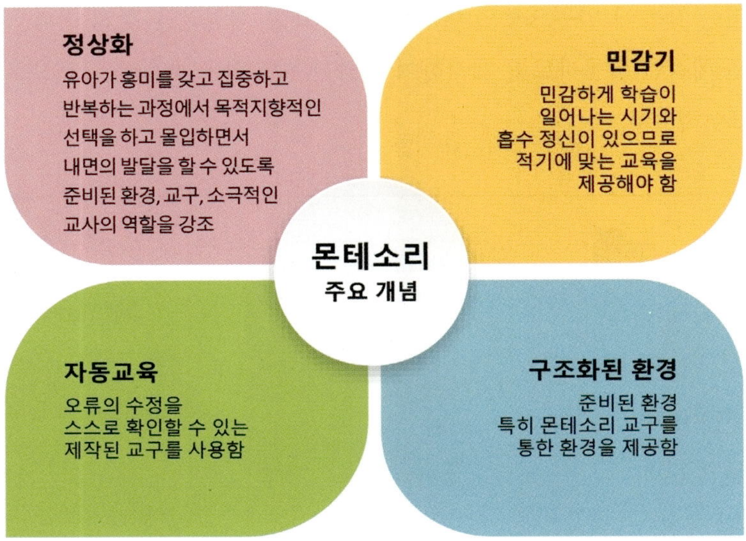

(1) 개별화 교육

유아들은 발달 속도의 차이가 있기 때문에 개별적인 활동이 이루어져야 한다. 교사들은 자신의 내면의 요구와 발달이 다른 유아들에게 동일한 활동을 제공하고 지시하는 것이 아니라, 각 유아의 요구와 선택에 맞는 개별적인 활동을 제공하고 존중하는 태도를 보여야 한다.

(2) 교구중심의 교육

몬테소리 교구는 그 자체가 하나의 프로그램이라고 할 만큼 큰 비중을 차지하는 몬테소리 교육의 핵심이다. 몬테소리 교구는 준비된 환경이며 민감기에 맞는 단계별 학습이 가능하며 유아의 선택을 통해 집중하고 성취하며 학습이 이루어지도록 고안되어 있기 때문에 몬테소리의 교육 목표와 교육 원리가 모두 충족되는 교수학습방법의 결정체이다.

(3) 혼합연령 구성

몬테소리 교실에서는 단일 연령이 아닌 혼합 연령을 구성하여 더 나이 많은 유아가 어린 유아를 돕고 가르칠 수 있고, 어린 유아들은 형, 누나의 행동을 보며 배우도록 한다. 나이가 많은 유아들이 어린 유아에게 도움을 주는 경험은 만족감을 주고 협력과 같은 사회적 기술발달의 기회도 준다. 혼합 연령의 구성은 단일 연령으로 구성된 교실과는 다른 협력적 관계와 발달의 차이에 대한 다양성이 수용되는 환경이 제공될 수 있다.

연습하기/적용하기

1. 코메니우스, 프뢰벨, 몬테소리의 교재교구의 특성을 정리해보세요.

   예) · 코메니우스의 세계 도회: 그림 자료 제시

   · 프뢰벨의 은물과 작업: 구성 놀잇감과 조작 활동 자료 등

2. 유아교육현장에 교재교구에 세계도회, 은물, 몬테소리의 교구가 미친 영향을 토론해보세요.

3. 은물과 몬테소리 교구를 교구제작에 적용해보세요.

4. 집단 크기에 따라 교재교구의 준비 시 고려할 점은 무엇인지 적어 보고 자료의 예를 찾아보세요.

집단 규모	특징	교구교재준비 시 고려할 점/자료예시
대집단 활동	• 비교적 많은 유아가 동시에 진행하는 활동 • 교사 주도 활동으로 운영되는 활동이 많음 • 교사의 설명이나 진행이 필요 • 주의집중과 같은 교사의 준비가 필요함 예) 게임, 동화, 율동, 이야기 나누기 등의 활동	ex) · 설명 자료 · 도입 자료 · 흥미 유발 자료를 준비해야 함
소집단 활동	• 유아 간 상호작용을 바탕으로 진행하는 활동 • 발달 수준이나 흥미에 따라 그룹을 구성 • 활발한 상호작용이나 협력이 가능한 좌석 배치 • 교사도 유아와 동등한 역할로 참여 예) 실험, 요리, 토론, 언어활동 등의 활동	ex) · 원형 테이블 배치 · 실험도구 · 토론 자료 · 그림카드 등
개별 활동	• 유아의 개별 특성과 발달차를 고려한 활동 • 각자의 흥미에 따라 활동 • 각 유아의 학습 속도에 따라 운영 예) 그리기, 만들기, 신체표현 등의 표현활동, 구성활동 등	ex) · 개별 활동 자료

협·동·학·습

<2주차> 팀별 교재교구 현장 조사

교과교재연구 및 지도법의 수업을 통해 제작할 교재교구에 대한 현장 조사를 진행하고자 합니다. 이를 위하여 각 팀에서는 요즘 인기 있는 장난감이나 교재교구를 알아봅시다.

1. 인터넷 쇼핑몰을 통한 조사 VS 장난감 가게나 보드게임 가게 등을 통한 조사
2. 팀원과 상의하여 어떠한 방식으로 유아들이 좋아하는 교재교구에 대해 알아볼 것인지에 대해 상의해보세요.
3. 친구들과 상의한 대로 교재교구에 대한 현장조사를 실시하세요.
4. 팀에서 조사한 교재교구에 대해 순위를 매기고 그에 대한 이유를 작성하세요.

교재교구 순위	교재교구의 장단점 및 순위에 대한 이유
1.	
2.	
3.	
4.	
5.	

CHAPTER

3

교재교구의 이론적 배경

학습목표

- 교재교구의 기초이론을 알고 기술할 수 있다.
- 각 이론의 특성을 정리할 수 있다.
- 이론별로 유아를 위한 교재교구 제작 및 선정의 적용점을 모색할 수 있다.
- 현재 유아교육 현장에서 활용되는 교재교구를 이론을 기초로 하여 분석할 수 있다.

생각해보기

아래의 그림이 무엇으로 보이는지 친구들과 이야기해 보세요.

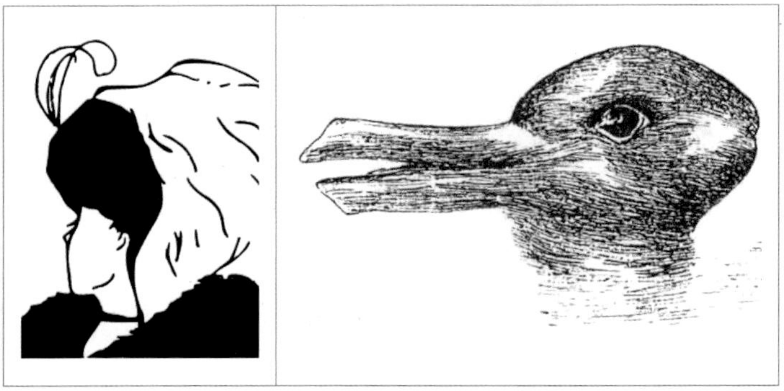

출처: https://ko.wikipedia.org/wiki

교수학습과정에서 유아가 학습해야 할 내용, 수업의 주된 내용을 전달하고자 할 때 정보전달을 용이하게 하고 학습에 흥미를 높이기 위해 교재교구를 활용한다. 교사는 유아를 대상으로 한 교수학습 장면에서 끊임없는 교재교구에 대한 연구와 개발을 해야 한다. 무엇을 어떻게 제시하는가에 따라 학습의 효과는 달라지기 때문이다.

교수매체의 제시와 교구 개발을 위해 알아야 할 이론을 알아봄으로써 메시지 전달의 효과를 높일 수 있을 것이다.

이 장에서는 유아들이 어떻게 정보를 받아들이는지에 대해서 알아보고 효과적인 전달을 할 수 있는지와 교재교구의 체계에 대해 알아보도록 한다.

1. 인지주의 학습이론의 적용

우리는 일상에서 자연스럽게 감각을 통해 많은 정보를 접하고 그것을 받아들이며 살아간다. 그러나 우리는 많은 정보 가운데 특별히 주의를 기울이거나, 흥미가 있었거나, 중요한 것들을 선택하여 받아들인다.

성인의 경우 주로 시각과 청각을 통해 새로운 정보를 얻는 경우가 많지만 유아는 성인에 비해 다양한 감각을 활용하여 정보를 받아들인다. 유아는 시각과 청각뿐 아니라 촉각, 후각, 미각 등 감각기관의 전부를 활용하여 새로운 것을 받아들이며 개념을 형성하고, 이를 바탕으로 학습이 이루어진다. 교사는 유아를 위한 교재교구를 계획하고 제작할 때 유아의 지각적 특성을 고려해야 한다.

1) 형태주의 심리학

형태주의 심리학에서 말하는 지각의 과정, 학습과 기억의 과정은 교구교재를 제작하고 연구하는 교사들에게 필요한 이론이라고 할 수 있다. 유아들이 제시된 교구와 교재를 어떻게 지각하고 학습하는가에 대한 과정을 알아봄으로써 유아를 위한 교재교구에 반영할 수 있을 것이다.

지각(知覺, perception)이란 감각기관을 통해 들어온 자극에 대한 의식 혹은 인식이라고 말할 수 있다. 지각은 감각기관을 통해 들어온 자극에 대한 심리적 현상이라고 설명할 수 있다(교육학용어사전, 1999). 지각은 심리학이나 인식론에서 감각, 지각, 인상이라는 의미로 사용되기도 한다.

인간은 환경에서 접하는 많은 감각을 경험이라는 필터를 거쳐 지각하게 된다. 형태주의 심리학에서는 어떤 과정으로 정보를 받아들이는가와 받아들인 정보가 어떻게 기억과 학습의 과정으로 이어지는가에 대한 것을 연구해왔다. 형태주의 심리학의 기본입장은 전체는 의미 없는 부분의 합 이상이기 때문에 어떤 부분을 볼 때 각 부분을 통합하여 하나의 형태로 지각하는 경향이 있다고 보았다. 따라서 각 부분이 어떤 배치나 패턴을 가지고 있는가에 따라 전혀 다르게 지각할 수 있게 된다. 앞에 제시한 생각해보기의 그림은 보기에 따라서 다르게 지각된다. 애매하고 모호한 정보는 우리에게 반전된 이미지를 제공하여 흥미를 유발하기도 하고 때로는 집중의 효과를 가져오기도 한다.

(1) 근접성의 법칙(law of nearness)

우리는 여러 개의 형태가 흩어져 있는 것을 볼 때 가까이 근접해 있는 것을 하나로 묶어 지각하려는 경향이 있다. 하나로 묶는 것이 지각하기에 쉽기 때문에 다음의 [그림 3-1]을 10개의 선으로 인식하기보다는 5개의 기둥으로 지각하는 경향이 있다. 가까이 있는 형태를 하나로 묶어서 지각하려는 경향을 근접성의 법칙이라고 한다.

출처: 석상미(2019). 게슈탈트 시지각 법칙을 적용한 행정브랜드 표현분석. 홍익대학교 광고홍보대학원 석사학위청구논문. pp. 25-35.

[그림 3-1] 근접성의 법칙

(2) 유사성의 법칙(law of similarity)

우리는 한 장소에서 여러 개의 비슷한 형태가 분산되어 있는 것을 볼 때 비슷한 형태를 묶어서 지각한다. 다음의 [그림 3-2]를 보면 세로선보다는 가로선이 지각하기 쉽다. 이처럼 크기, 모양, 색 등 유사성을 찾아서 유사한 것을 하나로 묶어 지각하려는 경향을 유사성의 법칙이라고 한다.

출처: 석상미(2019). 게슈탈트 시지각 법칙을 적용한 행정브랜드 표현분석. 홍익대학교 광고홍보대학원 석사학위청구논문. pp. 25-35.

[그림 3-2] 유사성의 법칙

(3) 폐쇄성의 법칙(law of closure)

우리는 완전하지 않은 형태를 볼 때 채워지지 않은 부분을 완성하여 지각하려는 경향이 있다. 다음의 [그림 3-3]을 보고 떨어져 있는 선을 그대로 인식하기보다는 빈공간에 선을 채워 완성된 형태로 지각하려는 경향을 폐쇄성의 법칙이라고 한다.

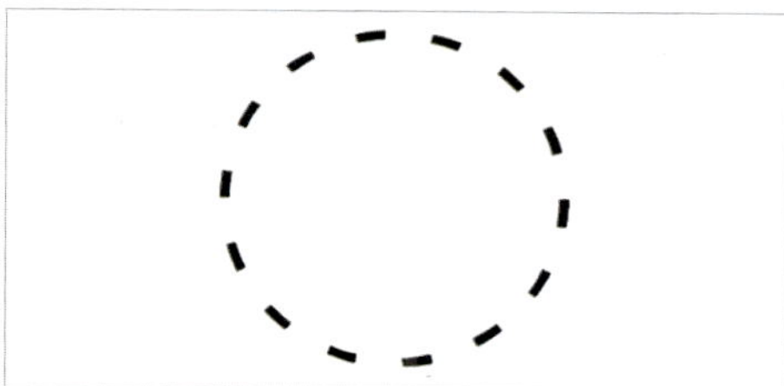

출처: 석상미(2019). 게슈탈트 시지각 법칙을 적용한 행정브랜드 표현분석. 홍익대학교 광고홍보대학원 석사학위청구논문. pp. 25-35.

[그림 3-3] 폐쇄성의 법칙

(4) 계속성의 법칙(law of continuation)

다음의 [그림 3-4]와 같이 일부분이 연결되지 않거나 가려져 있어도 일정한 방향으로 진행된다면 나머지 부분을 유추하여 지각하게 된다. 일정하게 반복되는 패턴이 있거나 연결되는 경로가 있을 때 자연스럽게 연결된 형태로 지각하는 경향을 계속성의 법칙이라고 한다.

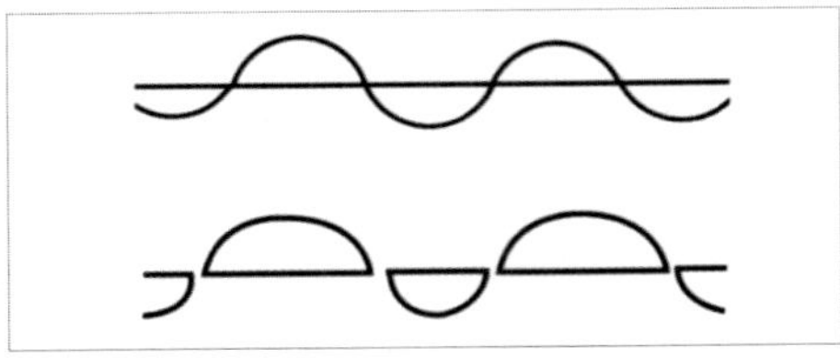

출처: 석상미(2019). 게슈탈트 시지각 법칙을 적용한 행정브랜드 표현분석. 홍익대학교 광고홍보대학원 석사학위청구논문. pp. 25-35.

[그림 3-4] 계속성의 법칙

(5) 전경과 배경의 법칙

다음의 [그림 3-5]는 덴마크 심리학자 에드가 루빈(Edgar Rubin)이 연구한 '루빈의 컵(Rubin vase, figure-ground vase)'과 '루빈의 얼굴(Rubin face)'이다. 우리는 앞에 나타난 형태를 전경이라고 하고 뒤의 공간은 배경이라고 한다. 그림에서는 컵의 색을 진하게 하여 전경임을 강조했으나 만일 배경 부분을 진하게 했다면 사람 얼굴이 더 강조되어 보일 것이다. 이처럼 보는 사람에게 강하게 집중되는 것을 전경으로 잘 인식되지 않는 부분을 배경으로 규정할 수 있다.

전경과 배경의 법칙은 교재교구를 만들 때 유아가 무엇을 보는가를 생각하게 한다. 중심 내용을 강조하여 전경으로 인식할 수 있도록 제작해야 한다.

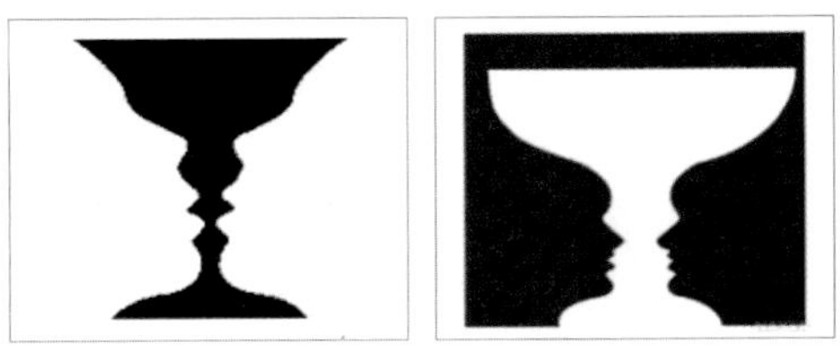

출처: 석상미(2019). 게슈탈트 시지각 법칙을 적용한 행정브랜드 표현분석. 홍익대학교 광고홍보대학원 석사학위청구논문. pp. 25-35.

[그림 3-5] 전경과 배경의 법칙

우리는 이처럼 사물이나 형태를 시각적으로 지각할 때 효율적으로 인식하기 위해 보다 쉬운 형태로 집단화하는 경향을 가진다. 우리는 외부의 시각적 자극에 대해 안정적이고 보다 단순한 구조로 바꾸어 재배열, 통합, 연결 등의 방법으로 경제적인 지각을 하려는 경향을 갖는다. 이러한 법칙들은 유아를 위한 교재교구의 제작에 있어서 교사가 알아야 할 시각적 효과와 디자인의 요소라고 할 수 있다.

2) 정보처리 이론

정보처리 이론은 우리의 인지과정을 컴퓨터의 작동과정과 같다고 보고 학습자가 어떻게 정보를 받아들이고 인출되는지 그 기억의 과정을 제시한 이론이다. 일상생활에서 받아들이는 많은 자극은 우리의 감각을 통해 들어온다. 감각을 통해 들어온 많은 자극이 모두 기억되는 것이 아니라 그중 주의를 기울인 것만 단기기억으로 남는다. 단기기억에서는 보통 5~9개 단위로 약 20초 정도 머물게 되는데, 반복하여 시연을 하거나 의미 있는 부호화를 거쳐야 장기기억으로 전이되어 필요할 때 인출이 가능하다. 유아가 받아들인 정보가 경험이나 일상에서 의미 있게 연결되지 않을 경우 장기기억으로 남기기 어렵다는 것을 의미한다.

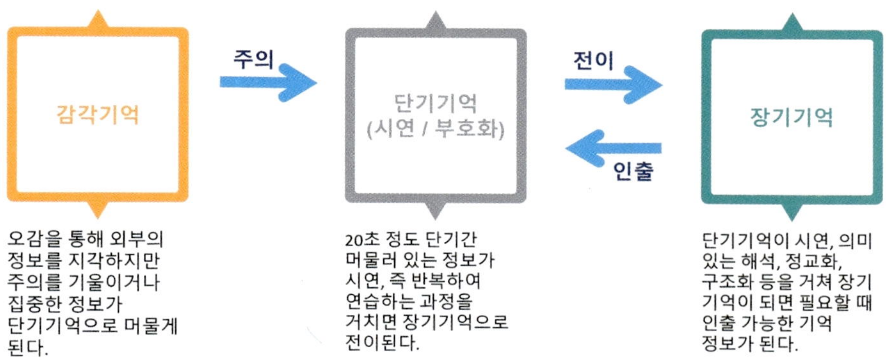

출처: Alsaeed, N. H. (2017). Wish You Were Here: A Psychological Analysis Using Atkinson-Shiffrin Memory Mode. *Journal of Literature and Art Studies*, 7(5). doi:10.17265/2159-5836/2017.05.004 p. 522.

[그림 3-6] 정보처리 이론의 기억모델(Atkinson & Shiffrin, 1968)

유아의 경험이 장기기억으로 남아 수시로 인출이 가능할 때 비로소 학습이 이루어졌다고 볼 수 있다. 장기기억에 대한 3가지 이론을 설명하면 다음과 같다.

(1) 처리 수준 이론

감각기관을 통해 들어온 정보는 얕은 수준으로부터 깊은 수준으로 처리된다. 처음에는 감각정보를 주로 크기, 선, 음의 높낮이 등으로 받아들인 후 자신의 경험을 바탕으로 통합적으로 의미를 해석한다. 교사가 유아를 위해 교재교구를 제공할 때 고려해야 할 것은, 자료의 물리적 감각자극도 중요하지만 받아들인 감각을 의미 있게 자신의 경험이나 생활에서 연결될 수 있을 때 장기기억으로 남는 점이다.

(2) 정교화 이론

우리는 정보를 단순한 기호나 감각으로 받아들이는 것이 아니라 추가적인 정보를 보충해서 해석한다. 교사가 교재나 교구를 제작하고 제시할 때, 유아가 의미를 이해하고 파악할 수 있도록 상황과 함께 제시하는 것이 정보를 정교화하는 데 도움이 될 수 있다. 동물의 경우 모양과 단어뿐 아니라 어디에 살고 있는지 배경과 함께 제시한다면 유아가 정보를 정교화하여 쉽게 기억할 수 있다.

(3) 맥락화 이론

우리는 정보를 최종 기억할 때 그 정보와 함께 한 맥락 즉, 정서적 상황이나 물리적 상황과 함께 받아들인다. 교재교구를 제작하여 유아에게 제시할 때 흥미로운 요소를 첨가하고 즐거운 분위기에서 접할 수 있도록 하는 것이 효과적이다. 또한 전달하는 내용이 현재의 상황과 유사할수록 유아가 정보를 효과적으로 이해할 수 있다. 프로젝트 수업을 할 경우 주제와 비슷한 환경을 구성하고 관련 자료를 제공하는 것은 이러한 관점에서 유용하다.

정보처리 이론의 인지과정에서 기억해야 하는 것은 선택, 조직화, 통합이다. 정보처리의 과정은 단순히 인지적인 과정만이 아닌 개인의 흥미, 관심, 경험, 상황 등이 통합적으로 작용하는 복잡한 과정이다. 따라서 교사는 유아의 흥미와 관심을 끌 수 있는 교재교구를 제시해야 하고 그들의 사전경험을 고려해야만 한다. 또한 환경과 상황을 유아가 집중할 수 있도록 전달하는 내용과 일치할 수 있도록 구성해야 한다는 점을 시사한다.

2. 데일의 경험의 원추

에드가 데일(Edgar Dale)은 경험의 원추(The cone of experience, 1946)를 통해 학습자에게 제공할 수 있는 시청각 교수매체를 구체적인 것에서부터 추상적인 것까지 위계적으로 제시하였다. 경험의 원추는 학습자인 유아들에게 시청각 교수매체가 주는 경험의 구체성을 직관적으로 보여주는 모델이라 할 수 있다.

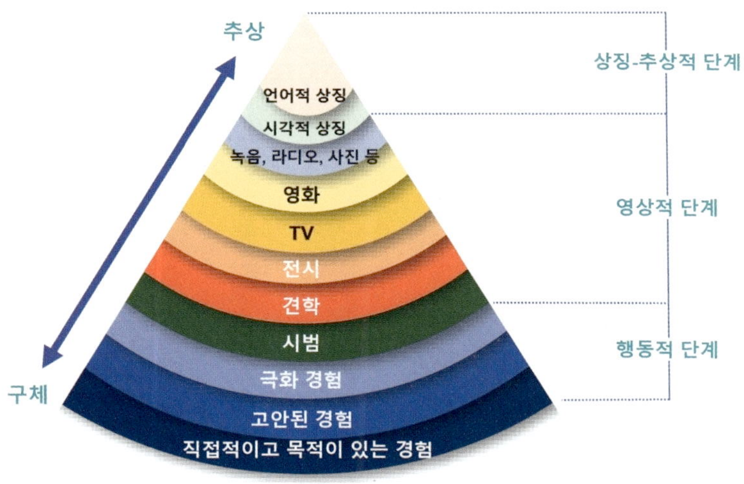

출처: https://lidtfoundations.pressbooks.com/chapter/edgar-dale-and-the-cone-of-experience/

[그림 3-7] 데일의 경험의 원추

1) 행동적 단계

(1) 직접적인 목적 있는 경험

경험의 원추에서 가장 하위에 있는 단계로 가장 직접적이고 구체적인 단계에 위치한다. 일상생활에서 직접 경험하게 되는 모든 감각활동과 탐색이 이 단계에 해당된다. 즉, 직접 보고, 듣고, 맛보고, 냄새 맡고, 만지는 모든 감각활동이 포함된 경험을 말한다. 가장 넓은 면적을 할애한 직접 경험은 일상생활에서 폭넓게 이루어진다. 유아들은 쉬지 않고 자신의 감각을 통한 경험을 확장하고 있다. 교사의 교재교구에 대한 계획에도 이점을 반영하여 가능한 한 다룰 수 있는 주제의 직접적인 경험을 할 수 있도록 해야 한다.

(2) 고안된 경험

때로는 다루는 주제나 내용에 따라서 직접 경험이 불가능한 경우가 있다. 그런 경우 가장 현실과 비슷한 상황을 모방하여 경험하도록 하는 단계를 말한다. 교사가 되기 전 혹은 실습을 나가기 전 모의수업을 하는 것과 같이 최대한 비슷한 상황에서 경험하는 것을 말한다. 실제 유아에게 직접 경험이 현실적으로 어려워 의도되고 만들어진 경험에 해당된다. 유아들이 가상놀이를 할 때 최대한 현실과 비슷한 환경에서 경험해 보도록 하는 것이 예가 될 수 있다.

(3) 극화 경험

극화 경험은 상황을 가정해서 연출된 경험을 의미한다. 학습목적을 위해 알아야 할 내용을 경험하기 위해 연출된 상황을 만들어 역할극처럼 참여하는 방법을 사용하기도 한다. 예를 들어, 병원에 대한 두려움을 줄이기 위해 유아를 위해 환자 역할로 참여하게 한다거나, 위험한 상황을 학습하기 위해 모르는 사람이 가자고 할 때를 가정해서 연극형태로 연습해보는 방법이 있다.

2) 영상적 단계

(1) 시범

시범은 교사가 활동 방법이나 과정을 미리 알려주기 위해서 혹은 유아들이 직접 행동으로 참여하기에 어려운 경우 활용할 수 있는 경험이다. 예를 들어, 위험한 실험이나 요리는 유아가 직접 참여하기 어려우므로 교사가 활동과정이나 방법을 시범으로 보여주고 유아들이 관찰하도록 할 수 있다. 그러나 시범은 유아가 활동에 참여하는 것보다는 간접적인 경험이라는 점에서 교사의 준비가 적고 쉬운 방법이기 때문에 활용하는 것은 피해야 한다.

(2) 견학

견학은 학습목적이나 학습내용과 연계하여 관련된 장소를 방문하는 것을 말한다. 주로 시각적 경험을 바탕으로 일상에서 쉽게 경험할 수 없는 곳을 찾아가는 형태로 진행된다. 예를 들어, 우체국, 정수처리장, 경찰서 같은 곳에 방문하여 체험할 수 있다. 최근 견학은 이러한 시각적 경험에 국한된 한계를 벗어나 직접 체험할 수 있는 현장체험의 형태로 바뀌고 있다. 견학을 통해 사회학습의 기회를 넓히고 실생활에서 경험하기 어려운 내용을 경험하는 것은 학습의 효과를 높이는 좋은 기회가 된다.

(3) 전시

전시는 미술관과 박물관처럼 학습내용과 관련된 장소를 찾아 전시되어 있는 전시품을 경험하는 것을 의미한다. 견학보다 추상적 경험에 가까운 수준으로 시각적 경험을 바탕으로 한다고 할 수 있다. 이러한 경험은 교실에서는 다룰 수 없는 구체적인 사물의 관찰의 기회를 제공하기 때문에 유용하다.

(4) TV, 영화

TV와 영화는 학습자에게 녹화된 영상을 통해 학습내용을 제공하는 매체이다. 시각과 청각을 모두 활용하기 때문에 흥미로운 관찰이 가능한 자료라고 할 수 있다. 영상자료는 필요한 내용만 편집하거나 필요에 따라서는 반복할 수 있고 재생속도를 조절하는 등 다양한 적용이 가능한 장점이 있다. 이처럼 TV나 영화와 같은 영상매체는 유아에게 매우 흥미로운 자료로 활용될 수 있으나 상호작용이 없이 일방적인 전달에 의존하는 것에 주의해야 한다.

유아에게 TV나 영화와 같은 영상매체를 사용할 때 다음의 내용을 고려해야 한다.

- 학습하고자 하는 중심내용에서 벗어난 내용이 포함되지 않아야 한다. TV나 영화는 학습목적에 맞는 내용을 잘 사용하게 되면 내용에 대한 생생한 경험을 하게 한다. 그러나 중심내용이 아닌 다른 것에 관심을 끌게 되는 경우가 있다. 예를 들어, 태풍으로 인한 바람의 세기에 대한 사실적인 동영상을 보려는 목적으로 사용했으나 비에 떠내려가는 동물을 보고 희화화한다면 학습목적에서 벗어나게 된다.
- 시각적으로나 청각적으로 집중하는 데 방해요인이 없어야 한다. 영상의 화질이 좋지 않거나 잡음 등이 들어가 있으면 집중하기 어렵다. 유아가 내용에 집중할 수 있도록 깨끗한 화질과 소리를 확인한 후 시청하도록 한다.
- 반복 재생이 가능한 장점을 활용하여 학습자의 이해와 속도에 맞추어 활용하면 효과적이다. 그러나 유아의 선행지식에 차이가 있고 발달에도 개인차가 있기 때문에 반복하여 볼 수 있도록 한다.
- 동영상은 효과적이고 사실적인 자료로 가치가 높지만 영상시청만 하기보다는 피드백을 사용하여 적극적으로 상호작용을 해야 한다.

(5) 녹음, 라디오, 사진, 그림, 슬라이드

녹음, 라디오, 사진, 그림, 슬라이드와 같은 매체는 하나의 감각을 활용한다. 시청각을 모두 활용하는 자료보다 덜 구체적인 자료로 분류되어 있다. 하나의 감각을 활용하기 때문에 주의집중을 할 때 사용하면 효과적이다. 실제로 유아교육 현장에 적용해 보면 녹음과 같은 청각자료는 보이지 않기 때문에 주의집중을 하고 호기심을 유발하는 도입자료로 활용가치가 크다. 그림이나 사진은 유아의 개념형성을 위해 중요한 시각자료이므로 코팅을 하면 내구성이 높아지기 때문에 자유선택활동에서 활용할 수 있는 다양한 교구를 만들 수 있다.

3) 상징-추상적 단계

(1) 시각적 상징

시각적 상징은 다양한 기호를 의미한다. 함축적으로 의미를 담아 표현하고 있기 때문에 추상성이 상위 수준에 위치하고 있다. 예를 들어, 도로의 표지판이나 다양한 기호, 로고 등과 같이 약속된 의미를 갖고 있는 것들이어서 단순한 것이 특징이다. 단순한 시각적 표기를 보고 동일하게 해석해야 하기 때문에 시각적 상징으로 분류된다.

(2) 언어적 상징

언어적 상징은 가장 추상적인 단계에 있다. 유아들에게는 가장 추상적인 개념과 의미를 담고 있어서 실생활에서 경험하기 어려운 언어적 표현을 담고 있다. 어떠한 감각도 제공하지 않고 실제사물과 전혀 닮지 않았다는 것이 언어적 상징의 특징이다. 언어와 실제 사물을 연관시켜야 하기 때문에 추상적 사고가 발달되어야 언어적 상징을 사용할 수 있다.

경험의 원추는 교육매체가 주는 학습경험의 추상성의 정도를 시각적으로 제시하여 교수매체를 구분하였다. 그러나 이 모델이 학습경험이 구체적일수록 더 효과적인 방법을 의미한다거나 시각적인 자료가 청각적인 자료보다 좋은 것을 의미하는 것은 아니다. 지나치게 구체적 경험에만 의존하는 것은 유아의 상징적 사고발달을 방해하고 학습자료 준비에 많은 비용과 시간을 들여야 하기 때문에 비효율적이다. 데일은 동일한 주제에 대해 구체적인 경험과 추상적 경험의 균형을 맞춘 다양한 학습경험 제공을 제안하였다.

3. 의사소통이론

1) 라스웰의 커뮤니케이션 모델 SMCRE

정치학자였던 라스웰(Lasswell)은 정치, 언론, 광고, 교육 등 의사소통을 하는 많은 분야에 영향을 미쳤다. 특히 그의 의사소통의 과정과 분석에 대한 이론은 교수학습 과정에도 적용할 수 있다. 라스웰의 SMCRE 모델은 메시지가 전달되는 커뮤니케이션 과정에서 송수신자뿐 아니라 전달하는 내용과 전달하는 수단의 중요성을 인식시켰다는 점에서 의미가 있다. 의사소통에 대한 비교적 초기 모델로 이후 많은 학자들에게 영감을 주었고 다양한 모델로 발전되었다.

다음의 [그림 3-8]과 같이 SMCRE 모델은 누가(전달자), 무엇을(내용), 무엇으로(매체), 누구에게(수신자) 전달하였으며 전달된 메시지의 영향은 어떠한지를 모형으로 제시하였다. SMCRE 모델은 단순하지만 의사소통의 과정에서 교사가 무엇을 어떻게 전달하는지에 따라 유아에게 전달되는 의미와 결과가 달라질 수 있다는 점을 제시했다는 점에서 의미가 있다.

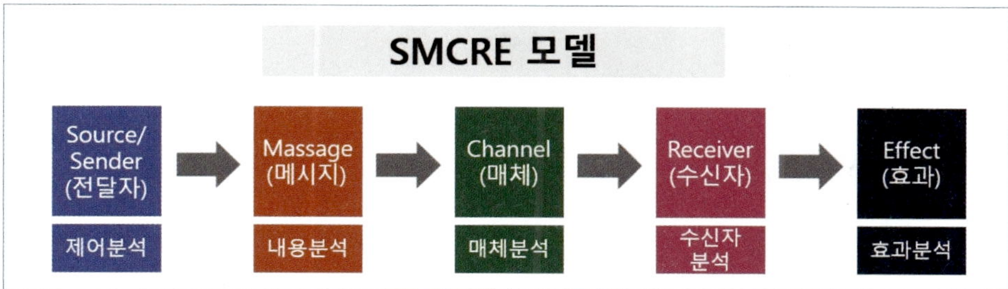

- S(Sender/ Source) : 메시지를 전달하는 전달자(누가) : 제어 분석
- M(Massage) : 언어적, 비언어적 메시지, 주된 내용(무엇을) : 내용 분석
- C(Channel) : 송신자와 수신자 사이의 매개체(무엇으로) : 매개체 분석
- R(Receiver) : 메시지를 전달받는 사람(누구에게) : 수신자 분석
- E(Effect) : 최종 결과(얼마나 효과적으로) : 효과 분석

출처: https://en.wikipedia.org/wiki/Lasswell%27s_model_of_communication

[그림 3-8] SMCRE 모델

교사는 똑같은 내용이라도 무엇으로 전달하는 가에 따라 달라질 수 있고 같은 주제라도 내용을 어떻게 선정하는가에 따라 유아의 해석과 답변은 달라질 수 있다는 점을 고려해야 한다. 또한 각 단계별 분석을 통해 의사소통의 전 과정을 분석하고 있다는 점은 교사들이 유아와의 수업에서 적용할 만한 부분이다.

2) 쉐넌-위버 모델

쉐넌-위버 모델(Shannon & Weaver Model)은 쉐넌과 위버가 개발한 직선으로 전달되는 선형방식의 모델로 최초의 모형은 1948년에 개발되었다. 다음과 같이 [그림 3-9]의 이 모델을 교수학습 장면에 적용하면 교사인 송신자가 전달하려는 자료 혹은 매체로 내용을 전달하면 수신자인 유아에게 전해지게 된다. 이때 잡음, 즉 방해요인이 작용하게 되면 내용의 전달 신호에 영향을 미치게 된다. 교사가 언어로 내용을 설명한다고 했을 때 송신자는 교사이며 송신기는 교사가 사용하는 단어, 문장, 혹은 사용하는 자료가 된다. 신호는 교사의 목소리로 교사의 목소리나 발음이 정확하게 전달되어야 하는데, 선생님의 목소리보다 큰 소리의 외부 소음이 들린다면 유아는 교사의 목소리가 아닌 외부의 소음을 전달받게 된다. 교사의 언어가 유아의 청각기관을 거쳐 수신자인 유아에게 내용으로 전달되는 과정이라고 할 수 있다.

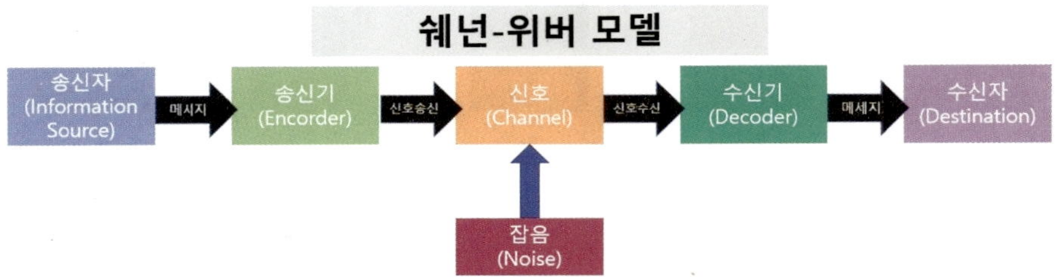

- **송신자** : 메시지 발신자 또는 메시지(정보출처). 발신자가 선택하는 방법을 말하는데 주로 교사의 언어를 의미한다.
- **송신기** : 메시지를 변환하는 부호. 교사가 선택한 단어와 문장, 혹은 자료를 말한다.
- **신호(채널)** : 잡음이 생길 수 있다. 목소리의 크기, 발음, 어려운 단어 등이 있다.
- **수신기** : 신호를 메시지로 변환하는 수신장소를 말하는데 해독의 과정에서 개인의 경험, 지식, 상황 등이 영향을 미친다.
- **수신자** : 정보의 최종 도착지, 즉 유아를 의미한다.

출처: https://egyankosh.ac.in/bitstream/123456789/10047/1/Unit-3.pdf

[그림 3-9] 쉐넌-위버 모델

이 모델은 교사가 교구교재를 유아에게 활용할 때 정확하게 전달하는 방법을 찾아야 한다는 점과 의미가 왜곡되지 않도록 전달과정에 발생할 수 있는 잡음을 통제할 필요가 있음을 시사한다. 그러나 이 모델은 피드백과 같은 상호작용이 없고 상황이나 맥락이 고려되지 않아 얼마나 잘못 전달되었는지 확인할 수 없다는 단점이 있다.

3) 벨로의 SMCR 모델

벨로의 SMCR 모델(Berlo SMCR Model)은 송신자와 수신자 사이에 내용, 즉 메시지와 전달 매체의 역할을 모델화하여 제시했다. 의사소통에서 의사소통기술은 말하거나 쓰는 능력을 말하는데, 서로의 의사소통 능력이 뛰어나면 의사소통이 효과적으로 이루어질 수 있다. 교사와 유아는 언어능력의 차이가 있다는 점에서 교사는 유아가 이해할 수 있는 언어를 사용해야 한다. 교사는 자신의 의사소통기술, 태도, 지식 수준, 사회체계, 문화양식을 바탕으로 전달하지만 유아는 자신의 의사소통기술, 태도, 지식 수준, 사회체계, 문화양식에 따라 해석하고 받아들이게 된다. 전달하는 내용과 형식은 보고, 듣고, 만져 보는 등 유아의 오감을 통해 전달된다.

SMCR 모델은 전달하는 내용뿐만 아니라 내용 구성과 전달 방식의 중요성을 설명하고 있다. 이 이론은 유아를 대상으로 한 교재교구를 활용할 때 유아의 의사소통능력과 지식 등의 발달 수준을 반영해야 하며 태도, 사회·문화와 같은 환경을 바탕으로 이해된다는 점을 시사한다.

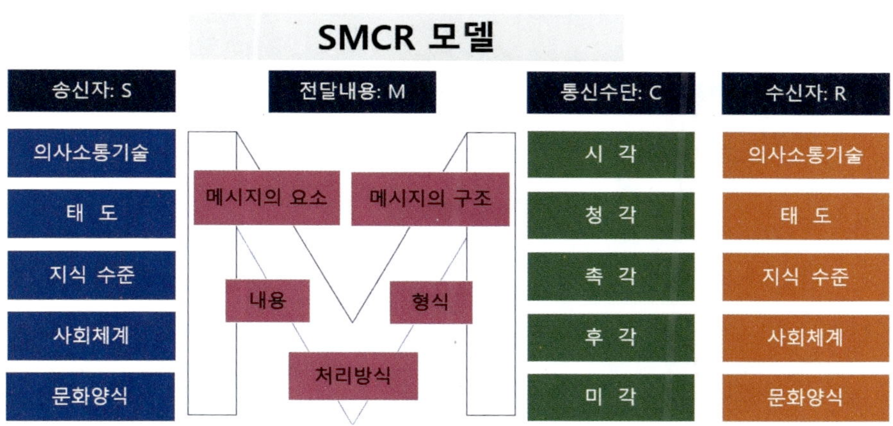

- 송신자(Source) : 정보 혹은 정보를 제공하는 교사는 자신의 언어, 학습자를 대하는 태도, 전문적 지식, 속한 사회의 체계와 문화양식을 반영하기 때문에 교사에 따라 차이가 생긴다.
- 전달내용(Message) : 교사의 언어적, 비언어적 메시지의 내용, 형식, 처리방식, 사용하는 자료 등을 활용하여 전달한다. 수업결과에 영향을 미칠 수 있다.
- 통신수단(Channel) : 교사가 전달한 내용을 학습자는 다양한 감각을 통해 받아들인다.
- 수신자(Receiver) : 학습자는 자신의 기술, 태도, 지식, 사회와 문화에 따라 해석하기 때문에 동일한 내용이라도 다르게 이해한다.

출처: https://www.managementstudyguide.com/berlo-model-of-communication.htm

[그림 3-10] SMCR 모델

4) 슈람의 의사소통 모델

슈람의 의사소통 모델(Schramm' s Model of Communication)은 앞서 살펴본 섀넌-위버의 모델을 보완해서 제시했다. 의사소통과정에는 많은 요인이 작용한다. 교사로부터 전달되는 내용이 유아에게만 전달되는 것이 아니라, 유아의 피드백이 교사에게 전달되고 그 과정에서 다양한 방해요인이 발생할 수 있다. 의사소통 과정에서 주변의 상황과 교사와 유아 간의 경험의 차이가 전달 과정에 영향을 미치게 된다.

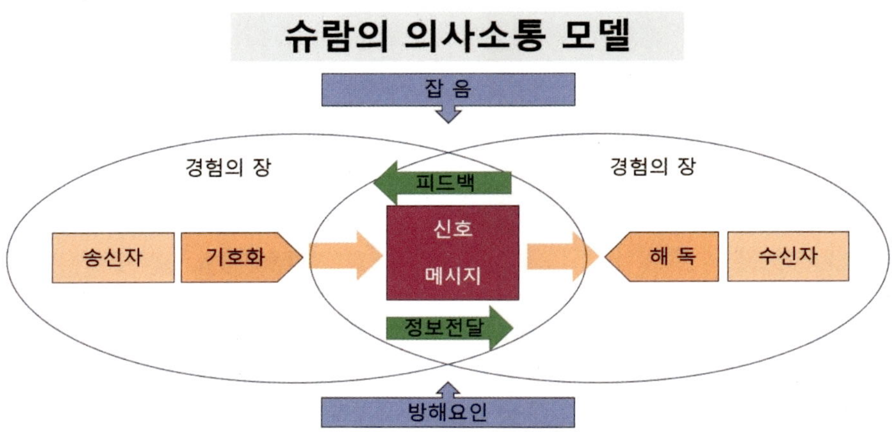

- 송신자인 교사가 전하고자 하는 내용을 다양한 방법으로 기호화하여 전달한다.
- 수신자인 유아는 교사가 전달하는 내용을 전달받는다.
- 송신자인 교사와 유아는 각각 자신의 경험을 바탕으로 전달하고 받아들인다.
- 경험의 장의 중첩된 부분이 많을수록 효과적인 의사소통이 이루어진다.
- 잡음 : 교사의 부정확한 발음, 작은 목소리, 교재교구의 오류 혹은 부정확성 등이 있다.
- 방해요인 : – 물리적 요인 : 정리 안 된 교실, 딱딱한 의자, 높이에 안 맞는 책상 등
  – 생리적 요인 : 교사와 유아의 피곤, 배고픔, 덥거나 추운 환경 등
  – 정서적 요인 : 흥미, 호기심, 즐거움, 불쾌함 등
  – 인지적 요인 : 정보전달과 해석을 위한 필요 지식, 언어 등

출처: https://michellemathiasfsp.blogspot.com/2020/12/schramms-model-of-communication.html

[그림 3-11] 슈람의 의사소통 모델

교사가 전달하려는 정보가 자료에 의해 유아에게 전달될 때 앞의 [그림 3-11]과 같이 양방향으로 피드백을 주고 받게 된다. 잡음은 교사의 부정확한 발음이나 작은 목소리, 교재교구의 부정확한 표기 등을 들 수 있다. 방해요인에는 물리적으로 교실 내 불편한 분위기나 딱딱한 의자와 같은 물리적 불편감이 작용할 수 있다. 또한 유아의 피곤, 배고픔, 덥거나 추운 생리적 반응, 기분의 좋고 나쁨, 흥미와 호기심 같은 정서적 상태와 전달내용을 이해하고 해석하는 데 필요한 지식과 언어발달 부족 등이 방해요인으로 작용될 수 있다.

수정된 모델에는 경험의 장으로 표현된 맥락의 중요성이 반영되었다. 경험의 장에서는 사회적 약속이나 규범 등에 의해 정해진 의사소통방식과 나이, 성, 사회적 계층 등이 영향을 미친다. 또한 정서적 유대감, 즉 애착의 강도도 의사소통에 영향을 끼친다는 점에서 교사는 유아와 애착 형성을 위해 정서적 유대감을 형성해야 한다. 유아의 나이, 성, 관심사 등을 파악하고 유아 수준에서 사용하는 언어나 표현방식으로 교재교구를 제시해야 한다는 점을 시사한다.

의사소통 이론은 유아에게 제공하는 교재교구의 중요성과 효과적인 의사소통을 방해하는 요인에 대해 생각하게 한다. 유아를 위한 교재교구를 계획하고 제작할 때 전달하려는 내용이 정확하게 제시되어야 한다는 점과 전달과정에서 발생할 수 있는 다양한 방해요인에 대해 주의를 기울여야 하며, 피드백을 통해 유아들이 어떻게 받아들이고 있는지 확인해야 함을 알려준다.

연습하기

1. 지각의 원리를 적용해서 유아를 위한 교재교구를 디자인하기 위해 무엇을 고려해야 하는지 정리해 보세요.

2. 유아에게 다양한 경험을 제공하기 위해 자료를 어떻게 선정해야 하는지 경험의 원추를 바탕으로 구성해보세요.
   주제의 예: 세계 여러 나라의 문화, 교통기관

3. 과제를 소개한 교수님의 설명과 학생들의 이해가 다른 것에 대해서 의사소통의 원리 중 하나를 택해서 설명해 보세요.

4. 내가 제작한 교재교구를 유아들에게 어떻게 제시해야 하는지 의사소통의 원리를 적용하여 도입, 전개, 마무리의 단계로 작성해 보세요.

5. 현재 수업시간에 수업을 방해하는 잡음과 방해요인은 무엇인지 생각해 보고 이것을 해결하기 위한 방안을 나누어 보세요.

6. 2019학년도 유치원교사 임용고시에 나온 문제입니다. 적어 보세요.

3) 데일(E. Dale)은 '경험의 원추'에서 구체성과 추상성의 정도에 따라 학습경험을 크게 3가지로 나눈다. ① ⓐ~ⓒ 중에서 ⓑ에 해당하는 기호와 명칭을 쓰고, ② ⓓ에 해당하는 가장 적절한 사례를 쓰시오. [2점]

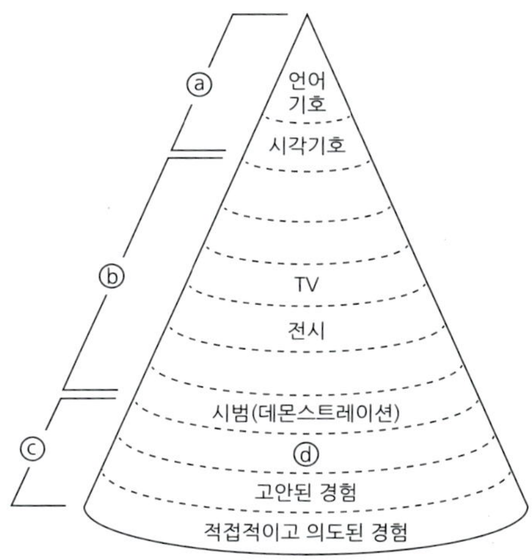

① ______________________________

② ______________________________

협·동·학·습

<3주차> 팀별 교재교구 유아교육 현장 조사

교과교재연구 및 지도법은 실제 유아교육현장에서 이루어지는 교재교구에 대한 내용입니다. 이를 위하여 각 팀에서는 교육봉사나 유치원 및 어린이집 방문을 통해 현장조사를 해 봅시다.

1. 유아는 어떤 교재교구를 활용하여 놀이하는 것을 좋아하는지 알아보세요.
2. 교재교구에 대한 정보를 적어 보세요.
3. 팀에서 조사한 교재교구에 대해 순위를 매기고 그에 대한 이유를 작성하세요.

교재교구 순위	교재교구의 장단점 및 순위에 대한 이유
1.	
2.	
3.	
4.	
5.	

CHAPTER

4

발달에 따른 교재교구

학습목표

- 영아의 발달에 따른 교재교구에 관심을 가질 수 있다.
- 유아의 발달에 따른 교재교구에 관심을 가질 수 있다.
- 발달에 따라 적절한 교재교구를 선정할 수 있다.
- 발달 영역에 따른 교재교구를 선정할 수 있다.

생각해보기

– 영아와 유아의 교재교구는 어떤 점에서 차이가 있을까요?

– 영아에게는 어떤 교재교구가 필요할까요?

– 유아에게는 어떤 교재교구가 필요할까요?

– 주변에서 교재교구 본 것을 이야기해 보세요.

유아들은 스스로 놀이에 몰두함으로써 즐거움을 경험한다. 놀이를 통해 놀이에 대한 즐거움을 경험하는 것은 유아기에 매우 중요한 일이다. 유치원에서는 유아가 스스로 선택하고 활동할 수 있도록 허용해 주고, 성취를 통한 기쁨을 알 수 있는 기회를 제공하는 것이 필요하다. 이러한 과정에서 교사는 유아가 흥미 있어 하는 주제에 대한 교재교구를 준비하여 유아에게 다양한 교구를 선택할 수 있는 기회를 제공할 필요가 있다.

1. 영아

영아 발달에 적합한 교재교구를 활용하는 것은 영아로 하여금 긍정적인 발달을 이끌 수 있다. 영아는 교재교구를 활용하여 탐색과 놀이를 통해 새로운 기술을 습득하고 세상에 대한 지식을 형성한다. 영아는 주변에 있는 모든 사물을 놀이에 활용할 수 있으며 교재교구를 활용하면서 스스로 지식을 구성하게 된다. 영아는 영아를 둘러싼 환경에 관심을 가지고 있기 때문에 교재교구를 통해 놀이에 대한 흥미를 유발하고 놀이를 지속함으로써 세상과 연결될 수 있다. 따라서 영아에게 교재교구는 다양한 경험을 할 수 있고 탐색할 수 있는 것이 적절하다.

1) 신체발달

영아는 출생부터 6개월까지 신체적으로 엄청난 변화를 보인다. 출생 이후 거의 반사운동(모로 반사, 걸음마 반사, 빨기 반사, 파악 반사, 수축 반사) 등에 의존하던 영아는, 3개월이 지나면서 물체를 향해 손을 휘젓기도 하고 뒤집기를 해서 엎드린 상태에서 머리를 들기도 한다. 장난감을 움켜쥐거나 입에 넣는 탐색을 하고 딸랑이 같은 것을 손가락 끝이나 손바닥으로 잡을 수 있다. 6개월이 지나면 영아는 앉을 수 있으며 자신의 주변에 있는 장난감을 집어 올리거나 떨어뜨릴 경우 찾으려 한다. 12개월경이 되면 가구를 잡고 걷거나 일어난 자세에서 앉을 수 있다. 18개월이 되면 간단한 장난감을 분해한 후 다시 조립하고, 20개월경 난간을 붙잡고 계단 하나에 두 발을 올려 놓는 형태로 혼자 계단을 올라갈 수도 있다.

이러한 발달에 따라 영아의 신체 교재교구는 다양하게 변화한다. 대근육 놀이를 위한 교재교구로는 작은 차와 트럭, 다양한 크기의 부드러운 공, 페달없이 팔이나 발로 움직여서 타는 놀잇감, 다양한 크기의 상자 등이 있으며, 크고 부드러운 블록, 큰 종이 블록, 공간 블록, 소형차와 트럭, 동물 소품, 사람 소품도 대근육을 발달시킬 수 있는 교재교구가 될 수 있다. 특히 뒤집기, 기기, 걷기의 과업을 수행하는 발달 시기이므로 누워서 활동할 수 있는 아기 체육관, 걷기를 보조할 수 있는 대근육 활용 교구 즉, 단단하고 평평한 교구, 경사와 계단을 활용할 수 있는 교구, 잡고 설 수 있는 교구 등이 필요하다.

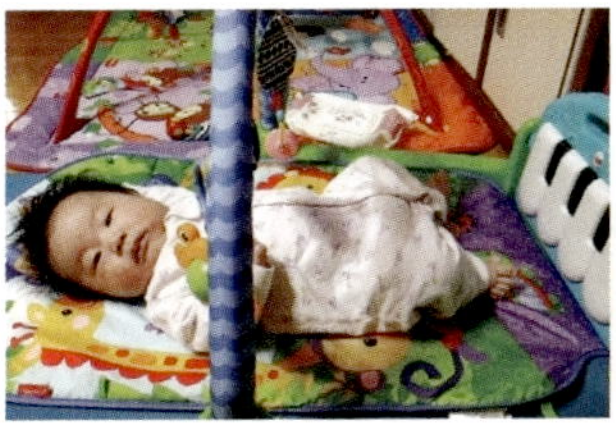
0~6개월

6~12개월

12~24개월

2) 언어발달

영아와의 상호작용은 언어발달에 도움이 된다. 출생 이후 영아는 4개월 정도가 되면 끊임없이 옹알이를 하며, 8개월 정도 되면 폭넓은 음을 흉내 내기 시작한다. 언어발달이 빠른 영아의 경우 이때 엄마, 아빠와 같은 소리를 내기도 하며, 12개월 정도가 되면 2~8개의 단어를 구사하기도 한다. 15개월경이 되면 상대방이 이야기하는 바에 따라 행동하기도 하고 낱말게임이나 노래 부르기를 즐기게 된다. 또한 책 속의 그림을 손으로 가리키거나 어휘력이 증가하여 생활에서 필요한 낱말이나 사물에 관심을 가지고 "뭐야?"라는 질문을 하기 시작한다. 이 외에도 간단한 이야기를 즐겨듣고 단어를 활용하여 자신의 감정을 표현하기도 한다.

따라서 영아에게 언어교육은 책이라는 사물을 알게 하며 재미있는 놀잇감으로 다가갈 수 있어야 한다. 그림책은 종이로만 이루어진 것이 아니라 다양한 재질과 모양으로 선택하고 그림책을 볼 때 편안하고 아늑한 분위기를 조성할 필요가 있다. 언어발달을 증진시킬 수 있는 교재교구로는 천이나 판지로 된 책, 보드북, 그림카드 상자, 천으로 된 인형, 가정에서 자주 쓰는 물건, 동물들에 관한 그림, 글자 맞추기 퍼즐 등이 있다.

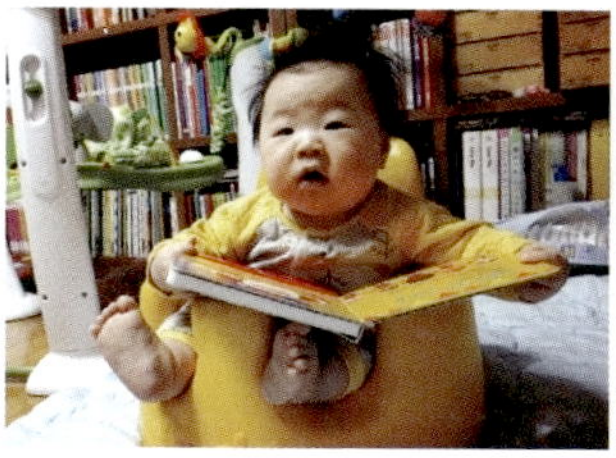

0~6개월

6~12개월

12~24개월

3) 인지발달

주의력, 기억력, 일상적 지식, 문제해결력, 창의성과 관련된 인지발달에 있어 영아는 3개월경 거울에 비친 자신의 모습을 보고 웃는 모습을 보인다. 4개월경 낯선 사람을 인지하고 6~7개월경에는 블록과 같은 장난감을 크기에 따라 분류할 수 있다. 18개월경이 되면 원인과 결과에 대해 인지하고 보거나 만지지 않아도 낯익은 사물에 대해 생각해낼 수 있다.

인지발달을 위한 감각을 자극시킬 수 있는 교재교구로는 모빌, 거울, 벽걸이, 성인용 흔들의자, 놀람상자, 공, 딸랑이, 누르면 소리 나는 놀잇감, 빨거나 씹거나 무는 놀잇감, 방울달린 팔찌 등이 있다. 이 외에도 들을 수 있는 교재교구로는 음악소리가 나는 완구들, 딸랑이, 얇은 보자기, 카세트 녹음기, 책의 내용, 동요, 리듬악기, 풍경 등이 있다.

0~6개월

6~12개월

12~24개월

4) 정서 및 사회성 발달

감정과 같은 정서적 유대감을 형성하고 타인에 대한 지식이나 기술, 타인과의 관계에 관심을 갖는 것은 영아가 부모의 목소리를 인식하면서 시작된다. 영아는 신생아기를 지나고 나면 점차 기분의 변화에 따라 기분이 좋아 흥분하기도 하고 칭얼거리거나 울음으로 부모의 관심을 끌기도 한다. 6개월이 지나면서 낯선 사람을 경계하고 친한 사람과는 장난을 치는 등 자신의 감정에 따라 행동의 변화를 보인다. 또한 15개월경이 되면 자신이 좋아하는 사람이 보이지 않을 때 찾아보기도 하고 다른 사람에게 자신이 가진 장난감을 빌려주기도 하며 상호작용이 이루어지기도 하지만, 또래와 놀기보다는 같은 공간에서 서로 자신이 원하는 놀이를 하는 경우가 많다. 20개월이 지나면서 영아는 친구가 어려운 상황에 처했을 때 도울 줄 알고 자신의 감정과 욕구를 설명할 수 있게 된다.

이러한 영아의 정서적, 사회적 발달을 위한 교재교구는 일상생활에서 접할 수 있는 그릇, 국자, 삽, 양동이, 채소모형, 동물 등 역할활동을 진행할 수 있는 교구가 좋으며 자동차와 기차와 같은 교통 놀잇감, 다양한 인형 등이 있다.

0~6개월

6~12개월

12~24개월

2. 유아

급속도로 발달하는 모습이 눈에 보이던 영아에 비해 유아기는 신체발달보다 인지발달이나 사회성 발달이 많이 이루어지는 시기라고 할 수 있다. 따라서 영아기는 6개월 사이에도 차이가 나타났으나 유아기는 만 3세, 만 4세, 만 5세와 같이 연 단위의 발달에도 차이가 나타났다. 이러한 상황에서 유아의 발달에 적합한 교재교구는 유아의 전반적인 발달을 지원하고, 유아가 유아교육기관에서 진행하는 놀이 주제에 따른 교육적 목표를 달성하는 데 중요한 역할을 한다. 특히 유아 발달의 5개 영역인 신체운동 · 건강, 의사소통, 예술경험, 사회관계, 자연탐구에 대한 다양한 영역의 교재교구가 지원될 때 유아의 전인발달에 도움이 될 수 있다. 이뿐만 아니라 유아가 놀이를 통해 스스로 지식을 구성하고 성장하는 과정에 있어 교재교구를 제시하는 것은 놀이를 심화 · 확장시키는 데 도움을 줄 수 있다. 연령별로 발달에 따른 교재교구를 살펴보면 다음과 같다.

- 만 3세 유아의 경우 가상놀이를 통해 상상력이 발달하며 다양한 감각 활동을 통해 전인적인 성장과 발달이 민감하게 통합되는 시기이다. 언어발달도 급격하게 이루어져 호기심과 궁금증에 대한 질문이 많고, 나름의 추리력도 발달하는 시기이다. 따라서 유아들을 위한 교재교구의 특징은 말하기 활동을 자연스럽게 촉진할 수 있는 교구이며 읽기, 쓰기의 기초 활동으로 같은 모양 짝짓기, 모양 변별하기와 일상생활, 동물, 촉감 등을 경험할 수 있도록 하는 책을 제공하는 것이 좋다. 물건의 다양한 감촉을 느낄 수 있도록 손으로 옮겨 담을 수 있는 교구와 옷을 입고 벗을 수 있는 자조기술을 발달시키기 위하여 찍찍이 입기, 단추 끼우기, 지퍼 올리기 등 일상생활 훈련을 위한 교구가 필요하다.

- 만 4세 유아는 이전보다 확장된 놀이를 즐기고, 상상과 현실을 인식할 뿐 아니라, 탐색과 기억력에서도 복잡한 양상을 갖는다. 주변의 인간관계에 대한 인

식이 가능하여 양적 · 질적인 면에서의 성장이 두드러진다. 만 3세에 비해 구체적이고 세밀한 전인적 발달이 이루어져 다양한 사고체계와 방법 탐색과 함께 창의성 발달이 활발히 이루어진다. 만 4세 유아들은 언어활동을 장려할 수 있는 수수께끼 카드, 자석판 자료들이 좋으며, 쓰기 활동을 자연스럽게 시도해 볼 수 있는 모래상자와 같은 교구가 필요하다. 퍼즐조각은 10~20개 정도가 알맞으며 개인에 따라 그 이상도 가능하고 작은 물건을 핀셋이나 나무젓가락으로 옮겨 담을 수 있는 난이도가 높은 교구와 색깔이나 모양에 따른 분류활동을 할 수 있는 교구여야 한다. 또한 일상생활에서 다양하게 접할 수 있는 생활용품과 정리정돈에 도움이 되도록 각 교재교구의 위치를 그림이나 글자로 표시해야 한다.

- 만 5세의 유아기는 안정적인 기초적 발달을 기반으로 자신을 이해하고 타인과 원활한 의사소통을 하는 시기이다. 또래와의 협동놀이와 극놀이가 가능하여, 상상력과 감정표현도 정확하게 이루어진다. 특히 문제를 해결하는 과정에서 원인과 결과를 관련지어 생각할 뿐 아니라, 여러 가지 방법을 동원한 개방성을 포함한다. 5세 유아를 위한 교재교구는 창의적으로 이야기를 꾸미고 발표할 수 있도록 동시 감상, 동시 짓기 등 쓰기 활동을 자극할 수 있어야 하고 다양한 장르의 동화책이 필요하다. 끈 꿰기 자료로 바느질을 할 수 있는 교구와 일상생활과 관련되는 리본 묶기와 허리띠 채우기 등을 경험할 수 있는 교구가 적당하다. 또한 다양한 직업과 사회구성원의 역할뿐 아니라 상상적 놀이활동에 적합한 교재교구를 준비하는 것이 좋다.

1) 의사소통

의사소통이란 듣기와 말하기, 읽기와 쓰기에 관심 가지고 책과 이야기를 즐기는 것으로 유아가 다른 사람의 말이나 이야기를 관심 있게 듣고 자신의 생각을 적절한 단어로 말하는 것, 바르고 고운 말을 사용하는 것을 포함하고 있다. 또한 말과 글의 관계에 관심을 가져 자신의 생각을 글자와 비슷한 형태로 표현하며 책에 관심을 가지고 말놀이와 이야기 짓는 것을 즐기는 것이다.

의사소통을 위한 자료로는 이야기 나누기와 문학활동과 같은 대그룹 활동과 언어영역에 관련된 교재교구로 나누어 볼 수 있다. 이야기 나누기와 다양한 문학활동을 위해 교사는 이야기 나누기 자료, 동화 자료, 동시 자료, 동극 자료 등의 교재교구를 제작할 필요가 있다. 또한 교사는 언어영역에서 필요한 녹음기와 녹음테이프, 이어폰, 전화기, 글자카드, 다양한 크기의 종이, 수수께끼 카드와 상자, 사진 및 그림 자료, 우체통이나 유아 편지함, 연필, 지우개, 색연필, 사인펜과 같은 필기도구, 도장, 그림책, 손인형, 손가락 인형, 막대인형, 이야기 꾸미기 자료 등을 제공할 수 있다.

2) 신체운동·건강

신체운동 · 건강은 유아가 자신의 신체를 인식하고 움직이고 조절하며 이동 운동, 제자리 운동을 할 수 있으며 도구를 이용한 운동을 한다. 자발적으로 활동에 참여할 수 있도록 지원하며, 또한 유아 자신의 몸과 주변을 깨끗이 하고 질병을 예방하는 방법을 실천하며 안전하게 놀이하고 안전사고에 대처하는 방법을 알고 행동하는 것이다.

신체운동 · 건강을 지원할 수 있는 방법으로는 대그룹 활동으로 게임이나 체육활동, 대소그룹으로 진행할 수 있는 요리활동으로 지원할 수 있다. 교사는 다양한 주제에 따른 게임 교재교구를 제작하여 진행할 수 있으며, 체육활동을 통해 훌라우프, 유니바 등의 대근육 활동을 할 수 있도록 교재교구를 제공할 수 있다. 또한 건강과 관련된 개념을 인식할 수 있도록 이야기 나누기를 통한 교재교구를 제공하거나 요리활동의 순서도와 같은 교재교구를 제작할 수 있다. 신체 운동 건강과 관련된 영역으로는, 쌓기 영역에 유아의 소근육과 대근육을 활용할 수 있는 스펀지 블록, 우레탄 블록, 종이 블록, 와플 블록, 유니트 블록, 작은 자동차, 동물모형, 사람모형 등을 제공할 수 있다.

3) 사회관계

사회관계는 나를 알고 존중하는 것, 더불어 생활하는 것, 사회에 관심 갖는 것으로 나 자신을 알고 소중히 여기며 내가 할 수 있는 것을 스스로 하고 자신의 감정을 표현하며 다른 사람과의 관계에 있어 서로 돕고 사이좋게 지내는 것이다. 또한 갈등이 있다면 긍정적으로 해결하고 다른 사람을 존중하며 약속과 규칙의 필요를 알고 지키는 것이 중요하다. 이 외에도 우리가 살고 있는 세계에 관심을 가지고 우리나라의 문화에 자부심을 가지며 다양한 문화에 열린 마음을 갖는 것이다.

사회관계를 지원할 수 있는 활동으로는, 유아가 유치원에 와서 교사와 함께 출석을 부르는 것과 날짜, 날씨에 대해 알아보는 것을 포함한다. 이때 교사는 유아 얼굴과 이름이 들어간 출석표, 날짜와 날씨, 요일이 들어간 날짜판, 유아가 하루를 회상하고 자신의 감정을 이야기할 수 있는 얼굴표정 교재교구 등을 준비한다. 이 외에도 이야기 나누기를 통한 주제 관련 자료, 시사 자료 등을 통해 주변세계에 관심을 가질 수 있으며, 특히 교실에서 일어나는 다양한 사건 사고에 따른 경험 및 약속 교구를 함께 만들 수 있다. 유아가 줄을 설 때 바닥에 발 모양을 붙여 놓거나 유아와 함께 만든 약속판 등을 제시함으로써 유아의 사회관계를 증진시킬 수 있다. 교사는 사회관계와 관련이 있는 역할영역을 통해 유아가 친구들과의 상호작용이 잘 이루어질 수 있도록 지원할 수 있는 다양한 교재교구를 제시할 수 있다. 엄마아빠놀이, 소꿉놀이, 병원놀이, 꽃집놀이, 미장원놀이, 소방서놀이 등을 할 수 있는 교재교구를 제공하는 것이 좋으며, 이때 각 놀이에 따른 특색을 살려 미장원놀이의 경우 드라이기, 다양한 머리빗, 병원놀이의 경우 의사가운, 청진기, 밴드, 약봉투, 주사 등을 제공할 수 있다.

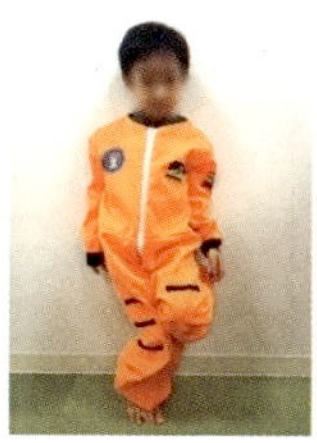

4) 예술경험

예술경험이란 아름다움을 찾아보고 창의적으로 표현하고 예술을 감상할 수 있는 능력을 증진시키는 것이다. 이를 위해 자연에서 아름다움을 느끼고 다양한 사물이나 악기, 재료를 활용하여 표현할 수 있으며, 다양한 예술을 경험하고 전통에 관심을 갖는 것이다.

예술경험에 해당하는 창의적 활동을 위해 교사는 대집단 활동으로 음악활동인

새 노래 지도, 악기연주, 음악감상활동을 할 수 있으며, 노래활동 지도자료인 가사판, 리듬패턴 카드, 타악기, 리듬악기, 교사가 제작한 악기, 감상활동, 신체표현 활동을 위한 교재교구를 지원할 수 있다. 또한 미술활동도 마찬가지로 다양한 재질의 자연물, 일상도구 등을 지원하고 다양한 미술감상 카드와 같은 교재교구를 제작하여 제공할 수 있다. 이러한 예술경험 관련 활동은 음률영역과 조형영역으로 나누어볼 수 있으며, 음률영역에는 카세트, 헤드폰, 교사가 만든 북, 마라카스 등의 교재교구를 제시하고, 조형영역을 지원하기 위한 자료로는 색칠 자료인 크레파스, 색연필, 사인펜, 파스텔, 다양한 지류인 색도화지, 색종이, 셀로판지, 골판지, 신문지, 머메드지, 풀, 가위, 셀로판테이프, 콜라주를 할 수 있는 잡지나 자연물로 솔방울, 도토리, 돌멩이, 낙엽이나 천 조각, 리본 등의 자료 등을 제공할 수 있다.

5) 자연탐구

자연탐구는 탐구과정을 즐기고 생활 속에서 탐구하며 자연과 더불어 살아갈 줄 아는 유아로 성장하기 위한 영역이다. 주변세계와 자연에 지속적으로 관심을 가짐으로써 날씨, 계절의 변화에 관심을 가지며 생활과 관련을 지을 수 있는 것이다. 이 외에도 동식물에 관심을 가지고, 주변환경에서 볼 수 있는 물체의 특성과 변화에 대해 탐색하며 방향, 모양을 구별하고 분류할 수 있는 것, 다양한 도구와 기계에 관심을 갖는 것이라 할 수 있다.

자연탐구를 위한 자료로는 이야기 나누기를 통한 수활동으로 그래프 만들기, 벤다이어그램을 통한 공통점과 차이점 찾기 등의 활동과 바깥놀이를 통한 탐구활동이 이루어질 수 있다. 또한 영역으로 살펴보았을 때, 수조작 영역과 과학영역에서 이루어질 수 있는 활동을 교재교구로 제시할 수 있다. 수, 조작영역에 관련된 교재교구는 단추 끼우기, 숫자카드, 퍼즐, 모래시계, 달력, 촉감 도미노, 모양 분류 카드, 판게임, 구슬, 크기가 다른 상자, 수 막대 등을 제시할 수 있으며 과학영역에 관련된 교재교구로는 돋보기, 씨앗이나 곡식류, 열매, 낙엽, 클립, 플라스틱 용기, 식용색소, 소리 나는 물체, 계량컵이나 스푼, 평형저울, 관찰일지 등을 제공할 수 있다.

연습하기

1. 아래 그림은 영아기 중 언제 필요한 교구일까요?

2. 영아에게는 어떤 재질의 책을 주면 좋을까요?

3. 2019년 유아교육 임용시험에서 나타난 지문입니다. 유아의 어떤 영역과 관련된 지문일까요?

교사: 오늘은 재미있는 게임을 해 볼 거야. 이 게임은 앞에 놓인 고깔 사이를 빨리빨리 방향을 바꾸면서 뛰어간 다음, 점프해서 매달려 있는 종을 치고 돌아오는 거야.

협·동·학·습

<4주차> 팀별 교재교구 발달에 따른 교재교구 제작 회의

교과교재 연구 및 지도법의 수업을 통해 유아교육 현장에서 사용할 수 있는 교구를 제작할 예정입니다.

1. 영아와 유아 중 누구를 대상으로 교재교구를 제작할지에 대해 논의해보세요.
2. 영유아 중 발달 나이에 대해 논의해보세요.
3. 영아 VS 유아 선택을 하였으면 주제를 선정해보세요.

교재교구 제작 대상	영아 VS 유아
교재교구 제작 연령	세
놀이상황 설정	
교재교구 주제	
주제 선정의 이유	

CHAPTER

5

다양한 교재교구

학습목표

- 다양한 교재교구에 관심을 가질 수 있다.
- 교재교구의 차이를 알 수 있다.
- 다양한 상황에 따라 교재교구를 선택할 수 있다.

생각해보기

– 유아에게 어떤 교재교구가 가장 좋다고 생각되나요? 그 이유는 무엇인가요?

– 자신이 좋아하던 놀이가 있으면 적어보세요.
어떤 놀잇감을 가지고 놀 때 즐거웠나요?

유아는 자연환경에서 경험할 수 있는 곤충, 풀, 꽃 등을 보고, 만지고, 냄새 맡으며 놀이한다. 유아의 놀이는 빛과 그림자, 눈, 비, 구름 등과 같은 자연현상도 놀이의 주제가 될 수 있으며 씨앗, 꽃, 나뭇잎, 돌과 같은 자연물이 놀이의 주제가 될 수도 있다. 이처럼 자연은 매일 유아의 삶 속에서 탐색, 관찰, 몰입을 통해 놀이와 학습이 일어나도록 매개체가 될 수 있다. 그러나 실물을 경험할 수 없는 순간이 있을 때가 있다. 계절에 따른 변화에 의해 수박을 볼 수 없는 계절에 수박에 대한 활동이 진행될 경우 교사는 실물대신 모형자료를 제공할 수 있으며, 다양한 그림책에 나타난 동물을 직접 보러갈 수 없을 경우 모형동물을 제시하기도 한다. 따라서 이 장에서는 다양한 자료 및 교재교구 재료에 대해 알아보고자 한다.

1. 실물자료

1) 자연물

유아가 경험하는 자연환경에서 찾을 수 있는 동물, 식물, 돌, 조개껍데기, 나뭇잎, 꽃잎, 나뭇가지 등은 유아 교육에 있어 중요한 교재교구가 될 수 있다. 자연물로 놀이하는 과정에서 유아는 색, 모양, 선, 질감과 같은 자연물의 속성과 생명의 존귀함 등을 배울 수 있는 기회가 된다.

자연물은 정형화되어 있지 않기 때문에 유아가 원하는 대로 자유롭게 구성할 수 있는 재료이며, 나뭇잎은 계절에 따라 다양한 색감을 표현할 수 있고 시간에 따른 변화감을 가지며 다양한 활동에 쓰일 수 있기 때문에 교재교구로써 매우 효과적이다. 이러한 자연물은 유아가 만지거나 볼 수 있도록 하는 것이 좋으며 실물자료의 특성을 고려하여 유아에게 장기간 제시할 수 있는 것과 단기간 제시할 수 있는 것을 고려하여 일정 기간 비치할 필요가 있다.

자연물 구성

자연물 관찰

자연물과 교구 비교 탐색

2) 일상 사물 자료

자연물 이 외에도 유아는 가정에서, 유아교육기관에서 다양한 사물들을 접한다. 유아는 일상의 물건을 놀이자료로 사용하면서 본래의 용도 외에 물질의 고유한 특성과 형태, 색, 질감 등 감각적 요소를 발견하게 된다. 때문에 유아가 일상에서 발견하는 사물이 유아의 놀이를 더 풍부하게 해 주기도 한다. 일상에서 경험할 수 있는 재활용품에는 페트병, 일회용 컵, 끈, 쇼핑백, 우유팩, 택배박스 등 다양한 재질과 모양이 있다. 이러한 재활용품은 깨끗이 씻어 말리거나 닦은 후 사용하는 것이 좋고 재활용품들이 가지는 특유의 성질을 활용하여 놀이에 사용할 수 있다.

다양한 크기의 우유곽

일회용 컵을 활용한 색깔 실험

다양한 상자를 활용한 분류

2. 모형자료

유아가 놀이를 하는 과정에서 나타나는 주제는 한정되어 있지 않다. 때문에 놀이가 자연환경 속에서 이루어지고는 있지만, 우리가 관심을 갖는 자연의 시기가 다를 때도 있고 유아가 경험하기에는 거리상 먼 곳에 자연물이 있을 수 있다. 이러한 문제점을 보완하기 위하여 교사는 모조품, 지구본, 인형 등 실물자료를 모형자료의 형태로 만들어 놓은 교재교구를 제공할 수 있다. 교사가 유아에게 모형자료를 제시할 때에는 그에 대한 구체적인 사실과 개념에 대해 이야기하는 것이 좋으며, 모형자료를 보면서 떠올릴 수 있는 실물경험을 유아와 교사가 함께 이야기 나누거나 활동으로 진행하는 과정을 통해 실물자료와 모형자료의 동질성이나 차이점을 경험할 수 있는 계기가 된다. 이러한 모형자료는 교사가 제작할 수도 있고 상품화된 교재교구를 활용할 수도 있다.

1) 교사가 제작한 모형자료

교사가 모형자료를 만드는 경우는 다양하다. 교사가 유아의 놀이에 따른 실물자료를 제공하기 어려운 경우 모형자료를 찾아볼 수 있다. 이때 놀이에서 필요한 형태의 모형자료에 있어 상품화된 교재교구가 유아의 발달에 적절하지 않을 경우, 주제와 다른 경우, 가격적인 측면에서 교사가 제작하는 것이 적절할 경우, 적절한 모형자료가 있어 주문을 할 수는 있으나 시간이 촉박하여 급하게 필요한 경우 등 다양한 이유로 모형자료를 만들 수 있다.

교사가 제작하는 모형자료는 상품화된 교재교구를 구입하는 것보다 더 많은 시간과 노력이 필요함에도 불구하고 교사가 모형자료를 제작하는 경우, 유아의 놀이에 필요한 부분을 알고 있기 때문에 가장 적절한 교재교구가 제작될 수 있다는 장점이 있다. 그러나 한편으로는 상품화된 교재교구에 비해 견고하지 못할 수 있다는 단점이 있으므로 견고성에 주의를 두고 제작하는 것이 필요하다.

우유 모형자료

야채 모형자료

한삼 모형자료

2) 상품화된 모형자료

상품화된 교재교구는 교사 개인이 제작하기 어려운 재료로 제작될 필요가 있거나 견고한 모형교구가 필요한 경우, 교사가 만들 수 없는 모형자료 등을 구하고자 할 때 유용하다. 상품화된 모형자료는 반영구적으로 사용할 수 있으며 교사가 제작하는 것보다 때로는 상품화된 교재교구가 심미적인 측면에서 긍정적일 수 있다.

동물모형 손인형

동물모형 미니어처

직업 작업복

3. 사진 및 동영상 자료

놀이 주제에 따라 필요한 사진이나 그림을 융판, 자석, 카드로 제작하거나 동영상 자료로 제시해 줄 수 있다. 이러한 자료를 통해 교사는 유아에게 그림이나 사진 자료로 유아의 경험과 연결시켜 제시할 수 있다. 또한 동영상을 통해 사진이나 그림보다 현실감 있는 영상을 공유하며 유아가 자신의 생각을 표현할 수도 있다. 유아와의 활동이 끝난 후 그림이나 사진 자료의 경우에는 정해진 벽면이나 게시판에 전시하여 유아의 흥미를 지속시킬 수 있다.

1) 사진 및 그림 자료

사진자료는 인터넷, 잡지 등에서 찾거나 직접 사진을 찍어 활용할 수 있다. 유아는 언어적 발달 특성상 글자를 모르는 경우가 많기 때문에 글자만 제시하기보다는 사진이나 그림을 함께 제시하는 것이 필요하다. 그림자료는 쉽게 구할 수 있고, 같은 자료가 필요할 경우 여러 장의 자료를 한꺼번에 만들 수 있으며, 제작시간이 짧기 때문에 사용하기 편리하다. 이 외에도 시간이 오래 걸리거나 교사의 재능이 필요하긴 하지만 교사가 멀티미디어를 활용하여 제작하는 방법이 있다. 교사가 멀티미디어 기기를 활용하여 그림을 그릴 경우 유아의 놀이 주제에 적절한 그림을 찾는 것보다 활용하기에 좋을 수 있다.

따라서 사진, 그림자료는 교사가 유아에게 개념이나 주제를 전달하고자 할 때 편리하게 사용할 수 있는 교재교구이다. 그러나 시각자료로써 프린트한 자료는 연속적인 움직임을 주거나 만질 수 없다는 단점을 가지기 때문에 유아의 흥미를 끌기 어렵다. 따라서 다양한 방법으로 시각자료의 형태를 변형하여 활용할 수 있는 방안을 모색해보는 것이 필요하다.

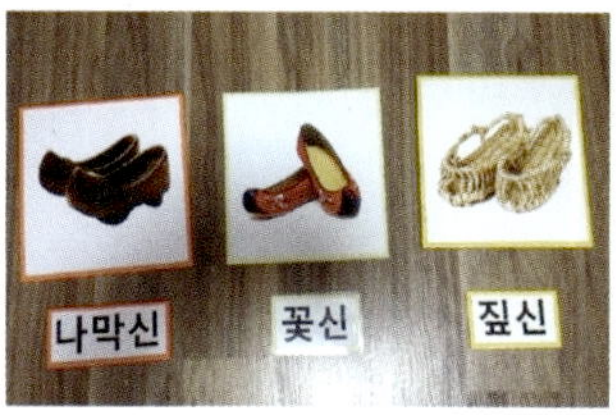

사진과 글씨 함께 제시

사진에 따른 단어 맞추기

해당하는 사진자료 선택하기

2) 동영상 자료

동영상이란 그림이나 이미지와는 차별화되는 움직이는 영상물의 총칭으로, 컴퓨터 기술을 활용하여 만들어진 그림이나 사진 등 다양한 이미지 파일이 영상으로 제작된 파일을 지칭한다. 교사가 다양한 멀티미디어 동영상 자료를 활용하는 것은 같은 주제의 내용이라 할지라도 사진, 그림자료보다 생생한 내용을 전달할 수 있다. 대그룹으로 진행되는 이야기 나누기나 동화, 음악감상 등 다양한 활동에 적용할 수 있으며 교사가 직접 제작하기보다는 인터넷상에서 자료를 찾을 수 있기 때문에 사진, 그림자료만큼 쉽게 준비할 수 있다. 교사는 유아의 놀이상황에 따라 긴 영상을 모두 보여주기보다는 필요에 따라 영상을 편집하여 제시할 수도 있다.

동화

뉴스

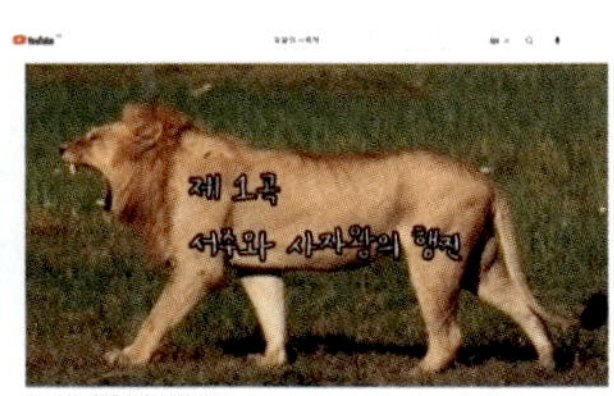

음악감상

4. 기자재

기자재란 교육의 효율성을 높이기 위하여 시청각 교육이 중시되면서 사용되는 각종 기기이다. 그러나 시청각 교육을 넘어 4차 산업혁명시대에는 메타버스, 인공지능, 가상현실에 대한 변화로 인해 다양한 기자재뿐 아니라 애플리케이션도 활용되고 있다. 교사는 다양한 기자재와 애플리케이션을 활용하여 유아의 놀이를 지원할 수 있기 때문에 기자재 활용방법과 애플리케이션 활용방법에 대해 알고 있을 필요가 있다. 기자재는 일반적으로 시청각 교육기기, 실험기기, 녹음기, 슬라이드, 컴퓨터, OHP, 빔프로젝터, 오디오, TV, 라이트 테이블 등이 있으며 다양한 애플리케이션을 나누어 설명할 수 있다.

1) 기자재

유아교육에서 활동을 수행하는 과정 중에 유아의 놀이를 확장시킬 수 있는 다양한 교재교구 외에 기기를 활용한 지원이 가능하다. 시청각 기자재는 주로 교육에 활용되며 교사가 미리 검색한 멀티미디어 형태의 자료를 컴퓨터, 빔프로젝터, 터치스크린 등을 활용하여 유아에게 생동감 있게 전달할 수 있다. 교사가 직접 준비한 자료를 보여주기도 하고 유아가 찾아보기도 하며 놀이 주제에 대한 다양한 개념을 익힐 수 있으며, 유아가 직접 OHP 기기나 라이트 테이블을 활용하여 놀이를 확장시킬 수도 있다. 이 외에도 인공지능에 대한 관심으로 유아교육기관에서도 로봇을 활용하여 놀이를 진행하기도 한다. 이러한 인공지능 AI 로봇을 활용하여 유아에게 그림책을 읽어 주거나 끝말 잇기와 같은 게임도 진행할 수 있다.

빔프로젝터

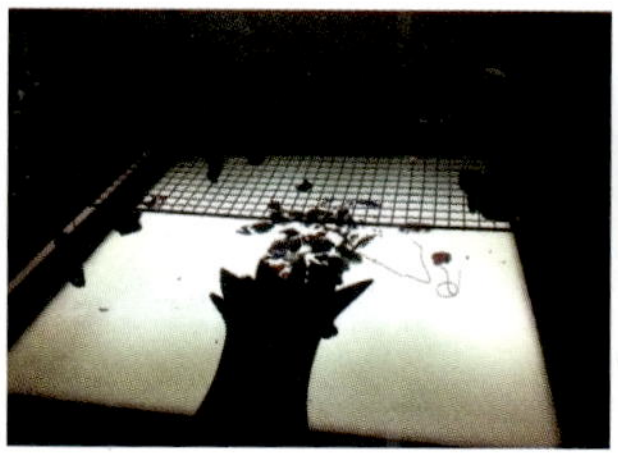

라이트 테이블

인공지능 로봇

2) 애플리케이션

스마트폰에 탑재할 수 있는 다양한 애플리케이션을 활용하여 유아교육을 수행할 수 있는 응용 소프트웨어이다. 애플리케이션은 많은 형태로 제공되고 있으며 쉽게 다운받아 사용할 수 있으므로 유아의 놀이 지원에 도움이 될 수 있다. 예를 들어, 유치원에 나오지 못하는 친구와 함께 줌(zoom)으로 유치원 상황을 공유할 수도 있고, 교사가 유아의 놀이를 촬영하여 블로(vllo) 앱을 활용하여 영상을 편집할 수 있다. 편집된 영상을 유아와 함께 시청하며 놀이의 진행 상황을 살펴볼 수 있다. 퀴버(quiver) 앱은 유아가 AR을 경험할 수 있도록 돕는 앱으로 증강현실을 경험할 수 있다. 이 외에도 큐알 코드를 활용하여 앱에 연결되거나 정보를 공유할 수 있다. 큐알 코드로 연결된 앱을 활용하여 사진을 찍거나 제시되는 영상을 통해 VR을 경험할 수 있다.

블로 앱

줌 앱

퀴버 앱

큐알 코드

연습하기

1. 다양한 교재교구 사진을 보고 적절한 교재교구 분류명에 연결해보세요.

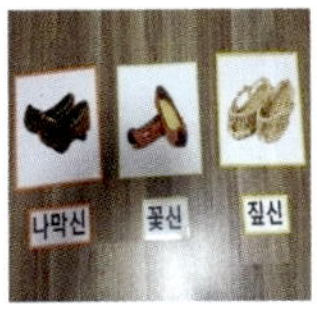

- 상품화 된 교재교구
- 기자재
- 그림 및 사진자료
- 자연물
- 애플리케이션
- 일상 사물 자료
- 교사가 제작한 모형자료

협·동·학·습

<5주차> 팀별 교재교구 발달에 따른 교재교구 제작 회의

교과교재연구 및 지도법의 수업을 통해 유아교육현장에서 사용할 수 있는 교구를 제작할 예정입니다.

1. 지난주에 선정한 팀별 주제에 대한 목표를 설정해보세요.
2. 팀원 간의 내용을 조율해보세요.
3. 교재교구는 대소집단 활동과 영역별 활동을 할 수 있는 교재교구로 나누어 볼 수 있습니다. 각 팀원은 대소집단 활동에 필요한 교재교구 1점과 영역별 교재교구 1점씩을 선정해 보세요. (개인별 2점)

- 이때 같은 주제 내에서 선택하는 활동이 팀원별로 겹치지 않도록 조율해보세요.

친구이름	대소그룹 〈이야기 나누기 / 동화 / 동극 / 동시 / 음악 / 신체 / 미술〉	영역 〈언어 / 수조작 / 음률 / 미술 / 과학 / 역할 / 쌓기〉

CHAPTER

6

교재교구 제작

학습목표

- 교재교구 제작을 위한 계획을 수립할 수 있다.
- 교재교구를 제작할 수 있다.
- 교재교구 활용 및 관리에 관심을 가질 수 있다.

생각해보기

- 내가 지금까지 만들었던 교재교구 중 마음에 들었던 교재교구가 있나요?

- 내가 만들고 싶은 교구가 있는지, 어떤 교구를 만들고 싶은지 적어 보세요. 왜 만들고 싶나요?

교사는 유아의 놀이와 배움을 지원하는 교육과정의 주체이자 유아와 함께 배우고 성장하는 전문가이다. 유아가 다양한 놀이 환경에서 자유롭게 놀이하며 교재교구를 활용하여 놀이하는 과정을 통해, 교사는 유아의 놀이에 지원할 수 있는 가장 적절한 교재교구가 무엇인지 고민해야 한다. 즉, 교사는 유아의 놀이에 적절한 교재교구가 무엇인지 구상하고 교재교구를 활용하여 유아의 인지발달과 신체발달을 비롯한 전인 발달에 도움이 될 수 있는 방안을 고려한 교재교구를 제작하기 위하여 계획할 수 있어야 한다. 유아의 놀이나 학습에 도움을 줄 수 있는 교재교구는 교육의 목표를 효과적으로 달성하기 위하여 선택된 도구이다. 교재교구를 제작하기 위한 계획이 필요하다. 교재교구는 적용 대상, 목적, 내용, 영역 등에 따라 다양한 교재교구를 제작할 수 있다. 교재교구 계획서 작성, 교재교구 제작, 교재교구에 대한 활용 및 관리를 통해 수정 및 보완 단계를 거친다.

1. 교재교구 제작 계획

1) 놀이활동 구상

교사가 유아의 놀이 지원을 위한 교재교구를 제작하기 위해서는 유아의 놀이 주제, 유아의 발달연령, 놀이를 지원할 수 있는 방법 등을 고려해야 한다. 교사는 교재교구 제작 계획 단계에서 다음과 같은 내용을 고려해야 한다.

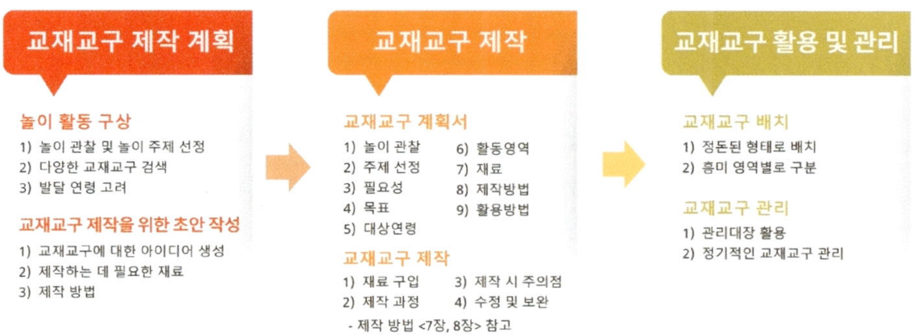

(1) 놀이 주제

교사는 유아의 놀이 상황과 맥락에 따라 새롭게 생성되는 놀이 주제를 존중하고 이해함을 통해 교재교구를 지원할 수 있다. 교사가 유아의 놀이를 관찰하고 기록화하는 과정은 때때로 유아에게 의미 없어 보이는 놀이에서도 의미를 찾을 수 있도록 도움을 준다. 유아가 다양한 교재교구 놀이에 몰입되어 있는 순간에 대한 관찰과 기록을 통해 교사는 유아의 놀이의 핵심을 찾을 수 있으며 놀이 주제를 찾을 수 있다. 교사는 이러한 과정을 통해 학습의 가능성을 풍부하게 담고 있거나 유아가 꼭 경험하거나 알아야 할 내용에 대해 놀이 주제에 따른 교재교구 제작 구상을 할 수 있다.

(2) 다양한 교재교구 검색

주제가 선정되었으면 교재교구를 제작하기 위하여 다양한 인터넷 사이트나 책을 통해 관련 교재교구를 알아본다. 실제 유아교육 관련 사이트인 키드키즈, 꼬망세, 누리놀이 등에서는 다양한 주제에 따라 교재교구를 제시하고 있으며, 유아교육관련 서적을 통해서도 트랜드에 맞는 교재교구를 참고할 수 있는 내용이 많이 있으므로 자신의 생각만으로 교재교구를 제작하려고 구상하기보다 여러 자료를 참고하는 것이 좋다.

(3) 발달 수준 고려

교사는 교재교구를 활용할 유아의 연령과 그에 따른 발달단계를 고려해야 한다. 유아의 인지 수준과 신체 수준에 맞는지, 유아가 교재교구를 쉽게 조작할 수 있는지, 교재교구를 활용함으로써 긍정적인 발달을 이룰 수 있는지 등을 고려할 필요가 있다.

(4) 활동유형 및 집단형태

교사가 교재교구를 활용하는 데 있어 대집단으로 활용할 것인지, 교사가 유아에게 교재교구를 제시하고 유아끼리 가지고 놀이를 할 수 있도록 소그룹으로 활용할 것인지, 개별로 활용할 수 있도록 지원할 것인지에 따라 교구의 형태가 달라질 수 있다. 따라서 교재교구를 활용할 집단에 대한 구상과 함께 다양한 활동유형을 고려할 필요가 있다.

교사는 주제에 따라 다양한 활동에서 교재교구를 활용하게 되는데 이를 분류하면 이야기 나누기, 동화, 동극, 동시, 게임, 새 노래 등과 같은 대그룹 활동에 필요한 교재교구와 언어, 수 조작, 음률, 과학, 역할, 쌓기와 같은 흥미영역 중심의 소그룹 및 개별로 활용할 수 있는 교재교구로 나누어 볼 수 있다.

2) 교재교구 제작 초안 작성

교사는 다양한 자료를 참고하고 유아의 놀이주제를 지원할 수 있는 교재교구에 대한 아이디어를 이미지화하여 초안을 만들어 본다. 이때 교재교구를 제작하는 데 필요한 재료 및 방법이나 활동 방법을 전반적으로 함께 작성해 보는 것이 필요하다.

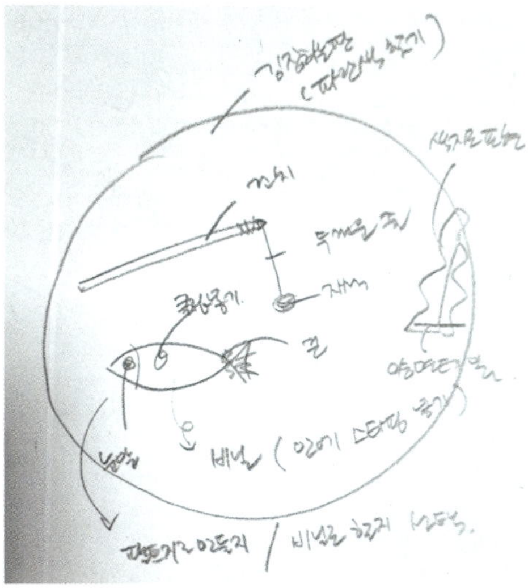

교재교구 초안 작성 예시

2. 교재교구 제작

1) 교재교구 계획서 작성

교재교구를 제작하기 위한 계획서는 주제, 교구명, 활동목표, 대상연령, 활동영역, 교재교구 제작에 필요한 재료, 제작방법, 활용방법에 대한 것이 포함되어 있어야 한다.

• 주제 : 교통기관	• 교구명 : 다양한 교통기관
• 대상연령 : 만 5세	• 집단 및 활동영역 : 소집단 / 수 조작
1. 놀이관찰	 유아들이 여러 가지의 교통기관에 관심을 자주 보이고 유아들이 알고 있는 하늘, 땅, 바다의 다양한 교통기관에 대해 대화를 나누며 장난감 모형을 가지고 분류하며 놀이하는 모습이 관찰되었다.
2. 교재교구 필요성	로보카폴리와 함께하는 어린이 교통안전 교실을 다녀온 후 유아들이 교통기관에 관심을 자주 보이기 시작했다. 땅, 하늘, 바다의 다양한 교통기관에 대해 알고 있는 유아도 있었고, 자신이 관심 있는 교통기관만 알고 있는 유아도 있었다. 더 나아가 다양한 교통기관의 종류를 알아가는 기회라고 생각되어 교사는 유아들의 대화를 확대하여 주제로 삼고 놀이를 지원하고자 하였다.
3. 목표	· 지식 : 다양한 교통기관의 종류에 대해 안다. · 기술 : 교통기관에 대한 자신의 경험이나 생각을 말할 수 있다. · 태도 : 다양한 교통기관에 관심을 갖는다.
4. 누리과정 관련요소	의사소통 〉 듣기와 말하기 〉 자신의 경험, 느낌, 생각을 말한다. 의사소통 〉 듣기와 말하기 〉 말이나 이야기를 관심 있게 듣는다. 자연탐구 〉 생활 속에서 탐구하기 〉 일상에서 모은 자료를 기준에 따라 분류한다.
5. 준비물	펀치, 고리, 하드보드지 3장, 펠트지(노란색, 흰색, 파란색, 하늘색, 빨간색, 주황색, 연두색, 회색, 연보라색, 분홍색, 진한분홍색, 검정색)
6. 제작방법	1. 하드보드지에 펠트지를 붙인다. 2. 하늘, 땅, 바다 배경을 펠트지를 이용하여 만든다. 3. 펠트지를 이용하여 표지에 이름을 붙이고 배경을 꾸민다. 4. 다양한 교통기관을 펠트지를 이용하여 만든다. 5. 벨크로를 이용하여 탈부착이 가능하도록 한다. 6. 펀치로 구멍을 뚫은 후 고리로 연결하여 하나의 책으로 완성한다.
7. 제작 시 유의점	– 하드보드지를 펠트지로 감쌀 때 펠트지가 울지 않도록 주의한다. – 펀치로 뚫을 때에 생각보다 좀 안쪽에다 뚫는다.

(1) 놀이관찰

교사는 유아가 무엇을 가지고 어떻게 놀이를 하는가에 대한 지속적인 관찰을 함으로써 유아의 관심사를 알아낼 수 있다. 또한 놀이가 지속되는지, 하루 이틀 만에 끝나는 놀이인지에 따라 유아의 흥미도를 알아볼 수 있다. 이때 유아의 흥미가 지속되어 연계성을 이루는 활동을 위주로 놀이의 의미를 찾아볼 수 있다. 유아교육기관에서 이루어지는 유아의 놀이는 놀이 그 자체로도 의미가 있지만, 한편으로 교사는 지속적으로 놀이에서 의미를 찾아내고 놀이를 확장시킬 수 있는 주제를 찾아내는 것이 필요하다. 이때 교사는 유아가 흥미 있어 하는 놀이를 주제로 선정한다. 이때 놀이의 주제에 따라 교구명과 함께 선정되어야 할 필요가 있다.

(2) 교재교구 필요성

교재교구를 제작하기 위해서는 유아를 중심으로 하는 시선에서 시작되어야 한다. 놀이 주제에 있어 유아가 알아야 할 내용과 유아가 알고 싶어하는 내용을 나누어 보고 관련 교재교구를 구상해본다. 이러한 과정을 통해 유아의 놀이를 증진시키고 확장시킬 수 있는 교재교구의 필요성에 따라 교재교구 제작을 위한 계획서를 작성할 수 있다.

(3) 목표

유아 놀이를 지원하기 위한 교재교구의 필요성이 확보되었을 때 교사는 교재교구를 더욱 구체적으로 생각해보고 교재교구의 목표를 설정할 수 있다. 목표는 구체적으로 서술하며 교재교구를 활용하는 것을 통해 유아가 성취할 수 있는 기대효과를 작성한다.

(4) 누리과정 관련요소

유아는 놀이 주제에 따라 놀이를 진행하는 데 있어 다양한 발달을 이룰 수 있다. 이때 누리과정의 관련요소를 통해 놀이와 유아 발달을 접목하여 볼 수 있다. 누리과정 관련요소는 신체운동 · 건강, 의사소통, 예술경험, 사회관계, 자연탐구로 나뉘어 있다. 이에 따라 교육과정에서 제시하는 것과 같이 유아의 발달이 이루어질 수 있으므로 교재교구를 활용할 활동영역을 선정하고 교재교구가 어떤 영역에서 활용될 수 있는지 고려하여 교재교구를 배치하도록 한다.

(5) 준비물

교재교구를 제작할 시 사용되는 모든 재료를 적는다. 이때 사소한 부품이나 재료가 부족하면 완벽한 교재교구를 제작하는 데 어려움이 생길수 있으므로 주의하여 적는다.

(6) 제작방법

교재교구 제작방법을 자세히 작성하도록 한다. 교재교구를 제작하는 교사는 자신의 아이디어이므로 전반적인 교재교구의 스케치를 가지고 있으나, 그럼에도 불구하고 시행착오를 경험할 수 있으므로 최대한 자세한 정보를 찾고 세부적인 제작방법을 작성하는 것이 좋다.

(7) 활용방법 및 유의점

놀이에서 교재교구를 활용하는 유아는 교사가 교재교구를 활용하는 방법에 대하여 설명을 들었어도 완벽하게 이해하지 못하는 경우가 있을 수 있다. 그러므로 활용방법을 교재교구에 함께 제작하여 제공함으로써 유아가 교재교구 활용방법을 잊어버렸을 때 교사가 적어놓은 활용방법을 보면서 활동을 할 수 있도록 한다.

2) 교재교구 제작

(1) 재료 구입

교재교구 제작의 설계와 계획서가 작성되면 이에 따라 실제 교재교구를 제작하는 단계가 된다. 교재교구를 제작하는 과정에 있어 자신이 작성한 계획서에 따라 제작할 수 있도록 한다. 계획서를 보며 사용할 수 있는 경비와 이전에 구입했던 재료가 있다면 사용 가능에 대한 여부를 확인하도록 한다. 또한 재료를 구입할 때에는 교재교구 계획안에 따라 재료가 교재교구 제작에 적합한지를 확인한 후 구매하는 것이 필요하다. 교재교구를 제작하는 데 있어 재료를 불필요하게 많이 구매하거나 너무 적게 구매할 경우, 교재교구를 제작한 후 남은 재료를 보관하기 어려움이 생기거나 다시 구매를 해야 하는 번거로움이 생길 수 있다.

(2) 교재교구 제작과정

교재교구 제작은 교재교구의 형태 및 쓰임에 따라 다양한 방법으로 제작될 수 있다. 도안을 사용하여 활동자료를 만들 때에는 컴퓨터로 도안을 한글파일에서 그리거나 인터넷 참고 자료를 활용하여 출력하여 사용할 수 있으며, 평면교구나 입체교구를 제작할 때에는 주변에 활용할 수 있는 판이나 상자 등을 확인한 후 그에 맞는 재료를 활용하여 제작하도록 한다.

(3) 제작 시 주의사항

교재교구는 안전하고 견고하도록 만들어야 한다. 날카롭거나 뾰족한 부분이 있으면 자칫 유아가 상처를 입을 수 있다. 따라서 이음새 부분을 날카롭지 않도록 처리하고 유아가 사용하다가 쉽게 부서지는 일이 없도록 견고하게 제작해야 한다. 또한 교재교구는 제시하거나 활용할 때 크기가 적절해야 하며 보관이 용이해야 한다. 교재교구를 잘 만들었다 하더라도 교구장에 넣기 어렵거나 유아가 책상에서 가지고 놀이를 하기에 부담스러운 크기라면 교재교구로 인해 오히려 유아가 불편할 수 있다. 따라서 집단 크기에 따라 적절한 교재교구를 제작하며 보관하기에 좋은 교재교구를 제작할 필요가 있다.

(4) 교재교구 수정 및 보완

제작된 교재교구를 유아가 놀이에 활용해보고 교재교구를 통한 상호작용 및 놀이를 지원하기 위해 교사는 놀이를 관찰할 수 있다. 놀이관찰을 통하여 제작된 교재교구가 유아의 놀이를 증진시킬 수도, 소거시킬 수도 있다는 것을 유념하고 교재교구를 활용하는 유아를 통해 제작된 교재교구의 장점과 단점을 파악할 수 있다. 이 외에도 교재교구를 제작한 교사 외에 따른 교사나 원감, 원장 및 유아전문가를 통해 교재교구의 활용도와 놀이 주제에 따른 적절성을 고려해 볼 수 있으며 이러한 과정을 통해 교재교구를 수정 및 보완할 수 있다.

3. 교재교구 활용 및 관리

유아에게 제공하는 교재교구는 충분한 양을 확보하는 것만큼 유치원에 비치된 교재교구를 잘 관리하여 유아에게 효율적으로 제공하는 것이 중요하다. 유아에게 제공할 수 있는 교재교구의 양을 확인하기 위해서 교사는 유치원에 보유하고 있는 교재교구를 파악하고 이를 유아에게 언제든지 쉽게 제공할 수 있어야 한다. 이를 위해서 유치원의 교재교구는 보관이 체계적으로 이루어져야 하고, 한 번 사용한 것을 다음에 사용할 수 있도록 관리되어야 한다. 따라서 유치원에서는 교재교구에 대한 관리 현황을 파악하기 위해 교재교구에 대한 관리대장을 만들어 구입과 폐기, 사용 현황을 일목요연하게 정리하는 것이 필요하다.

1) 교재교구 배치

교재교구는 적합한 장소에 배치하는 것과 계절적으로 변화를 주고, 유아들의 놀이와 요구, 흥미 정도를 고려하여 배치하는 것이 중요하다. 이를 위하여 유아교육기관에서 추구하는 교육철학과 방침 또는 프로그램에 따라 교육활동이 다양하게 전개되고, 누리과정에 의한 놀이 중심 교육과정을 반영하여 유아들의 놀이 관심 교재교구를 지원할 필요가 있다.

교재교구를 배치하는 데 있어 교구는 유아가 잘 볼 수 있고 꺼내기 쉽도록 개방된 낮은 선반에 배열하도록 한다. 또한 정돈된 상태로 배열하는 것은 활동 후에 유아가 정리하는 데 모델이 될 수 있다. 교재, 교구장이나 선반은 충분해야 되고 다양한 형태여야 하며 가변적으로 활용할 수 있어야 한다. 놀이 중심으로 교실의 변화가 있지만 교재교구는 흥미 영역별로 구분하는 것이 좋다. 시청각 기재나 과학기기 중 파손되기 쉬운 교구는 안전한 장소에 배치하도록 하며 교재교구의 형태와 활용방법에 따라 다양한 방법으로 배치하도록 한다.

2) 교재교구 관리대장

교재교구는 충분한 양을 확보하는 것도 중요하지만 보유한 비품과 교재교구를 잘 관리하여 효율적으로 사용하는 일이 더 중요하다. 교재교구를 사용하고자 할 때는 먼저 교재교구 목록 리스트에서 사용할 교재교구를 찾아 보관 위치를 확인한 후, 교재교구를 찾아 활동에 적절한가에 대해 확인한다. 교재교구를 사용한 후에는 교재, 교구실의 적절한 보관 위치에 갖다 두어 다시 활용할 수 있도록 한다. 교재교구에 대한 관리는 정기적으로 조사를 진행하고 유치원의 교재교구 관리대장에 현황을 기록한다. 교육적인 효과를 높이기 위해 새롭게 필요한 교재교구에 대해서 교과교재를 선정하는 절차는 원장 및 교사들의 회의를 통해 진행한다. 이때 관리현황을 파악하기 위해 비품관리대장, 교재교구 관리대장을 만들어 주제, 배치영역, 상태 등을 일목요연하게 알 수 있도록 하는 것이 좋다.

연습하기

1. 2019년 임용고시에 있었던 기출 문제의 일부입니다.

아래 설명을 살펴보면 현수는 패턴을 인식하는 수준이고 은경은 패턴을 확장하는 수준이라고 할 수 있습니다.

최 교사 : 자, 이번에는 선생님이 색종이로 모양 길을 만들어 볼 거예요.

최 교사 : 모양 길에 있는 색종이 모양을 말해 볼까요?
현 수 : (선생님이 놓은 방식대로 따라 놓으면서) 네모, 세모, 네모, 세모, 네모, 세모.
최 교사 : 그럼 어떤 모양의 색종이를 다음에 놓아야 할까요?
현 수 : 몰라요.
은 경 : 네모요.
최 교사 : 왜 네모 색종이가 온다고 생각해요?
은 경 : 네모, 세모, 네모, 세모, 네모, 세모 그러니까 다음은 네모지요.
최 교사 : 그렇군요. 은경이가 네모 색종이를 다음에 놓아 볼까요?

협·동·학·습

<6주차> 팀별 교재교구 발달에 따른 교재교구 제작 회의

교과교재연구 및 지도법의 수업을 통해 유아교육현장에서 사용할 수 있는 교구를 제작할 예정입니다.

1. 자신이 선택한 대소그룹과 영역별 교재교구에 대한 초안을 작성해보세요.
2. 초안을 가지고 팀원과 함께 주제와 목표에 관련지어 적절한지 논의해보세요.

대소집단 교재교구 초안

영역 교재교구 초안

CHAPTER

7

대·소집단 교재교구 제작방법

학습목표

- 다양한 대·소집단 활동의 교재교구에 관심을 갖는다.
- 대·소집단 활동에 따른 교재교구를 제작할 수 있다.
- 대·소집단 활동에 적절한 교재교구를 지원할 수 있다.

생각해보기

– 자신이 정한 주제에 따른 대소집단의 교재교구로는 어떤 것이 있을까요?

– 지금까지 했던 수업 중 자신이 교재교구 만들었던 것을 생각하여 적어보세요.
어떤 교구를 제작하고 가장 뿌듯하였나요?

대그룹 활동은 시간 대비 많은 정보의 이야기를 나눌 수 있다. 대그룹 활동으로는 이야기 나누기, 동화, 동극, 동시, 음악, 신체, 게임, 요리, 미술 활동으로 이루어져 있다. 이러한 활동은 교사와 유아의 상황에 따라 소그룹 활동으로 변화하여 활동을 진행할 수 있다. 소그룹 활동은 관찰 및 요리 활동 등을 진행할 때 효과적이며 4~6명으로 이루어지는 활동이다. 소그룹 활동은 대그룹 활동에 비해 교사와 유아의 상호작용이 더 많이 이루어질 수 있다. 대소그룹에 따라 자주 사용되는 교재교구를 정리해보면 다음과 같다.

1. 도입자료

도입자료는 유아로 하여금 수업에 관심을 갖고 주의집중을 하도록 유도하기 위한 것이다. 교사는 수업을 진행할 때 동기 유발의 방법으로 다양한 방법을 선택할 수 있다. 첫째, 활동과 관련된 경험담이나 이야기 들려주기, 둘째, 활동과 관련된 노래를 들려주거나 부르는 것, 감상하면서 주의를 집중할 수 있다. 셋째, 활동과 관련된 사진이나 그림, 시청각 자료를 제공할 수 있다. 넷째, 입체적인 교재교구나 자료를 통해 유아의 관심을 이끄는 방법이다. 이러한 도입방법은 다양한 교재교구로 연결지어 설명할 수 있다.

1) 경험이나 이야기 들려주기

도입자료로 교사가 이야기로만 경험을 들려주기보다 손인형이나 손가락 인형을 활용하면 유아가 손인형에 집중하게 된다. 또한 손가락 인형이 주인공이 되어 유아에게 직접 자신의 이야기를 하는 방식으로 진행할 수 있다. 이러한 경험이나 이야기 들려주기는 손가락 인형, 손인형, 나무막대 인형, 융판 그림자료를 활용할 수 있다.

(1) 손가락 인형

손가락 인형은 교사가 각 손가락에 인형을 끼우고 손가락을 움직이면서 이야기를 하는 교구이다. 너무 크게 만들면 손가락에 끼운 인형끼리 부딪히기 때문에 교사의 손가락 크기에 적절하게 제작하는 것이 필요하다.

제작방법
- 종이에 물방울 모양 도안을 그린다.
- 도안을 펠트지에 대고 물방울 모양으로 오린다.
- 글루건을 활용하여 모양과 눈알을 붙인다.
- 펠트지의 앞뒤를 손가락 넣을 구멍만 남겨놓고 글루건으로 붙인다.

(2) 손인형

손인형은 교사의 손이 모두 들어갈 크기로 제작하고 손가락을 움직여 몸이 전체 움직이거나 신체 일부분이 움직일 수 있도록 하여 생동감을 느끼게 할 수 있다. 손인형은 머리 부분까지 손가락이 들어갈 수 있도록 만들어 인형의 머리 부분이 움직일 수 있도록 하거나 입 부분에 손가락을 넣어 입이 움직일 수 있도록 제작한다.

제작방법
- 캐릭터를 설정하여 종이에 그린다.
- 도안을 펠트지에 대고 오린다.
- 손인형 머리 부분과 손 부분의 앞면과 뒷면을 실로 꿰맨다.
- 글루건을 활용하여 펠트지 옷을 만들고 앞뒤 부분에 붙인다.
- 옷 부분 아래에 손을 넣을 구멍을 남겨놓고 옷의 양 옆을 붙인다.

(3) 막대그림

교사가 그림을 그리거나 인터넷상의 그림을 프린트하여 제작할 수 있으며 제작한 그림을 코팅하거나 뒤에 배지를 대어 판판하게 만들어 준다. 교사가 나무막대를 흔들거나 움직일 때 막대에 붙어 있는 그림이 흐느적거리거나 떨어지지 않도록 한다.

제작방법
- 인터넷에서 절절한 그림을 찾는다.
- 프린트한 후 뒤에 배지를 댄다.
- 배지를 댄 그림을 코팅한다.
- 코팅을 하여 오린 후 글루건이나 테이프를 활용하여 나무막대에 붙인다.

2) 사진이나 그림, 시청각 자료

유아의 놀이와 관련된 핵심 사진이나 그림을 준비하여 유아에게 제시하는 방법이다. 이때 교사는 전체 그림을 보이지 않도록 가리거나 검은색으로 칠한 후 일부분만 보여주어 유아가 전체 그림을 맞추도록 할 수 있다. 또한 퀴즈 카드를 만들어 사용할 수 있다. 스무고개와 같이 한 장에 한 가지의 힌트를 알려주며 교사가 제시하고자 하는 것을 맞추도록 하는 것이다. 이 외에도 간단한 시청각 자료를 보여줌으로써 주의를 집중할 수 있다.

(1) 부분 보고 전체 알기

뒤편에 가려진 사진이나 그림의 일부를 보고 유아가 유추해 보는 과정을 경험할 수 있다. 유아가 번호를 호칭하면 번호 부분만 보여주어 유아가 맞추어 볼 수 있도록 한다.

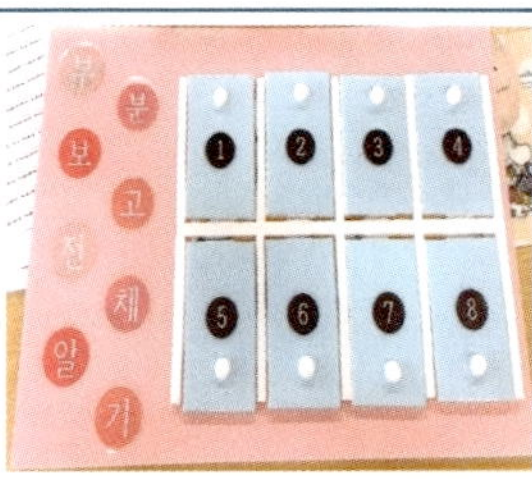

제작방법
- 1~8까지 번호와 부분을 보고 전체 알기 글씨를 프린트한다.
- 오린 후 코팅하고 붙인다.
- 우드락을 사용해 틀을 만들고 덮개도 만든다.
- 시트지로 우드락 전체와 덮개를 감싼다.

(2) 퀴즈

교사가 유아에게 관련된 내용에 대하여 스무고개 형식으로 제시하는 것이다. 유아에게 카드의 한 장을 넘기면서 관련 내용에 대한 힌트를 주어 유아가 유추하도록 한다.

제작방법
- 여러 장의 색지를 준비한다.
- 프린트한 퀴즈의 힌트를 각 색지에 붙인다.
- 코팅을 한다.
- 색지 윗편을 펀치로 뚫어 링으로 고정한다.

3) 궁금이 상자

교사는 놀이 주제와 관련된 실물자료나 모형자료 등을 가지고 주의집중을 할 수 있다. 이때 교사가 직접 유아에게 제시하기도 하지만 유아가 궁금이 상자에서 꺼내어 보는 방법, 만져 보거나 냄새를 맡아 보는 방법 등을 활용할 수 있다.

제작방법
- 박스를 활용하여 윗면을 동그랗게 자른다.
- 박스의 각 면을 종이로 붙인다.
- 흰 종이 위에 한쪽을 붙일 수 있는 펠트지를 활용하여 붙인다.
- 박스 윗면에 동그란 부분을 기준으로 손을 넣을 수 있도록 칼집을 낸다.
- 상자의 앞면을 예쁘게 꾸민다.

4) 손유희와 노래 부르기

유아가 놀이 주제에 대해 진행 중이라면 놀이 주제와 관련된 노래를 배웠을 수 있다. 놀이와 관련된 노래를 부르거나 들려주면 유아가 자연스럽게 노래를 흥얼거리며 주의집중을 할 수 있다. 이때 교사는 이전에 새 노래 지도를 할 때 사용했던 노래의 가사판을 준비해서 보여주거나 음원을 틀어주는 방법, 피아노를 치는 방법으로 주의집중을 할 수 있다. 또한 관련 손유희를 유아에게 가르쳐줄 수 있다. 손유희와 이전에 배웠던 노래는 별도의 교재교구 없이 진행하거나 음악활동에 제시된 가사판을 활용하기도 한다.

2. 이야기 나누기

이야기 나누기는 교사와 유아가 한자리에 모여 서로 이야기를 나누는 활동이다. 이야기 나누기는 교사와 유아가 서로 얼굴을 볼 수 있도록 앉아서 활동을 진행하기 때문에 언어 소통뿐만 아니라 비언어 소통도 가능하다. 이야기 나누기는 유아들이 생활에서 직면하는 직접적인 상황을 중심으로 문제 해결을 위해 토의할 수 있으며 다양한 놀이의 주제나 전쟁, 온난화 등의 시사적인 주제에 대해서도 다루어질 수 있다.

이야기 나누기 자료는 교사가 유아 놀이에서 제시하고자 내용을 잘 드러낼 수 있는 교재교구여야 한다. 교사는 유아 놀이에서 제시하고자 하는 내용을 가장 흥미롭게 제시할 수 있는 교재교구가 무엇인지에 대한 고민을 통해 준비할 필요가 있다. 교사가 제작하는 교재교구로는 놀이 주제에 따른 시청각 자료, 생활 주제에 따른 자료, 다양한 활동 소개 시 도입자료로 분류할 수 있으며, 형태에 있어 기본 설명판이나 사진, 그림, 동영상이 있으며 입체적인 교재교구를 통해 유아가 이야기 나누기를 진행하는 과정에서 직접 다루어 볼 수 있는 자료를 제공할 수도 있다.

1) 파워포인트 자료

교사가 이야기하고자 하는 주제의 그림이나 사진자료를 다운받아 파워포인트에서 유아 놀이 주제에 맞게 편집하고 효과를 넣어 움직일 수 있도록 표현할 수 있다.

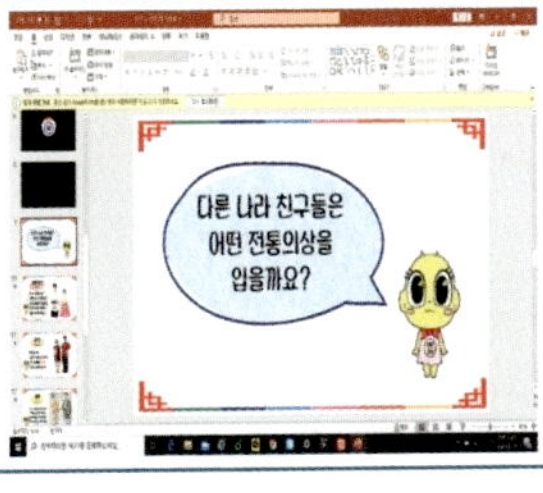

제작방법
- 파워포인트를 활용하여 이야기 나누기 자료를 제작한다.
- 필요한 사진과 그림을 찾아 넣는다.
- 글씨가 필요한 경우 글을 적는다.
- 애니메이션이 필요한 부분에 애니메이션을 적용한다.
- 순서대로 되었는지 확인한다.

2) 판자료

(1) 사진자료

교사가 사진을 직접 찍거나 인터넷에서 사진을 찾아 유아에게 제공할 수 있다. 사진을 붙일 때에는 뒤에 배지를 대어 주면 사진을 선명하게 볼 수 있다. 또한 배지를 댈 때 유아가 분류할 때 도움이 될 수 있도록 유목화시켜 배지를 대는 것이 좋다.

제작방법
- 다양한 동식물 사진을 찾아 크기를 같게 프린트한다.
- 다양한 동식물 글자를 프린트한다.
- 사진과 글씨를 프린트한 후에 각 색지를 댄다.
- 코팅을 하여 오린다.
- 하드보드지에 그림과 글씨를 붙인다.

(2) 그림 및 제작자료

교사가 사진 외에 그림을 직접 그리거나 색지를 활용하여 제시할 수도 있다. 이때 교사는 그림이나 색지로 구성한 내용이 떨어지지 않도록 코팅을 하는 것이 좋다.

제작방법
- 인터넷에 나타난 그림자료를 확인한 후 간단한 형태로 그림을 그린다.
- 색지를 활용하여 기본 그림의 형태를 표현한다.
- 그림에 맞는 적절한 단어를 프린트한다.
- 판에 색지를 활용하여 길과 나무를 만든다.
- 판을 시트지로 붙인다.
- 하드보드지에 각 가게 그림을 붙여가며 설명할 수 있도록 길에 따라 벨크로를 활용하여 붙인다.

3) 영상자료

교사가 유아들의 생활에서 일어난 것을 동영상으로 찍어 유아에게 다시 보여주며 이야기 나누기를 할 수도 있고 놀이 주제에 따른 다양한 영상자료를 인터넷에서 찾아볼 수 있다.

제작방법

- 인터넷에서 주제에 맞는 영상기사를 찾는다.
- 유아와 이야기 나누기 자료로 활용할 수 있도록 컴퓨터에 저장한다.

4) 입체자료

교사가 제작하기에는 평면자료와 영상자료가 손쉽게 제작할 수 있지만 유아의 흥미를 유발하기에 적절한 자료는 입체자료라고 할 수 있다. 다소 시간이 걸리고 제작과정이 어렵긴 하지만 유아가 직접 만져보고 경험할 수 있다는 점에서 긍정적인 자료라고 할 수 있다.

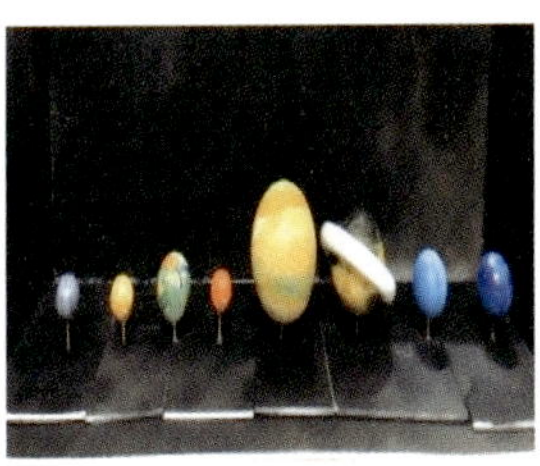

제작방법

- 크기가 다른 스티로폼 볼을 준비한다.
- 행성의 크기에 맞게 이쑤시개를 꽂고, 물감을 준비한다.
- 행성의 특징에 맞게 물감을 사용하여 스티로폼 볼에 칠한다.
- 우드락 판을 준비하여 전시하는 것처럼 틀을 만든다.
- 락카를 사용하여 잘라 준비한 흰색 우드락 판을 검정색으로 칠한다.
- 락카로 칠해진 우드락 판을 전시장으로 조립하여 글루건으로 붙인다.
- 남은 우드락 판으로 얇은 바닥에 한 번 더 붙여 부서지지 않도록 단단하게 한다.
- 각 행성을 표현한 스티로폼 볼을 전시장인 우드락 판 바닥에 글루건을 사용하여 고정한다.

3. 문학

문학에 나타나는 나, 친구, 생활습관, 지역사회, 직업 등과 같은 내용은 유아가 경험하거나 경험하지 못하는 것들에 대해 간접적으로 경험할 수 있는 기회를 제공한다. 유아의 놀이 주제와 연관된 창작동화, 전래동화 등은 놀이 주제 및 내용에 관련된 풍부한 정보를 제공할 수 있다. 또한 유아는 동화 속 주인공에 감정을 이입함으로써 동일시하거나 그들의 감정을 경험할 수 있다. 이러한 동화는 때때로 동극으로 확장시켜 놀이에 적용할 수 있다. 동극을 통해 유아가 문학의 내용을 실제 몸으로 표현하는 과정을 통해 유아는 자신이 부딪치는 문제나 갈등에 대하여 다른 사람도 자신과 같다는 것을 알게 되기도 하고 새로운 세계를 경험하기도 한다. 이 외에 동시와 같은 활동을 통해 단어나 의성어, 의태어의 미적 요소를 경험할 수 있는 기회를 제공하게 되므로 유아의 문학활동은 매우 의미 있다. 교사가 유아에게 제공하는 교재교구는 동화를 중심으로 이루어지는 경우가 많은데, 동화 교구는 낱장 동화, 그림자 동화, 테이블 동화, 자석 동화, 디오라마, 융판 동화 등이 있다.

1) 동화

(1) 낱장 동화

낱장 동화는 그림책과 거의 흡사한 형태로 한 장씩 그림을 보여주며 교사가 이야기를 들려주게 된다. 이때 동화의 단조로움을 없애기 위하여 등장인물의 움직임을 표현할 수 있도록 낚싯줄을 활용하거나 이야기 도중 주인공을 등장시키는 방법으로 벨크로를 활용하기도 한다.

① 그리기

낱장 동화는 그리기 도구를 활용하여 그림을 그린 후 색칠할 수 있으며, 그리기 도구를 활용한 경우 색감을 부드럽게 표현할 수 있다.

제작방법
- 하드보드지에 연필로 밑그림을 그린다.
- 색연필, 파스텔, 사인펜을 활용하여 색칠한다.
- 따로 붙여야 하는 것은 하드보드지에 작게 그림을 그린다.
- 따로 붙이는 부분에 보슬이를 붙이고, 작은 그림에 까슬이를 붙인다.

② 오려 붙이기

색지나 색종이, 한지, 은박종이 등 다양한 종이를 활용하여 동화를 만들 수 있다. 아래 예시와 같이 색지나 색종이를 오려 붙이는 경우 그림자료가 선명하게 보일 수 있으며 종이의 질감에 따라 다양한 분위기를 연출할 수 있다.

제작방법
- 하드보드지에 연필로 밑그림을 그린다.
- 색지를 활용하여 오려 붙인다.
- 따로 붙여야 하는 것은 하드보드지에 작게 그림을 그린다.
- 따로 붙이는 부분에 보슬이를 붙이고, 작은 그림에 까슬이를 붙인다.

③ 콜라주

낱장 동화에 다양한 요소를 포함하는 것으로 실, 색종이, 잡지, 벽지, 천 등을 활용하여 제작한 동화이다. 다양한 재료를 활용함으로써 더욱 실감나는 표현을 할 수 있다는 장점을 가진다.

제작방법
- 하드보드지에 연필로 밑그림을 그린다.
- 붙여야 할 재료를 붙인다.
- 따로 붙여야 하는 것은 하드보드지에 작게 그림을 그린다.
- 따로 붙이는 부분에 재료의 특성에 따라 글루건, 풀, 목공본드 등을 사용하여 붙인다.

(2) 그림자 동화

그림자 동화는 그림자 동화를 보여줄 수 있는 틀을 제작한 후 틀 뒤에 조명을 비추어 등장인물의 그림자를 보여주면서 들려주는 동화이다. 그림자 동화는 형태만 나타나기 때문에 세밀하게 형태를 빛이 통과하여 표현될 수 있도록 제작하는 것이 필요하다. 따라서 등장인물이나 배경은 검은색 색지에 도안을 그리기도 하고 두꺼운 도화지를 활용하기도 하여 빛이 통과할 수 없도록 한다.

① 그림자 동화

나무, 폼보드, 우드락, 하드보드지, 박스 등을 활용하여 그림자 틀을 제작한다. 이때 틀 안에 백열전구를 부착하여 제작하기도 하고 그림자극 틀을 만든 후 뒤에서 불빛을 비추면서 동화를 들려주기도 한다.

제작방법
- 박스를 활용하여 그림자 동화 틀을 만든다.
- 박스의 중간을 뚫어 크기에 맞게 전지를 붙인다.
- 박스를 꾸며준다.
- 등장인물과 배경을 종이에 따라 그린다.
- 종이에 그린 그림을 두꺼운 도화지에 대고 오린다.

② OHP 동화

OHP 동화는 OHP 필름을 활용하여 제작한다. OHP 필름이 투명하여 빛이 통과하면서 유성매직의 색이 빛에 비춰져 다양한 색으로 나타난다. 이때 OHP 필름만으로 동화를 구성할 수도 있고 두꺼운 도화지나 검정 도화지를 활용하여 부분적으로 그림자가 나타나도록 표현할 수도 있다.

제작방법
- 투명한 OHP 필름의 한쪽에 검은색 매직으로 그림을 그린다.
- OHP 필름을 뒤집어 색칠한다.
- 그림자로 보여줄 부분은 두꺼운 도화지로 그림을 그려 오리고 그림에 OHP 필름을 붙인다.
- OHP 필름을 OHP 기계에 올려 보여 준다.

(3) 자석 동화

자석 동화는 함석판을 활용하여 제작하며 등장인물 뒤에 고무자석이나 롤자석을 붙여 제작한다. 뒷배경을 함석판에 표현할 수도 있으나 자석칠판을 활용하여 들려줄 수도 있다.

제작방법

- 부직포를 이용하여 도안을 그린다.
- 두 장을 겹쳐서 일부분을 남기고 바느질한다.
- 남긴 구멍으로 솜을 채운다.
- 뒷면에 자석을 글루건을 이용하여 붙인다.
- 자석의 힘이 좋아야 흘러내리지 않으므로 성능이 좋은 자석을 선택한다.

(4) 융판 동화

융판 동화는 자석 동화와 비슷한 형태로 제작하지만 등장인물 뒤편에 찍찍이를 붙여 제작하는 것이다. 융판동화는 교사용 칠판을 활용하여 들려줄 수 있으며 뒷배경을 만들기보다 등장인물을 위주로 제작한다.

제작방법

- 동물 사진을 프린트하여 펠트지 위에 올린 후 따라 오린다.
- 모양대로 자른 후 눈, 코, 입 등을 오린다.
- 나무와 집 등 배경을 그려 오린다.
- 등장인물과 나무, 집 등의 뒷편에 까슬이를 붙인다.
- 등장인물과 나무, 집 등이 붙어야 하는 곳에 보슬이를 붙인다.

(5) 테이블 동화

테이블 동화는 테이블 판을 제작한 후 배경을 삼아 막대인형으로 만들어진 등장인물을 가지고 동화를 들려주는 것이다.

① 평면

배경과 그림을 평면에 제작하는 것으로 바닥도 하드보드지로 제작하여 옆에서 볼 경우 ⊥ 모양의 형태를 띤다. 등장인물 위에 얇은 막대나 실, 투명필름을 활용하여 움직임을 나타낸다.

	제작방법
	• 하드보드지로 바닥을 만들고 양쪽을 막아준다. • 하드보드지의 중간을 막고 한지와 펠트지를 활용하여 배경을 꾸민다. • 바닷속 배경과 뒷편 동굴 배경을 나누어 꾸며준다. • 물고기를 펠트지로 모양대로 오리고 안에 솜을 넣은 후 바느질한다. • 문어, 불가사리도 물고기와 같은 방식으로 만든다.

② 입체

그림책에 나타난 배경의 핵심인 한두 장면을 선택하여 제작한다. 배경이 되는 장소를 입체적으로 표현하여 실제 동화속 주인공이 표현된 입체 건물에 들어가거나 나오는 모습을 보여줄 수 있어 실감나는 동화를 구연할 수 있다.

	제작방법
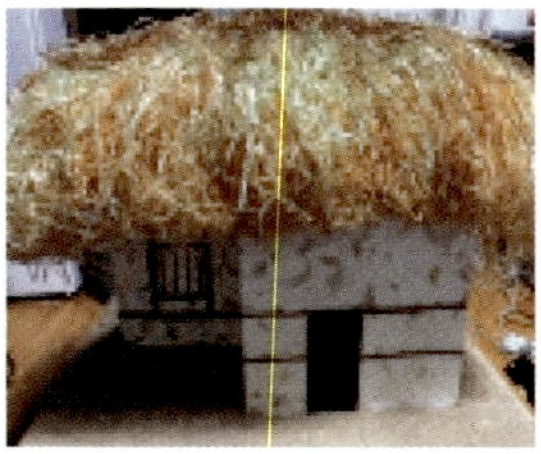	• 우드락을 준비한다. • 크기가 다른 우드락 9개를 자른다. (벽모양 6개, 지붕 2개, 바닥 1개) • 우드락을 서로 이어 붙여 초가집과 지붕 형태를 따로 만든다. • 우드락으로 초가집 형태와 지붕을 만든 후 한지를 붙인다. • 한지를 다 붙였으면 지붕을 초가집 형태에 붙인다. • 펠트지를 이용해서 문과 벽을 만든다. • 황토색, 갈색, 초록색 파스텔을 갈아 부직포 스타핑에 색을 입힌다. • 우드락으로 만든 바닥에 초가집 모형을 붙인다. • 바닥에 목공풀과 본드를 바른 후 모래를 붙인다.

(6) TV 동화

TV 동화는 TV로 동화를 보는 것과 같은 형태로, 낱장 동화를 길게 이어붙여 만든 것이라 할 수 있다. 양쪽에 있는 종이심을 돌리면 그림이 한쪽 방향으로 움직이면서 다음 그림이 나타나게 되고, 화면에 그림이 맞으면 동화내용을 교사가 이야기하는 형태이다.

제작방법

- 종이 상자의 날개 4면을 모두 가위로 자른다.
- 상자의 겉면에 부직포를 붙여 꾸민다.
- 상자 옆면에 종이심을 대고 동그라미를 두 개 그리고 칼로 자른다.
- 앞면에는 TV 화면이 보일 수 있는 창을 그리고 칼로 자른다.
- 동그라미에 종이심을 넣어 위치를 확인하고 병뚜껑을 상자 밑면에 고정시킨다.
- 동화의 그림이 있는 종이 양 끝면을 테이프로 종이심에 고정시킨다.
- 왼쪽 종이심을 바깥쪽으로 감는다.
- TV 동화의 앞면을 꾸미고 싶은 대로 꾸민다.

겨울이 궁금한 곰
옥사나 불라 / 봄볕 / 2017

(7) 멀티미디어 동화

캠스캐너라는 애플리케이션을 활용하여 동화책 내용을 스캔하면 파워포인트를 이용한 멀티미디어 동화를 만들 수 있다. 그림이나 사진자료는 포토샵을 활용하거나 움직임의 효과를 표현할 수 있다. 또한 유튜브에서 이미 제작된 영상 동화를 다운받거나 찾아놓았다가 유아에게 들려줄 수 있다.

제작방법

- 유아 놀이에 적절한 그림책을 선정한다.
- 선정된 그림책이 인터넷상에 자료가 있는지 찾아본다.
- 선정된 동화가 있다면 컴퓨터에 다운을 받거나 유튜브로 보여준다.

화내지 말고 예쁘게 말해요
안미연, 서희정 / 상상스쿨 / 2020

2) 동극

동극은 동화내용을 유아가 나름대로 해석하여 유아의 언어와 동작으로 표현하는 것이다. 유아가 등장인물이 되어 보는 과정을 통해 타인에 대한 이해력이 증진될 수 있으며, 다른 유아와 함께 작품을 이루어가는 과정에서 협동과 타인을 배려하는 방법에 대해 알 수 있다. 또한 동극을 감상하는 태도를 기를 수 있다. 동극에 관련된 교재교구를 제작할 때에는 먼저 동화가 동극에 어울리는가를 확인하고 동극을 대본화하는 교재교구가 필요하다. 대본을 만들 때에는 유아의 발달 수준에 맞추어 동화를 각색하고 간접 화법의 동화를 직접 화법으로 바꾸도록 한다. 또한 동극에 필요한 머리띠나 목걸이, 옷이나 배경을 교사가 준비하거나 유아와 함께 준비할 수 있다.

(1) 머리띠

동극을 할 때 가장 많이 사용하는 교재교구이며 펠트지로 머리띠를 만들어 놓고 벨크로를 붙여 사용한다.

제작방법

- 동화 주인공의 형태에 따라 종이에 도안을 그리고 펠트지를 활용하여 오린다.
- 펠트지를 활용하여 세밀한 부분을 묘사한다.
- 글루건으로 펠트지 뒷면에 고무줄을 고정한다.

(2) 목걸이

목걸이는 머리띠보다 눈에 띄지 않지만 아이들이 머리띠를 번거로워할 경우 간편하게 사용할 수 있다.

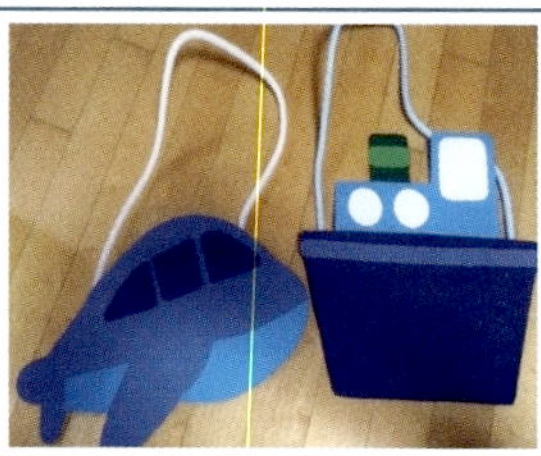

제작방법

- 펠트지를 활용하여 주인공을 오린다.
- 목걸이를 할 수 있을 정도의 줄을 펠트지 뒤에 붙인다.

(3) 배경

다양한 동극의 배경을 표현하기 위하여 교사가 미리 배경을 준비하는 경우, 유아가 직접 배경을 준비하는 경우가 있으며 배경 없이 머리띠나 목걸이만으로 동극을 진행하는 경우도 있다.

제작방법

- 동화 속 배경 중 중요한 배경을 두세 군데 선택한다.
- 중요하다고 생각되는 배경에 나타난 나무와 울타리를 우드락을 활용하여 만든다.
- 우드락에 갈색 물감을 활용하여 나무기둥을 칠한다.
- 나뭇잎 부분은 초록색과 갈색 물감을 활용하여 물티슈를 뭉쳐 찍는다.
- 우드락을 활용하여 울타리와 나무가 쓰러지지 않도록 남은 세모 형태로 지지대를 만들어 붙인다.

3) 동시

동시는 유아가 이해할 수 있는 언어와 감정을 담은 글로 유아로 하여금 감성과 상상력을 제공하고 한글에 대한 아름다움을 경험할 수 있는 기회가 된다. 또한 의성어와 의태어를 경험하며 언어발달이 이루어질 수 있으며 자신의 감정을 자연스럽게 표현할 수 있는 기회를 가질 수 있다. 동시는 연과 행으로 이루어져 있기 때문에 동시 교재교구는 연과 행을 고려하여 제작하는 것이 동시 지도에 효과적이다.

(1) 글로 제시

유아가 글씨에 관심을 가질 수 있도록 글씨를 활용하여 운율을 느끼게 해주는 방법으로 글씨가 있는 동시판을 제시하는 경우가 많다.

제작방법
- 동시 내용을 한글로 프린트하여 오린 후 배지를 댄다.
- 각 단어에 해당하는 그림을 펠트지로 오려 붙인다.
- 제목을 색지에 프린트하여 코팅한다.
- 펠트지로 동시판을 꾸민다.

(2) 그림으로 제시

어린 연령의 유아일 경우 그림이나 움직임을 통해 동시를 들려줄 수 있다. 이때 교사는 그림으로 된 동시만 제시해줄 수도 있고, 글씨가 포함된 동시판을 제시해 줄 수도 있다.

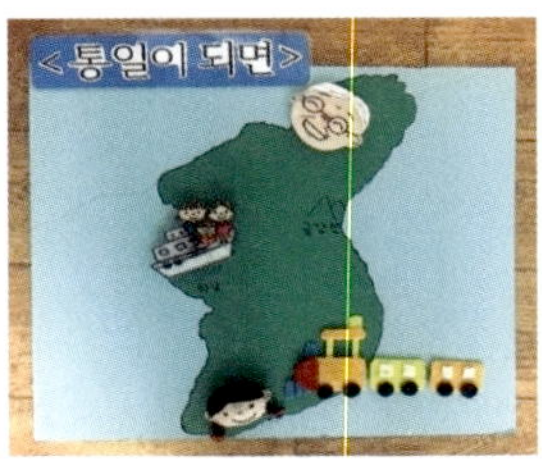

제작방법
- 동시에 핵심이 되는 그림을 선정한다.
- 동시에 나타난 배경으로 한반도 모양의 색지를 오려 붙인다.
- 할머니의 얼굴과 아이의 얼굴을 펠트지로 만들고 그린다.
- 펠트지로 기차를 만든다.
- 펠트지로 배를 만든다.
- 움직일 수 있도록 뒷편에 자석을 붙여 자석 칠판에서 사용한다.

4. 음악

유아는 다양한 음률활동을 통해 예술적 경험을 하고 음악의 즐거움을 경험할 수 있다. 놀이 주제의 동요를 익히는 새 노래 지도나 음악 감상 및 음악에 맞춰 몸을 움직이고 멈추는 신체표현을 할 수 있다. 새 노래 지도를 위한 노래 가사판, 피아노나 실로폰 등의 다양한 악기, 음원 등을 준비하여 사용한다. 이 외에도 다양한 악기를 탐색하고 노래에 맞추어 악기를 연주하는 방법이나 신체표현을 통해 규칙을 정하기도 하며 친구와의 상호작용을 중심으로 교육이 이루어질 수 있다.

1) 새 노래 지도

새 노래 지도를 위한 가사판 제작은 판으로 제작하는 경우가 많다. 이때 글을 모르는 유아를 위하여 글로만 제작하기보다 단어와 관련된 사진이나 그림을 통해 유아가 쉽게 가사를 익힐 수 있도록 한다.

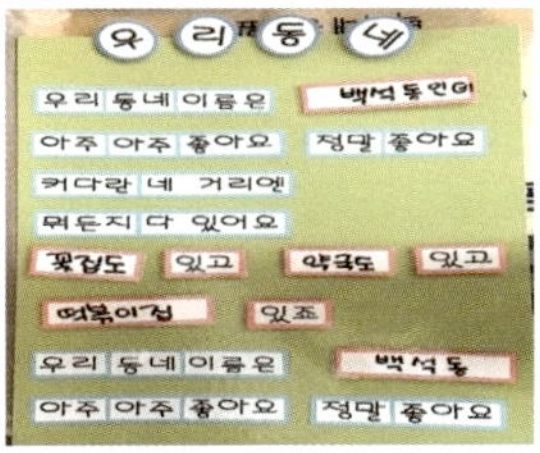

제작방법
- 새 노래 가사를 프린트한다.
- 글씨를 오린 후 배지를 댄다.
- 다른 가사로 바꿀 수 있도록 흰 종이에 배지를 대어 코팅한다.
- 비닐 위에 벨크로를 활용하여 코팅 종이가 붙을 수 있도록 한다.

2) 악기 연주

악기 연주판은 새 노래 지도 가사판의 위, 아래, 좌, 우를 활용하는 경우가 많다. 유아가 자신이 가지고 있는 악기 연주를 시작하는 시점과 끝나는 시점을 알려주기 위한 방법으로 제작하는 것이다.

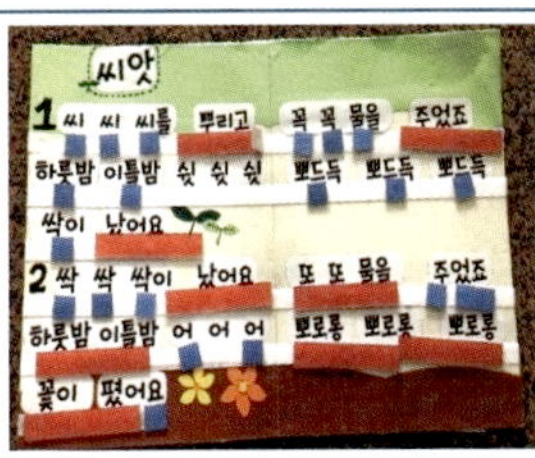

제작방법
- 씨앗 가사 도안을 프린트하여 자른다.
- 가사 아래 악기 연주를 할 수 있도록 붙여줄 파란색과 빨강색 우드락을 자른다.
- 가사판과 우드락 붙일 곳에 벨크로를 붙인다.
- 가사판을 전반적으로 꾸민다.

3) 음악감상

유아가 음악감상을 하고 그에 따른 동작활동을 한다. 이때 음악감상의 표현을 극대화할 수 있도록 음악감상에 적절한 머리띠나 리본끈을 준비하여 유아로 하여금 신체표현을 할 수 있도록 한다.

(1) 음악감상 멀티미디어 자료

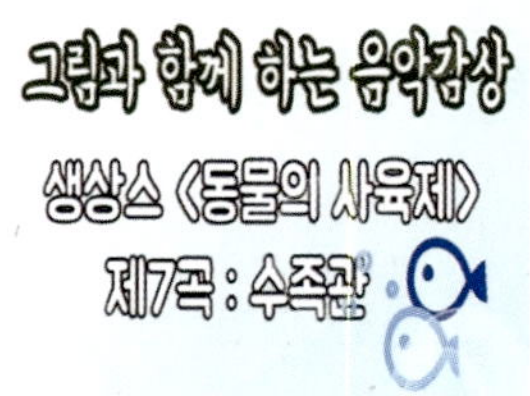	제작방법 • 유튜브에서 생상스 '동물의 사육제' 를 검색한다. • 유튜브에 나오는 동물의 사육제 음악감상 중 유아의 놀이와 연계될 수 있는 파트를 정한다. • 컴퓨터에 볼 수 있도록 켜놓는다.

(2) 신체표현

음악감상을 한 후 유아가 자신의 몸을 활용하여 움직임이나 동작으로 표현하는 것이다. 교사가 음악을 틀어주고 진행하는 경우와 교사가 음악과 동시에 이야기를 꾸며 그에 따라 움직일 수 있도록 지원하는 경우로 나누어 볼 수 있다. 이때 유아는 목걸이나 옷을 입고 표현하는 경우가 많다.

	제작방법 • 신체표현을 할 때 입을 수 있도록 펠트지를 유아의 가슴둘레에 적절한 정도의 사각형을 앞판과 뒷판으로 나누어 오린다. • 어깨에 팔을 넣을 수 있도록 끈을 만든다. • 몸통을 감싼 펠트지를 고정시킬 수 있도록 양 옆에 어깨와 같이 펠트지를 잘라 붙인다.

5. 미술

유아는 생활 속에서 미를 경험하고 즐기고 표현하며 아름다움을 추구함으로써 자신의 생각이나 느낌을 자연스럽게 그림이나 작품으로 표현한다. 따라서 미술활동을 통해 교사는 유아의 다양한 정서를 느낄 수 있으며 유아는 다양한 정서를 표출함으로써 정서발달에 긍정적인 효과를 가져올 수 있다. 특히 미술활동을 통해 유아는 미적 요소에 대한 지각과 이해를 통해 심미감을 키울 수 있고 생활 속에서 미술을 즐기고 활용함으로써 아름다움을 추구하는 태도를 기를 수 있다.

1) 유아 작품

유아는 그리기, 만들기 등을 통해 자신의 생각을 표출하며 다양한 재료를 공유하기도 하고 서로의 의견을 교환하는 과정을 갖는다. 또한 작품을 만들기 위하여 협동할 기회도 가지게 된다. 작품을 만든 이후 유아는 서로의 작품을 감상하면서 열린 마음으로 사회적 상호작용이 일어날 수 있다.

제작방법
- 유아의 작품을 모은다.
- 줄에 유아의 작품을 연결한다.
- 창문에 매달아 놓는다.

2) 명화감상

미술활동에서 소개된 화가들의 작품을 하드보드지나 폼보드를 활용하여 교재교구로 만들어 제시하고 그에 대한 활동을 할 수 있다.

제작방법
- 명화작품을 찾아 PPT나 한글에서 뒤에 다른 색으로 테두리를 만든다.
- 프린트하여 하드보드지 위에 붙인다.
  (명화 활동을 한 후 조각 내어 수 조작 영역에 배치할 수 있다.)

6. 신체게임

유아는 신체를 활용하여 다양한 경험을 함으로써 유아를 둘러싼 환경을 경험하고 느끼고 맛보기도 한다. 이러한 감각은 영아기부터 중요한 활동으로 여겨지고 있으며 유아 발달에 매우 긍정적인 효과를 가져올 수 있다.

게임은 현실장면의 축소, 단순화된 조직적 모형으로 유아들에게 다양한 역할과 사상의 대리참여 기회를 제공하는 놀이의 일종이다. 유아들이 정해진 규칙하에 집단으로 움직이거나 상호작용하는 기회뿐만 아니라 또래 집단과의 상호작용 상황에서 적절하게 반응하는 경험을 통해 사회성을 익히는 기회가 될 수 있다. 이러한 경험으로 유아는 규칙의 중요성을 배울 뿐 아니라, 활동 과정 중에 함께 돕는 일의 필요성을 체험하는 기회를 갖게 된다.

1) 팀 게임

팀게임은 유아를 양팀으로 나눈 후 편을 이루어 진행하는 게임형태이다. 팀별로 진행하는 게임을 통하여 정해진 규칙을 지키며 집단의 소속감을 경험하는 기회를 갖을 수 있다.

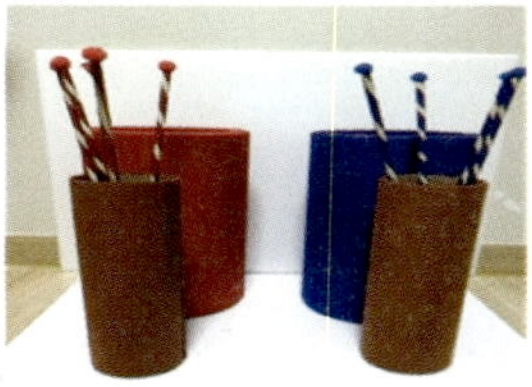

제작방법
- 투호통을 할 수 있는 재활용품을 4개 구한다.
- 동그란 통을 팀별로 나누어 펠트지로 감싼다.
- 투호를 준비해 놓는 통을 펠트지로 감싼다.
- 투호로 사용할 수 있는 긴 막대를 준비한다.
- 막대에 팀별로 색지로 감고 끝부분에 폼폼이를 붙인다.

2) 자유대형 게임

유아 전체가 함께 움직일 수 있는 게임으로, 교사는 게임이 시작되기 전에 규칙과 방법에 대해 충분히 설명한 후 활동을 진행해야 한다. 일정한 형태가 없기 때문에 규칙이 복잡해지면 안 된다.

제작방법

- 펠트지를 꼬리 모양으로 자른다.
- 꼬리에 모양을 만들기 위해 뾰족뾰족한 모양으로 자른다.
- 꼬리 양면과 모양을 같이 바느질한다.
- 솜을 넣고 전체적으로 바느질을 한다.
- 꼬리 한편을 유아의 허리에 묶을 수 있도록 자르고 벨크로를 붙인다.

7. 요리

요리활동은 유아가 다양한 맛과 냄새를 탐색할 수 있는 활동으로 재료의 변화에 대해 알 수 있는 활동이다. 교사는 요리를 하는 순서가 적힌 요리 순서판을 제공하고 그에 따른 재료를 준비한다.

제작방법

- 요리 만드는 과정의 사진을 캡처한다.
- 요리 만드는 과정에 대해 한글파일을 프린트하여 배지를 댄다.
- 순서에 따라 사진과 글을 배치한 후 하드보드지에 붙인다.

연습하기

1. 자신이 자신있는 대소집단 활동은 무엇인가요?

친구이름	자신있는 대소집단 활동	이유

2. 대소집단 활동 중 나에게 부담이 되는 활동은 무엇인가요? 왜 그런가요?

친구이름	부담되는 활동	이유

3. 책에 나타난 대소집단 활동 교재교구 중 마음에 드는 것이 있다면 어떤 것인가요? 이와 비슷한 다른 교재교구를 구상해보세요.

협·동·학·습

<7주차> 팀별 교재교구 발달에 따른 교재교구 제작 회의

자신이 선택한 주제와 영역에 따라 대소그룹 교재교구에서 제작방법을 작성해보세요.

1. 팀 별 회의를 통해 주제에 따른 영역별 활동지원이 적절한지 논의해보세요.
2. 친구들의 교재교구 제작 방법을 확인한 후 더 좋은 방법이 있는지 생각해보고 서로 조언해주세요.

• 주제 :	• 교구명 :
• 대상연령 : 만 5세	• 집단 및 활동영역 :
1. 놀이관찰	
2. 교재교구 필요성	
3. 목표	· 지식 : · 기술 : · 태도 :
4. 교육과정 관련영역	· · ·
5. 준비물	·
6. 교재교구 제작방법	· · · · · ·
7. 제작 시 유의점	· ·

CHAPTER

8

영역별 교재교구 제작방법

학습목표

- 놀이 주제에 따른 영역별 교재교구를 계획할 수 있다.
- 영역별 교재교구를 제작할 수 있다.
- 다양한 영역에 대한 교재교구를 배치할 수 있다.

생각해보기

– 팀에서 결정한 주제에 따라 흥미영역별 교재교구가 어떤 것이 있어야 할지 생각해 보고 인터넷을 통해 다양한 교재교구를 찾아보세요.

자유선택활동은 유아가 교실에 마련된 다양한 종류의 흥미 영역별 활동에서 유아 스스로 선택한 놀이 활동에 자유롭게 참여하는 시간이다. 유아는 자율적이고 적극적인 활동을 통해 자기 만족감이 높아질 수 있으므로, 교사는 놀이의 관찰자가 되어 유아의 놀이 진행 과정을 기록하고 놀이를 어떻게 지원할 수 있는지 생각해볼 수 있다. 교사는 유아의 놀이에 개입하지 않으면서도 다양한 환경과 교재교구를 지원해줌으로써 유아가 놀이에 몰입할 수 있도록 도울 수 있다. 따라서 유아의 흥미와 관심에 따른 적절한 시기, 적절한 배치 및 제공으로 교재교구의 효과적인 기능을 이끌어 내는 것이 필요하다.

1. 언어영역

언어영역은 '듣기', '말하기', '읽기', '쓰기' 등의 활동이 이루어지는 곳으로, 언어영역에서는 손인형극 틀을 통해 손인형극을 하거나, 융판용 자료와 융판, 그림 동화 등 간단한 매체를 활용하여 말하기와 듣기의 상호작용이 이루어질 수 있다. 이 외에도 그림책 읽기, CD 플레이어나 기자재로써 핸드폰을 활용하여 다양한 소리 듣기나 동화, 동시 듣기가 이루어질 수 있다. 또한 읽기, 말하기, 듣기 이 외에도 친구에게 편지쓰기 및 우체통을 통해 쓰기 활동이 이루어질 수도 있다.

1) 읽기

다양한 책을 읽는 것이 읽기의 주된 활동이 될 수 있지만, 교사가 읽기 책을 만들어 제공할 수 있다. 간단하게는 단어 위주로 제공할 수 있으며 유아와 함께 우리반 이야기와 같은 활동을 통해 책을 만들어 제공할 수도 있다.

제작방법
- 색지를 가로 10cm, 세로 15cm의 크기로 10장 자른다.
- 자른 색지 위에 달빛, 햇빛 등 한 글자씩 같은 글자가 들어갈 수 있는 사진을 프린트한다.
- 한글로 프린트한 글씨와 사진을 색지에 붙인다.
- 책의 형태로 앞장부터 붙인 후 코팅을 한다.
- 코팅한 색지의 중간을 펀치로 두 군데 뚫는다.
- 링을 걸어 넘겨볼 수 있도록 한다.

2) 쓰기

교사는 유아에게 종이와 다양한 쓰기 재료를 제공하거나 쓰기에 관심을 가질 수 있도록 글자 도장을 만들어 줄 수 있다. 유아는 이를 통해 한글의 조합에 대해 알 수 있으며 글을 못쓰는 유아는 도장을 활용하여 친구에게 편지를 쓸 수도 있다.

제작방법

- 빈 요구르트 병을 깨끗이 씻어서 말린다.
- 요구르트 병을 붓과 검정색 아크릴 물감을 이용해 꼼꼼히 칠한다.
- 요구르트 병 입구에 맞는 크기로 자음과 모음 프린트물을 자른다.
- 요구르트 병 입구 반대에 붙일 EVA폼 2T 검정색을 크기에 맞게 자른다.
- 자른 폼을 요구르트 병에 붙인다.
- 자음 모음 도안을 오려 EVA 폼 파란색에 붙인다.
- 가위나 칼로 오려서 검정색 폼에 붙인다.
- 붙인 대로 잘라서 요구르트 병에 붙인다.
- 폼보드를 사용해 도장을 담을 상자를 만든다.
- 도장을 만든 상자에 넣는다.

3) 말하기

유아가 단어나 짧은 문장을 이야기해보는 것을 통해 말하기를 명확하게 할 수 있다. 말하기 활동을 위해 단어를 또래에게 이야기해주고 맞추어 볼 수 있는 교구를 제작하여 줄 수도 있고, 인형극 자료를 통해 유아가 다양한 대사를 할 수 있도록 유도할 수도 있다.

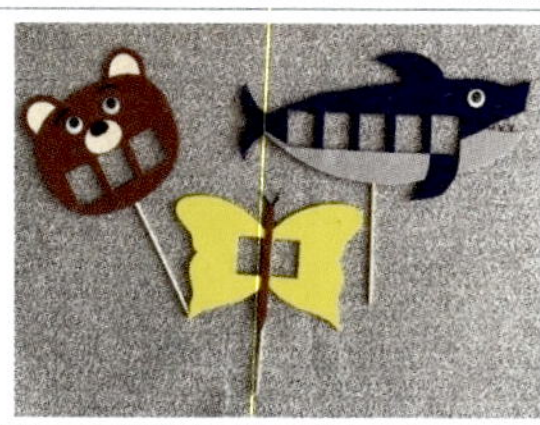

제작방법

- 단어마다 색을 통일하여 색지로 테두리를 만들어 코팅을 한 후, 크기에 맞춰 자른 우드락 위에 붙인 후 뒷면 벨크로를 붙인다.
- 하드보드지 안에 단어를 붙일 공간을 접착 펠트지로 잘라 붙여 표시한다.
- '찾아볼까요?' 교구의 제목을 프린트한 후 코팅하여 우드락을 뒤에 붙이고 하드보드지 위에 붙인다.
- 글자 수에 따라 단어 찾기 도구를 펠트지를 이용하여 동물 모양으로 2개(앞면, 뒷면) 만든 후 2개 펠트지 사이에 하드보드지 틀을 붙여 모양이 고정되게 해주고, 나무 막대를 붙여 손잡이를 만든다.
- 하드보드지의 남는 공간에 단어에 대한 힌트 사진을 벨크로를 이용하여 붙인다.

4) 듣기

또래가 이야기하는 소리를 듣는 것뿐 아니라 녹음파일을 듣고 글자를 찾아보는 것도 듣기에 해당할 수 있다. 유아가 주제에 따른 단어, 다양한 그림책을 읽어 주는 기기를 활용하여 듣기 활동을 할 수 있다.

제작방법

- 색깔 하드보드지를 준비한다.
- 인터넷에서 찾아 사진과 글자를 제작한다.
- 사진 그림에는 초성만 표시하고 다양한 음절 카드를 만든다.
- 한글 파일을 프린트하여 코팅한 후 자른다.
- 녹음파일을 만들어 녹음을 한 후 녹음을 켜놓고 들은 후 음절을 찾아 붙일 수 있도록 한다.

2. 수 조작 영역

유아 놀이에 있어 그래프, 위치와 방향, 측정, 시간, 패턴, 자료의 분류 등의 활동을 통해 수 개념 형성을 도울 수 있다. 수 조작활동의 교재교구는 보드게임, 그래프 만들기 등으로 제공할 수 있다. 또한 소그룹으로 게임을 진행할 시 유아는 게임에 대한 규칙 및 순서, 의견교환을 하는데 이때 다양한 놀이 목표가 이루어지고 있다 할 수 있다.

1) 수와 연산

수와 연산은 일상생활에 밀접한 개념으로 수학적 기초 개념과 원리를 습득하는데 도움이 된다. 수와 연산은 유아가 생활 속에서 수를 경험하고 수에 대한 이해를 발달시키기 위한 것으로 생활 속에서 수가 여러 측면에서 사용된다는 것을 알 수 있도록 한다.

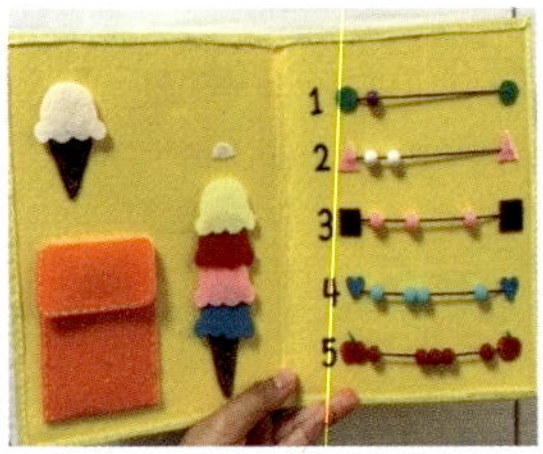

제작방법
- 하드보드지 판을 준비한다.
- 펠트지를 활용하여 면을 붙인다(책처럼 접을 수 있도록 한다).
- 아이스크림 모형의 고깔과 아이스크림 5개를 만든다.
- 아이스크림을 넣을 수 있는 주머니를 만들어 붙인다.
- 펠트지로 숫자를 자른다.
- 구슬을 끝에 개수만큼 줄에 끼운다.
- 끈을 글루건으로 붙인다. (끈만 붙이는 것보다 펠트지를 작게 잘라 글루건을 활용하여 끈을 붙인다.)
- 다음 장에도 6~10까지 같은 형태로 만든다.

2) 공간과 도형

공간과 도형은 유아가 위치와 방향을 인식하고 보는 위치에 따라 공간적 차이가 있다는 것, 시각적 측면에서 기본적으로 평면과 입체의 특징을 알아가는 과정이다. 또한 도형을 나누거나 합하여 여러 모양을 만들 수 있다는 것을 통해 공간개념과 도형개념을 익힐 수 있다.

제작방법

〈카드〉
- 우유와 관련된 사진을 6가지 선정한다.
- 선정된 사진을 프린트하여 링으로 고정한다.

〈퍼즐〉
- 하드보드지로 정사각형 15개를 만든다.
- 하드보드지로 15개의 크기에 맞추어 카드에 있는 그림을 확대한 후 프린트하여 코팅한다.
- 코팅한 15개의 조각을 각 하드보드지 한 면에 붙인다.

3) 측정

측정을 통해 유아가 사물이나 상황을 비교하고 순서를 지어볼 수 있으며 이때 일정한 단위를 사용하도록 지원할 수 있다. 길이, 크기, 무게, 들이 등의 속성을 비교하고 순서짓는 것, 더 나아가 크기의 단위를 정하여 수치로 나타내는 것이라 할 수 있다.

제작방법

- 우드락에 우드락 본드를 활용해 연두색 펠트지를 붙인다.
- 우드락과 흙색 펠트지를 8x8 크기로 32개를 자른다.
- 길이 될 회색 펠트지를 8x4 크기 20개와 코너를 10개 만든다.
- 횡단보도가 될 흰색 펠트지를 8x4로 자르고, 검은색은 1.5cm 정도로 자른다.
- 2번에 양쪽을 2cm를 남기고 3번을 붙인 후 그 위에 4번을 중앙에 붙인다.
- 병뚜껑에 구멍을 뚫고 지점토를 넣은 후 한지로 감싼다.
- 그후 마스킹 테이프로 붙인 꽂이를 꽂고 지끈으로 돌돌 만다.
- 방지턱을 노란색, 검은색 펠트지를 붙여 자르고 솜을 넣은 후 바느질한다.

4) 규칙성

규칙성은 일정한 순서로 반복되거나 변화에 대한 부분을 이해하는 것이다. 유아는 밤과 낮, 요일의 변화, 계절의 변화 등 일상을 살아가며 규칙성과 변화에 대해 알아가고 실생활에서 타일이나 벽지에서, 반복되는 규칙을 발견할 수도 있다. 이러한 규칙성을 통해 사물의 관계를 알아가고 다음을 예측할 수 있다.

제작방법

- 박스로 보관상자를 만들고 꾸민다.
- 주황 펠트지를 감 모양으로 잘라서 바느질을 하고 솜을 넣는다.
- 빨간 펠트지로 사과 모양으로 잘라서 바느질을 하고 솜을 넣는다.
- 분홍 펠트지로 복숭아 모양으로 잘라서 바느질을 하고 솜을 넣는다.
- 초록 펠트지로 수박 모양으로 잘라서 바느질을 하고 솜을 넣는다.
- 노란 펠트지로 바나나 모양으로 잘라서 바느질을 하고 솜을 넣는다.
- 각 과일의 특징을 살려서 꾸미고 벨크로를 붙인다.
- 벨크로가 붙여진 과일 꼬치를 만든다.

5) 자료 분석

기초적인 자료를 통해 분석하고 결과를 알아가는 것은 유아가 일상생활에서 탐구하고 문제를 해결하는 능력을 증진시킬 수 있다. 유아가 교재교구를 통해 자료를 유목화하여 정리하고 분석하는 것은 결과를 예측하도록 돕는다.

<table>
<tr>
<td>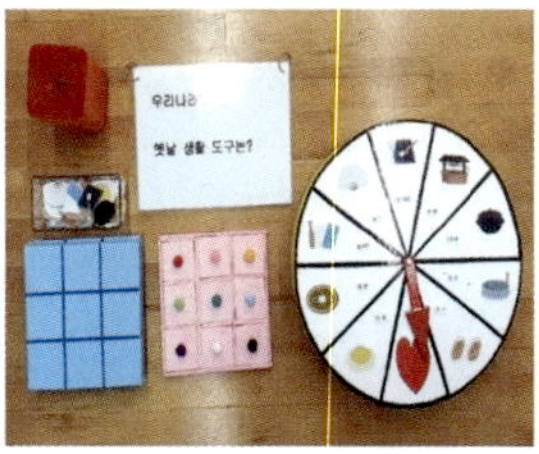
</td>
<td>제작방법

〈그림판〉
• 우드락을 정사각형 모양으로 자른다.
• 다른 우드락으로 9개 칸을 나누어 자른 후 한지로 감싼다.
• 9개 칸의 뒷면에 색 볼을 붙인다.
• 9개 칸의 앞면에 옛날 생활 도구 그림을 붙인다.

〈빙고 판〉
• 우드락을 정사각형 모양으로 자른 후 펠트지로 감싼다.
• 다른 색의 펠트지로 세로, 가로 각각 3칸씩 나눈다.
• 세로, 가로의 줄을 글루건을 사용해 붙인다.</td>
</tr>
</table>

3. 과학영역

과학 활동 영역에서 동 · 식물을 돌보는 경험은 생명의 존귀함을 배우게 됨으로써 자연을 사랑하고 보호하는 태도를 기른다. 과학활동이란 일상생활에서 과학적 지식을 찾아가는 과정을 의미하는 것으로 관찰, 분류, 측정, 실험 등 다양한 탐구를 하는 활동이다. 이때 관찰은 유아가 오감을 활용하여 주위환경을 탐색하고 이해하는 과정이며 다양한 도구를 이용하여 사물에 대한 특징과 변화를 관찰하거나 새로운 정보를 수집하는 과정이라 할 수 있다. 또한 동식물을 돌보고 자신이 할 수 있는 일을 직접 찾아서 할 수 있음을 알게 된다. 분류는 관찰한 여러 가지 물체나 다양한 정보에 대하여 일정한 기준을 가지고 유사점과 차이점에 따라 나누는 것을 의미한다. 측정이란 사물의 길이, 부피, 무게, 온도 등의 속성에 대하여 도구를 사용하여 정량적으로 관찰하는 것이다. 특히 실험은 유아가 놀이를 통해 궁금한 것을 직접 조작해 보는 활동이다. 따라서 교사는 유아가 실험하고자 하는 내용과 실험 방법, 실험 자료 등을 유아의 관심에 따라 적절하게 계획하여 유아의 탐구력을 증진시키도록 한다.

1) 물체와 물질

물체와 물질은 유아가 친숙하게 접하는 물체나 물질에 관심을 갖고 기본적인 특성을 알아보는 것이다. 주변에서 볼 수 있는 물체나 물질을 오감으로 경험하고 그에 대한 속성을 알아봄으로써 우리 주변에 대한 이해를 증진시킬 수 있다.

제작방법

- 숯을 준비한다.
- 모래를 준비한다.
- 자갈을 준비한다.
- 페트병을 반을 자르고 거즈로 입구를 감싼 후 고무줄로 묶는다.
- 하드보드지에 정수기 만드는 방법을 만든다.
- 숯, 모래, 자갈, 페트병을 사진 찍어 순서대로 사진을 프린트한다.
- 프린트한 사진을 순서대로 붙여 과학영역에 함께 제시한다.

2) 자연환경

자연환경에 살고 있는 생명체에 관심을 갖는 것은 유아가 흥미로워하는 활동 중 하나이다. 생명체에 직접적인 영향을 미치는 자연환경에 대해 알아보고 생명체와 자연환경을 존중하는 마음을 가질 수 있다.

제작방법

- 다양한 흙을 준비한다.
- 8절지에 물감과 펜을 활용하여 그림을 그린다.
- 각 흙의 차이를 보여주는 사진과 설명을 인터넷에서 찾아 적는다.
- 프린트한 흙 사진과 설명을 8절지에 붙인다.
- 흙의 설명과 차이점을 볼 수 있도록 실제 다양한 흙을 함께 제시한다.

3) 자연현상

자연현상은 탐구과정에 있어 변화와 규칙성에 관련이 있는 것으로 자연의 본질뿐 아니라 변화에 대한 이해를 도모할 수 있다.

제작방법

- 재활용 상자를 준비한다.
- 재활용 상자의 한 면을 자른다.
- 막혀 있는 한 면에 둥근 구멍을 뚫고 종이컵의 아랫면을 뚫어 공간에 넣어 준다.
- 막혀 있는 상자의 면을 펠트지로 감싸 깨끗하게 만든다.
- 소리에 관련된 교구 모양을 디자인하여 붙인다.
- 뚫려 있는 곳에 비닐을 씌워주고 테이프로 고정한다.

4) 도구와 기계

실생활에서 사용하는 도구와 기계에 관심을 갖고 도구와 기계에 대한 종류와 기능을 알고 바르게 활용할 수 있도록 한다. 사회발전으로 인해 도구와 기계도 변화한다는 개념을 알고 새로운 도구나 기계에 대한 편리성에 관심을 가질 수 있다.

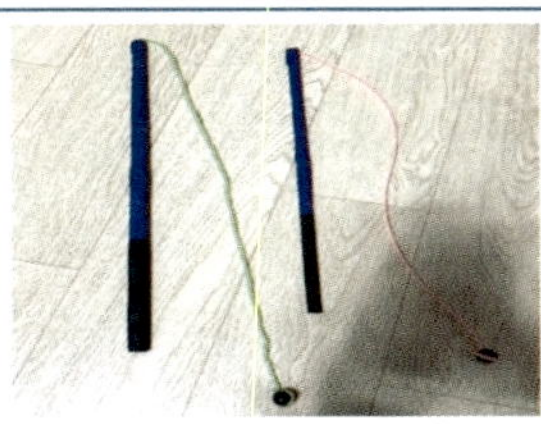

제작방법

- 꽂이나 나무젓가락을 준비한다.
- 끈을 연결하여 검은 테이프로 감싸준다.
- 끈의 마지막 부분에 글루건을 활용하여 자석을 붙인다.
- 자석에 붙는 물체와 붙지 않는 물체를 준비하여 함께 제시한다.

4. 음률영역

음률영역은 소리와 동작을 탐색하고 감상을 통해서 아름다움을 느끼고 노래나 악기, 움직임을 이용하여 표현하는 영역이다. 유아는 음악을 감상하고 노래를 부르며 악기를 탐색하거나 연주하며 소리의 빠르기, 세기, 장단, 높낮이, 리듬, 멜로디에 대해 탐색하고 그에 따라 생각과 느낌을 표현하고 이를 감상하기도 한다. 교사는 전래동요, 동요, 민요, 국악 등 다양한 음악을 듣고 감상할 수 있도록 CD 카세트를 준비하고 소리 탐색 도구, 악기 연주 활동자료, 새 노래 지도자료, 음률 활동에 사용할 수 있는 신체표현 도구, 감상활동자료 등을 제시하는 것이 좋다. 새 노래 지도자료의 경우 대 · 소그룹에서 사용한 가사판을 음률영역에 제시해줄 수 있다.

1) 타악기

타악기는 몸체를 손이나 채로 치거나 서로 부딪쳐서 소리를 내는 악기로, 유아가 손이나 도구를 이용하여 두드림, 흔들기 등을 통해 소리를 낼 수 있는 악기이다. 유아가 가장 많이 가지고 놀이하는 악기로 다양한 재료로 쉽게 제작할 수 있다.

제작방법
- 하드보드지를 여러 겹 쌓아 검정색 펠트지로 감싼다.
- 다양한 크기의 분유통과 종이컵을 준비한다.
- 펠트지와 색지를 활용하여 분유통과 종이컵을 예쁘게 꾸민다.
- 글루건을 활용하여 위의 동그란 부분을 뽕뽕이로 붙인다.
- 막대를 활용하여 중심을 잡고 뽁뽁이로 꾸며준 냄비 뚜껑을 글루건으로 고정한다.
- 장구채를 준비하여 함께 제시한다.

2) 현악기

유아가 현을 켜거나 타서 소리를 내는 악기를 현악기라고 한다. 이러한 현악기에는 가야금, 거문고, 바이올린, 첼로 등이 있다. 유아에게 직접 현악기를 내어 주는 것이 쉽지 않기 때문에 일부 활동을 한 후 교사가 직접 제작한 악기를 가지고 활동할 수 있다.

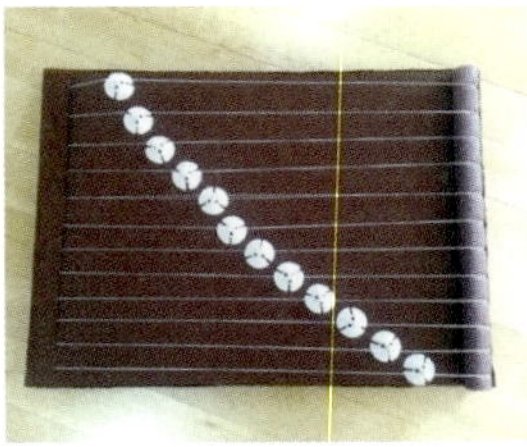

제작방법

- 두꺼운 재활용 박스를 준비한다.
- 갈색 펠트지를 활용 하여 박스를 감싼다.
- 낚싯줄을 두 겹으로 12줄을 만든다.
- 풍선꽂이를 12개 준비하여 꼭지 쪽에 칼집을 내어 준다.
- 낚싯줄을 펠트지에 글루건으로 단단히 붙이고 갈색 펠트지로 감싸 깨끗하게 한다.
- 칼집을 내어 준 곳에 낚싯줄을 고정한다.
- 백업을 활용하여 반대쪽에 높이를 높여주고 뒷편으로 줄을 연결한 후 펠트지와 글루건으로 마무리한다.
- 풍선꽂이를 움직여 소리를 조절한다.

5. 조형영역

유아는 생활 속에서 미를 경험하고 즐기고 표현하며 아름다움을 추구함으로써 자신의 생각이나 느낌을 자연스럽게 그림으로 표현하거나 작품으로 표현한다. 교사는 유아에게 좋은 미술작품을 접할 수 있는 기회를 제공하고 다양한 매체와 표현기법을 사용하여 새로운 미적 가능성을 탐색하도록 한다. 또한 유아의 작품에 대한 적절한 상호작용을 통해 감상의 기회를 제공할 필요가 있다.

교사는 모래, 꽃잎, 나뭇잎, 나뭇가지, 솔방울, 도토리 등의 자연물과 양파 껍질, 포도 껍질 등 생활 속의 자료와 색채 표본, 그리기 도구, 각종 모양의 찍기 도구, 점토류, 종이류, 풀, 가위 등을 제공하여 색, 선, 모양과 형태, 공간, 질감 등을 경험하고 친구의 작품을 감상할 수 있도록 벽면에 전시한다.

1) 자연물 협동작품

미술활동은 교사가 교구를 제작하여 주기보다는 함께 작품을 만들어가는 것에 더 중점을 둔다. 다양한 자연물을 비롯하여 활용할 수 있는 소재를 가지고 벽이나 만들기 영역, 전지 등에 협동 작품을 만들 수 있다.

제작방법
- 다양한 자연물(잎, 나뭇가지 등)을 준비한다.
- 유아가 자연물로 만든 미술작품을 준비한다.
- 구름이나 흙은 전지에 물감으로 표현한다.
- 유아들이 꾸미고 남은 자연물을 활용하여 기본 바탕을 만든다.

2) 색 표현

실제 색표현은 그리기부터 구성하기 전반에서 다루어질 수 있다. 일부에서는 활동으로 이루어질 수도 있지만 색은 유아 놀이의 주제로도 선정되어 활동이 진행되는 경우가 많기 때문에 색에 대해 다양하게 다루어줄 필요가 있다.

제작방법
- 비커와 두루마리 휴지, 물감을 준비한다.
- 빨간색 물감을 물에 섞는다.
- 파란색 물감을 물에 섞는다.
- 노란색 물감을 물에 섞는다.
- 두루마리 휴지를 길게 연결시켜 물감에 잠기게 한다.
- 물감의 번짐을 확인한다.

3) 찍기

미술활동에 있어 다양한 표현기법 중 찍기는 다른 활동에 비해 교사가 교재교구를 준비해야 하는 비중이 높은 활동이다. 유아의 경우 판화 활동에 있어 글자를 표현하거나 그림 도장을 찍을 수 있도록 준비해줄 수 있다.

제작방법
- 스펀지를 대형으로 사서 세로 4cm, 가로 4cm, 높이 6cm 정도로 자른다.
- 스펀지에 연필로 다양한 무늬를 그린다.
- 스펀지에 그린 무늬의 배경을 1cm 정도 깊이 칼로 자른다.
- 다양한 색의 스텐실 물감을 준비한다.
- 천가방을 준비하여 유아가 꾸밀 수 있도록 지원한다.
- 물감의 번짐을 확인한다.

4) 빚기

유아는 손으로 만지는 것을 즐거워한다. 점토는 유아가 특히 좋아하는 재료로 색을 표현할 수도 있고 무엇을 만들 수도 있다. 교사는 빚기를 할 때 유아가 다양하게 표현할 수 있도록 사진이나 물체를 준비해줄 수도 있고, 빚기를 하는 과정에서 꾸밀 수 있도록 다양한 재료를 제공할 수 있다.

제작방법
- 테이블에 점토로 땅을 만들어 놓는다.
- 유아가 점토나 철사를 활용하여 나무나 자연을 만들어 구성한다.
- 다양한 비즈를 제공하여 구성할 수 있도록 지원한다.

5) 구성

유아가 다양한 재료를 통해 작품을 만들어 가는 과정을 구성하기라고 할 수 있다. 이때 협동으로 구성할 경우에는 친구들과 함께 생각을 교환하면서 만들어 가는 과정을 경험할 수 있다.

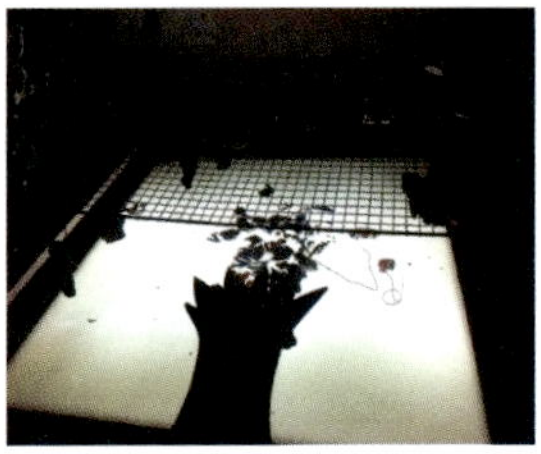

제작방법
- 라이트 테이블에 나무 모양을 만들어 놓는다.
- 나무 위에 공간을 두고 숫자판을 달아 놓는다.
- 유아가 빚은 점토를 나뭇가지 잎으로 구성한다.
- 철사로 유아가 빚은 나뭇잎을 숯불 판에 걸 수 있도록 한다.
- 철사에 걸지 않은 친구들은 다양한 점토를 라이트 테이블에 직접 배치할 수 있도록 한다.

6. 역할영역

놀이 소재는 진행되고 있는 교육 주제와 관련하여 엄마아빠 놀이, 병원놀이, 문방구놀이, 아이스크림가게 놀이, 은행놀이, 우체국놀이, 떡집놀이 등 주제와 상황에 맞추어 다양하게 변경될 수 있다. 다양한 역할을 경험하기 위해 교사는 여러 가지 직업인의 상징적인 도구나 의상을 제공하고 그에 관련된 소품 및 필요한 도구를 준비해 준다.

1) 의상

역할 영역에는 다양한 직업에 따른 작업복 등을 제시함으로써 역할에 더욱 몰두할 수 있도록 도울 수 있다. 이때 의상은 기성품으로 살 수도 있지만 매번 다양한 직업의 의상을 살 수 없을 경우 교사가 직접 만들 수도 있다.

제작방법
- 여러 색의 천에 자를 부분을 초크로 긋는다.
- 천을 도안에 맞춰 자른 후 천의 색에 맞는 실로 꿰맨다.
- 펠트지나 부직포로 옷의 장신구 부분이나 주머니를 만든다.
- 단추나 지퍼가 필요할 경우 달아준다.
- 만든 후 착용해보고 어디가 불편한지, 어느 곳이 덜 완성되어 있는지 상태를 확인한다.
- 보완이 필요한 부분을 수정 · 보완한다.

2) 소품 및 도구

역할 영역에서 놀이가 활발히 이루어지기 위해서 구체적인 소품이나 도구가 필요하기도 하다. 이때 교사는 놀이 주제에 따른 소품을 제공하여 놀이를 확장시킬 수 있다.

제작방법
- 박스 안 쪽에 하드보드지를 덧붙여 박스를 단단하게 만든다.
- 군고구마를 구울 수 있게 동그란 구멍을 뚫는다.
- 박스의 모든 면에 검은색 색지를 붙인다.
- 하드보드지를 자르고 붙여 군고구마를 넣어 구울 수 있게 만든다.
- 군고구마 기계의 양 옆면과 뒷면을 꾸민다.

7. 쌓기영역

쌓기 놀이 영역은 다양한 종류의 모양, 색, 크기, 형태, 소재 등의 여러 가지 블록을 가지고 공간 및 입체구성 놀이가 가능한 영역이다. 유아의 쌓기 놀이가 활성화되고 확장되도록 돕기 위해서는 블록의 종류와 수량을 학급의 인원수와 발달 수준에 맞추어 연령이 어릴 경우에는 가볍고 단순한 블록을 제시하고, 연령이 높을 경우에는 정교한 구성 놀이를 할 수 있는 자료, 소품 등을 제시해줌으로써 쌓기 활동을 활성화시킬 수 있다. 특히 블록영역 내 레고의 경우 연령에 따라 크기를 달리하여 제공해야 한다. 이 외에도 다양한 쌓기를 할 수 있도록 사진이나 모형을 지원해줄 수 있다.

1) 사진

유아가 블록 구성을 할 때 상상으로만 만들기를 하는 데 한계가 있을 때가 있다. 이때 교사는 사진이나 그림을 제공하여 유아가 실물과 같이 블록을 구성할 수 있도록 지원할 수 있다.

제작방법
- 세계 유명한 건물을 찾아 사진을 프린트한다.
- 건물 사진 아래 건물의 명칭을 적는다.
- 유아가 사진을 보고 블록을 구성할 수 있도록 한다.

2) 모형

사진은 평면이므로 뒷부분에 대한 것은 유아가 알 수 없는 경우가 있다. 이때 모형이 있다면 모형을 제공하여 유아가 입체적으로 만드는 데 도움이 될 수 있도록 한다.

제작방법
- 세계 유명한 건물의 모형을 제시한다.
- 유아가 모형을 보고 블록을 구성할 수 있도록 한다.

연습하기

1. 대소집단 활동과 영역별 활동의 차이는 무엇일까요?

2. 책에 나타난 영역별 활동에서 유아에게 지원해주고 싶은 활동이 있었나요?

3. 다양한 보드게임을 찾아보고 영역별 교재교구 제작에 도움 될 만한 것이 있는지 이야기해보세요.

4. 요즘 2019 놀이중심 교육과정으로 바뀌면서 김교사는 역할영역 교재교구를 만드느라 바쁩니다. 수영장놀이, 찜질방놀이 등 놀이를 지원한다고 역할영역 교재교구를 집중적으로 만들고 있습니다. 과연 역할영역만 지원해주는 것이 맞을까요? 여러분이라면 김교사에게 해줄 말을 무엇이 있을까요?

협•동•학•습

<8주차> 팀별 교재교구 발달에 따른 교재교구 제작 회의

자신이 선택한 주제와 영역에 따라 대소그룹 교재교구에서 제작방법을 작성해보세요.

1. 팀 별 회의를 통해 주제에 따른 영역별 활동지원이 적절한지 논의해보세요.
2. 친구들의 교재교구 제작 방법을 확인한 후 더 좋은 방법이 있는지 생각해보고 서로 조언해주세요.

• 주제 :	• 교구명 :
• 대상연령 : 만 5세	• 집단 및 활동영역 :
1. 놀이관찰	
2. 교재교구 필요성	
3. 목표	· 지식 : · 기술 : · 태도 :
4. 교육과정 관련영역	· · ·
5. 준비물	·
6. 교재교구 제작방법	· · · · · ·
7. 제작 시 유의점	· ·

CHAPTER

9

새로운 개념의 교재교구

학습목표

- 변화하는 시대에 맞는 교재교구를 찾을 수 있다.
- 다양한 기기를 활용하여 수업을 준비할 수 있다.
- 다양한 기기를 활용한 교재교구를 제작할 수 있다.

생각해보기

- 컴퓨터, 스마트폰 등을 이용한 게임이나 영상 시청이 유아에게 미치는 영향에 대해 생각해 보세요.

- 요즘 유아들이 하는 AI, 스마트올, 코딩펫에 대해 알아보세요.

지금까지 유아교육에 있어 온라인 교육은 부정적으로 받아들여져 왔으나 4차 혁명과 세계적인 전염병으로 인해 온라인교육에 대한 요구도가 높아졌으며 필요한 부분이라고 여겨지게 되었다. 이로 인하여 교육부에서는 유아교육에 있어서 인공지능(AI: Artificial Intelligence)에 대한 교육을 권고하기도 하였다. 유아교육기관에서는 지난 10여 년간 기자재로서 다양한 로봇이 붐을 이루어 활용된 바 있으며 요즘은 다양한 앱이 활용되고 있는 추세이다.

1. 인공지능(AI: Artificial Intelligence)

인공지능(AI)은 컴퓨터나 로봇이 인간처럼 지능적인 행동을 하는 것을 의미한다. 로봇에 저장된 프로그램에서 사람의 생각이나 학습 능력을 수행하는 것이다. 인공지능은 사람의 신경망과 비슷한 방식으로 스스로 분석하고, 학습해서 판단하는 형태로 발전하고 있다. 이러한 인공지능 로봇은 유아교육현장에서 인터넷 플랫폼을 활용하여 유아에게 동화책을 읽어 주거나 동요 불러주기, 간단한 끝말잇기 등의 활동을 진행하고 있다. 인공지능을 통한 교육은 온라인과 오프라인의 융합수업과 원격수업에서 수업자료로 활용될 수 있는 양질의 교과학습 자료를 확충할 수 있으므로 교수학습 변화를 가져올 수 있다.

인공지능 로봇

2. 애플리케이션(Application)

스마트폰이나 태블릿 PC 등의 운영 체제에서 사용자의 편의를 위해 개발된 다양한 응용 프로그램으로 '앱'이라고도 한다. 이러한 앱은 간단한 대화를 할 수 있는 앱, 카메라 촬영을 도와주는 앱, 동요를 들려주는 앱, 건강 상태를 체크해 주는 앱에 이르기까지 다양하며 유아교육기관에서도 다양한 앱을 활용한 활동을 진행할 수 있게 되었다. 앱의 종류를 나누어 보면 첫째, 오프라인 수업에서 활용할 수 있는 앱, 둘째, 온라인 영상을 만들 때 활용할 수 있는 앱, 셋째, 온라인 수업에서 활용할 수 있는 앱 등으로 나누어 볼 수 있다.

1) 오프라인 수업에서 활용할 수 있는 앱

(1) 알루파(Arloopa)

알루파는 AR 서비스를 제공하는 증강 현실 및 가상 현실 앱이다. 증강 현실 카메라를 통해 다양한 로봇과 공룡, 우주를 표현하여 자신만의 가상 현실을 만들 수 있다. 이를 활용하여 유아교육현장에서 진행되는 놀이 주제와 같은 내용이 알루파에 있을 경우 증강 현실을 유아가 경험해 볼 수 있는 기회를 제공할 수 있다. 이러한 증강현실은 활동을 하며 사진을 찍어 저장하기도 하고 360도 사물이나 동물을 돌려볼 수 있으므로 관찰에 용이하다.

알루파 접속 시 나타나는 주제 그림 선택

주제 카테고리에서 선택

카메라를 켜고 증강 현실 적용

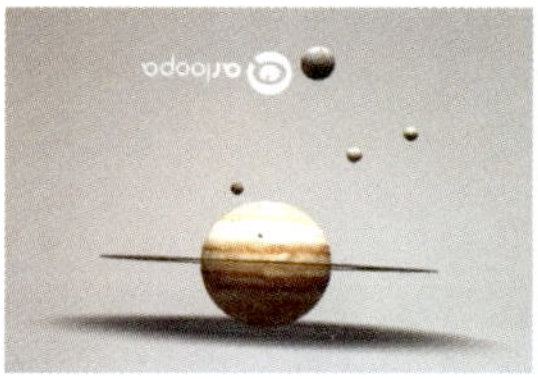	→	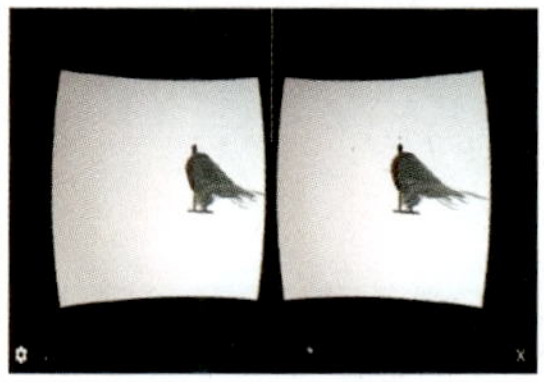	→	
우주 카테고리에서 선택한 후 증강현실 적용		증강 현실 적용 중 화면 나누기 가능		오른쪽 상단 기호를 활용하여 360도 회전 관찰 가능

(2) 의성어 의태어 놀이

유아교육기관에서는 동시를 통해 의성어와 의태어를 배우게 된다. 실제 유아는 의성어와 의태어를 통해 한글의 재미를 경험하고 한글에 관심을 갖는 경우가 많기 때문에 유아교육기관에서 교사가 의성어와 의태어에 대해 관심을 갖는 것이 필요하다. 다양한 앱 중 간단하게 의성어와 의태어를 그림과 함께 표현하며 소리를 들을 수 있는 앱으로 교사가 이야기를 하면서 간단하게 의성어가 나오거나 의태어가 나올 때 사용 가능하다.

	→		→	
의성어 의태어 놀이 시작		원하는 의성어 의태어 그림 선택		그림과 함께 소리 듣기

2) 온라인 영상을 만들 때 활용할 수 있는 앱

(1) 멸치

쉽고 빠르게 영상제작, 영상편집, 사진편집, 필터, 기념일이나 행사 영상 만들기 등 영상(사진) 제작을 할 수 있는 앱이다. 프로그램으로 직접 제작하지 않아도 누구나 손쉽게 동영상을 만들 수 있도록 프로그램을 지원하고 있기 때문에 영상 디자인이 어려운 사람이 유용하게 사용할 수 있는 앱이라고 할 수 있다.

		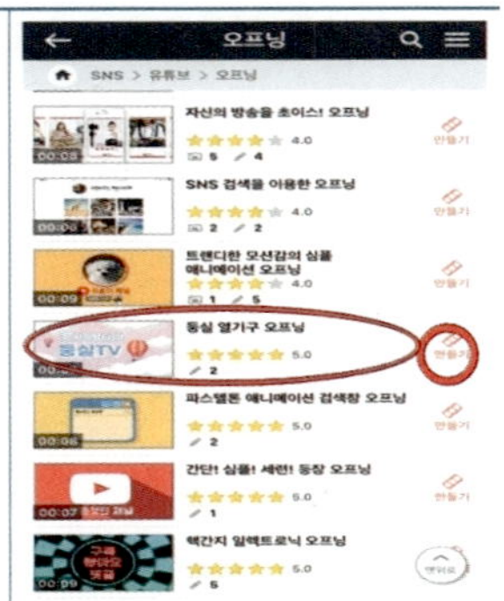
오프닝 영상을 만들 시 sns 카테고리를 클릭	유튜브 안에 적절한 카테고리 선택	여러 오프닝 카테고리 중에서 마음에 드는 테마 선택
	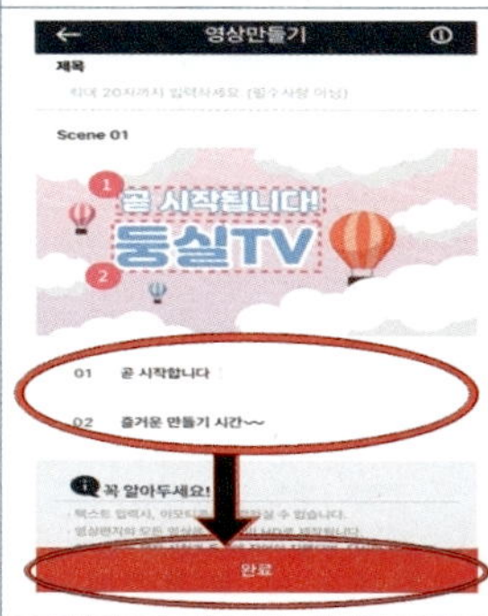	
원하는 오프닝 카테고리를 선택해 만들기를 선택 후 마음에 들면 영상 만들기 클릭	원하는 오프닝 문구를 써 넣은 후 완료 클릭	다운로드 된 오프닝 영상을 다른 동영상 어플을 이용하여 원하는 영상 앞부분에 추가해서 사용

(2) 클로바 더빙(Clova Dubbing)

클로바더빙이란 네이버가 목소리 녹음 없이도 동영상에 인공지능(AI) 음성을 입힐 수 있는 기능으로, 텍스트 입력을 통해 합성음을 생성하고 동영상에 더빙할 수 있는 서비스이다. 이는 사람이 직접 목소리를 녹음하고 후속 작업을 하는 번거로움을 줄여 쉽게 더빙 콘텐츠 제작이 가능하다.

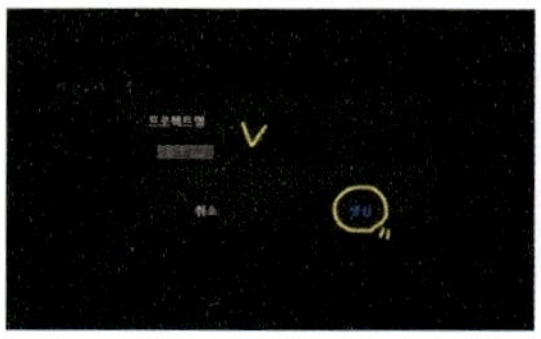

새 프로젝트 생성 '+' 클릭하여 프로젝트명 작성 후 '생성' 클릭

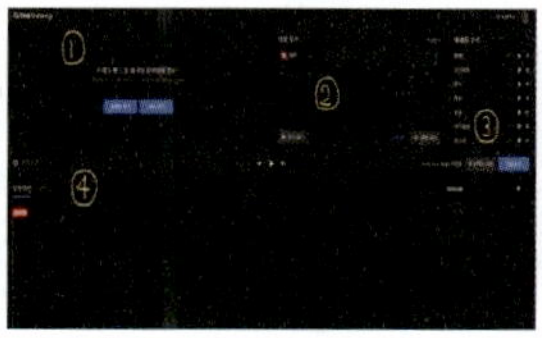

동영상 삽입 후 클로바 더빙 진행

동영상, PDF 추가' 버튼 클릭하여 영상 및 파일 생성

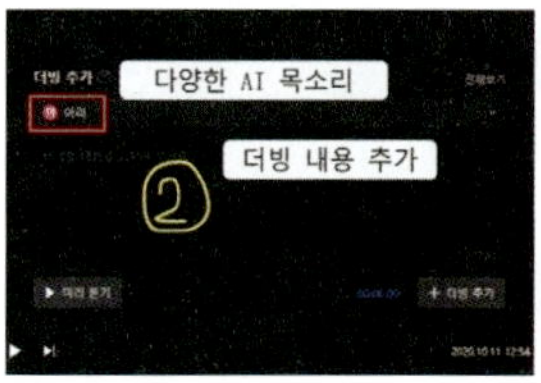

더빙 내용 입력 후 미리듣기 버튼을 이용하여 AI 음성으로 들을 수 있음

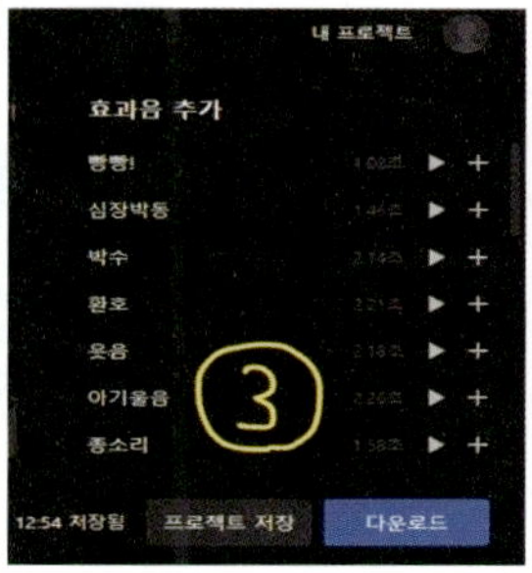

프로그램이 지원하는 다양한 효과음 추가 가능

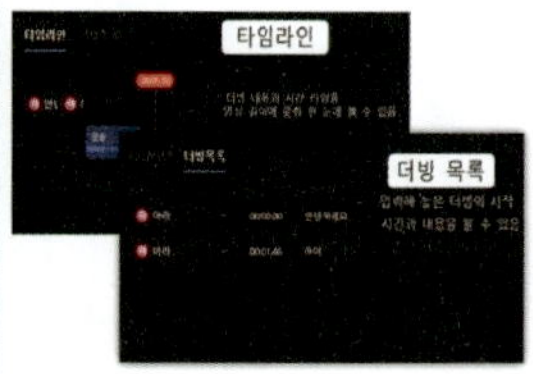

타임라인과 더빙 목록 확인가능

3) 온라인 수업에서 활용할 수 있는 앱

(1) 패들랫(Padlet)

패들렛이란 하나의 공간에 많은 사람이 동시에 접착식 메모지를 붙여 놓는 작업이 가능한 웹 애플리케이션이다. 교실 수업에서 칠판에 붙이는 메모지를 웹에서 함께한다고 할 수 있다. 여기에서 담벼락이란 메모지를 붙일 수 있는 벽이라고 할 수 있으며 칠판으로 볼 수 있다. 교사가 원하는 종류의 담벼락(칠판)을 만들 수 있으며 담벼락의 주소를 공유하면 주소를 받는 사람은 회원가입 없이 참여할 수 있다. 활동이 진행된 후 활동 결과를 PDF 파일로 저장이 가능하다. 담벼락에는 다양한 서식이 있는데 다음과 같다.

① 벽 : 메모지를 마음대로 붙일 수 있으며 벽면에 메모지를 붙이면 자동으로 차례차례 붙여진다.

② 캔버스 : 벽면에 붙인 메모지를 겹치거나 움직일 수 있다. 또한 메모지끼리 화살표로 연결하여 관련성을 표시할 수 있다.

③ 스트림 : 한 줄로 순서대로 메모지가 나열된다. 한 줄로 계속해서 내려가기 때문에 스마트폰에서 볼 때 편리하다.

④ 지도 : 지도상에 있는 지점을 찾아 줄 수 있으므로 세계 여러 나라나 우리나라의 문화에 대해 주제 활동을 할 때 도움이 될 수 있다.

⑤ 타임라인 : 시대별 순서가 필요한 곳이나, 순서대로 절차가 필요한 곳에 사용하면 좋다.

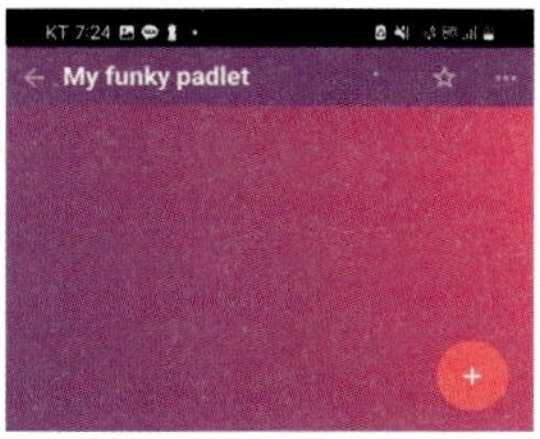

담벼락 첫 페이지에서 오른쪽 아래 +를 누르면 글을 적을 수 있는 페이지가 생성됨

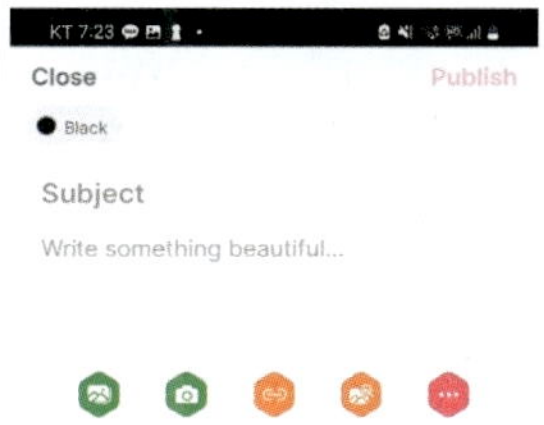

글쓰기, 사진, 링크 등을 올릴 수 있음

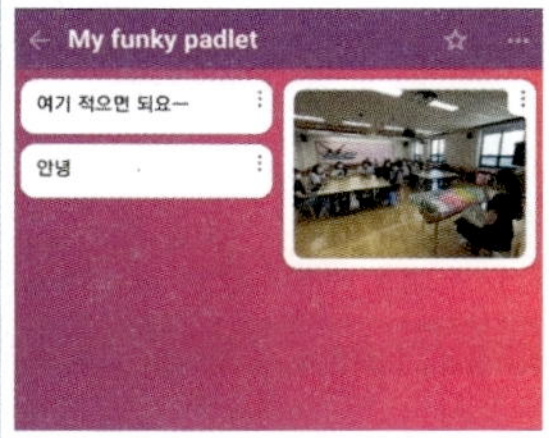

생성된 담벼락

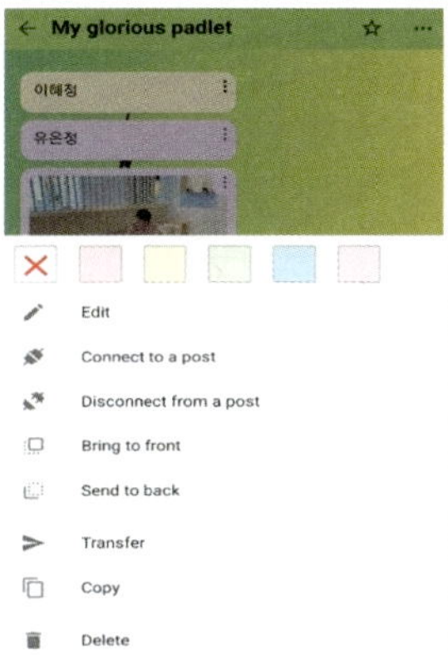

캔버스 첫 페이지에서 담벼락에서와 마찬가지로 파일을 올린 후 조정 가능

연결(connect)을 클릭하면 관련 글이나 사진으로 화살표 연결 가능

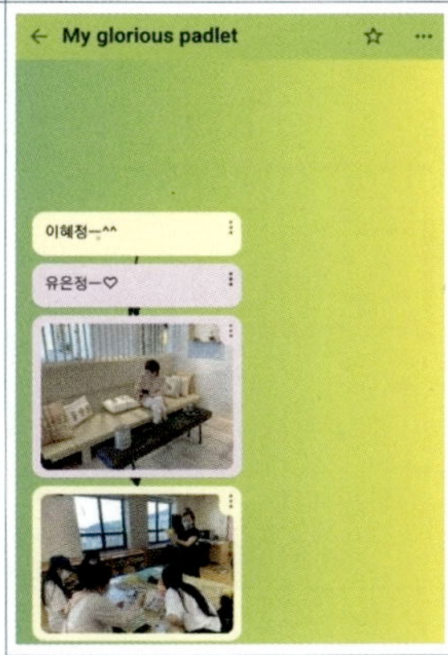

글이나 사진 선택 후 색 변경 가능

(2) 팅커벨(Thaink Bell)

교사가 만든 문제를 가지고 퀴즈, 토의 등을 할 수 있는 실시간 수업도구로 다양한 문제유형(9가지)을 제공하고 있으며 문제 제작이 간편하다. 또한 교사 외에 유아는 회원가입이나 프로그램을 설치할 필요 없이 닉네임으로 참여 가능하다. 이 외에도 활용하는 유아나 학생의 정답률이나 개별 의견을 취합할 수 있다. 그러나 실제 팅커벨은 초, 중, 고등학교 학생에게 최적화되어 있는 프로그램으로 제작되었다.

		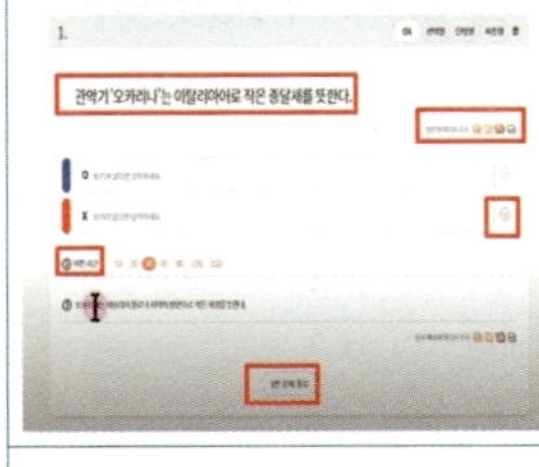
다양한 문제 유형 선택 (단답형, 선택형, OX, 찬성반대, 투표 등)	퀴즈 제목 및 공개범위 설정, 주제 학교 학년 교과 등 선택	OX 퀴즈의 경우 질문, 정답, 문제 푸는 시간, 해설 등 작성

객관식의 경우 신호등은 질문 3개 중 선택	성취도 평가 가능	자율학습 가능

3. 큐알 코드

큐알 코드는 과자 뒷면에 제품설명이나 영양성분, 유치원에서 가정통신문이나 영상제공 시 많이 활용하는 추세이다. 이러한 큐알 코드는 유아교육 현장 교재교구로도 활용이 가능하다.

		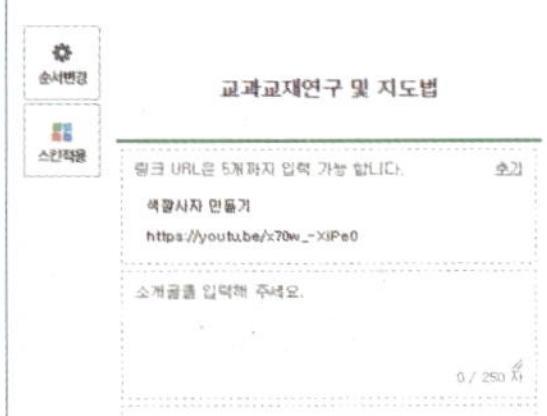
나만의 큐알 코드 만들기를 클릭한다.	코드제목을 기입하고 테두리 색 선정 및 하단 글 여부 선정	링크, 이미지, 동영상을 넣을 수 있음

코드 저장 및 인쇄 가능	큐알 코드 스캔	핸드폰으로 스캔하면 링크 영상으로 연동됨

수 조작영역에서의 교재교구에 큐알 코드를 적용한 사례는 우리 동네의 경우 소방서에서 듣거나 볼 수 있는 것에 대한 퀴즈를 큐알 코드로 작성한 후 퀴즈를 풀면 다음 공공기관으로 넘어갈 수 있는 것으로, 제작방법은 다음과 같이 활용하였다.

	제작방법 • 4절 하드보드지 두 장을 모아 붙인다. • 우드락을 5조각씩 6개로 자르고 직사각형으로 붙인다. • 우드락 건물에 젯소를 3~4번 바른다. • 건물들에 펠트지를 두르고 문과 창문을 펠트지로 붙인다. • 건물들 사이에 색지로 길을 만든다. • 하드보드지 위에 건물들을 글루건으로 붙인다. • 큐알 코드 카드의 문제를 만들고 프린트한 후 코팅하여 가장자리에 마스킹테이프를 두른다. • 우드락과 뽕뽕이로 화단을 만들고 펠트지, 한지, 빨대, 솜으로 나무를 제작한다.	
소방서	소방서	소방서

연습하기

다양한 애플리케이션 중 자신이 주로 쓰는 어플에 대해 장·단점을 친구들과 이야기 나누어 보세요.

친구 이름	어플 이름	장·단점

협•동•학•습

<9주차> 팀별 교재교구 발달에 따른 교재교구 제작 영상

교과교재연구 및 지도법의 수업을 통해 유아교육현장에서 사용할 수 있는 교구를 제작할 예정입니다.

1. 개인별 교재교구를 제작하는 과정에 대한 영상을 멸치 등 애플리케이션을 활용하여 만들어 보세요.
2. 애플리케이션으로 만든 영상을 팀별로 교수자에게 제출하세요.

CHAPTER

10

놀이진행에 따른 교구 제작

1. 유치원에 가는 길에서 다양한 가게로
2. 여름에서 시작된 다양한 계절 이야기
3. 간단한 주제 놀이

1. 유치원에 가는 길에서 다양한 가게로

1) 놀이 흐름도

교사는 유아를 관찰하는 과정에서 유아가 유치원에 오는 길에 많은 가게를 보고 들르는 것을 알 수 있었다. 그 과정에는 공공기관도 포함되어 있었고 유아가 유치원 오는 길, 가는 길에 다양한 가게 들르는 것이 하나의 재미라는 것을 알게 되었다. 이에 따라 유아의 관심사에 관련된 놀이를 사례별로 정리하면 유치원 가는 길에서 다양한 공공기관과 직업에 대한 관심, 공공기관에 가 본 경험과 그에 따른 놀이확장이 이루어졌다. 이러한 놀이 속에는 많은 활동들이 포함되어 있으나 교재교구 지원을 중심으로 만들면 다음과 같다.

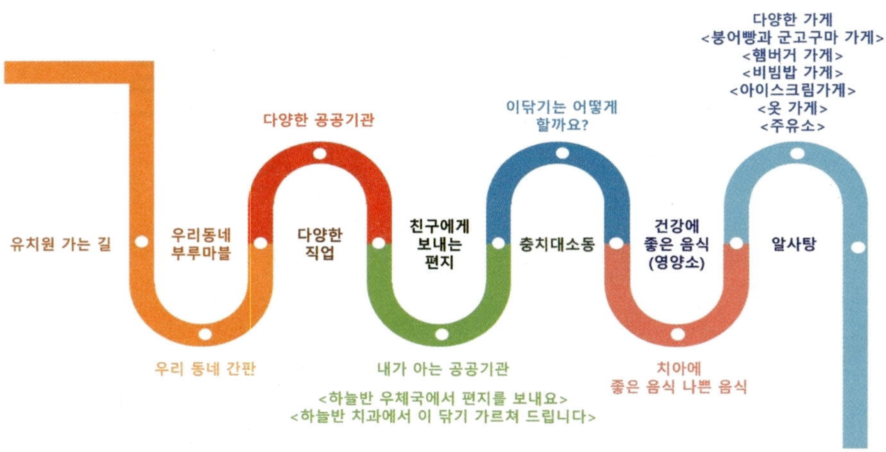

2) 교사 협의 및 지원

교사는 다양한 공공기관에 대한 부분은 더 많이 다루고 싶었으나 유아는 다양한 가게에 초점을 맞추는 모습이 보여 유아에게 공공기관보다 다양한 가게를 지원하게 되었다. 협의 및 지원 과정에서 교사가 생각하는 배움의 내용과 유아가 관심 있어 하는 놀이의 접점을 찾아가는 것이 필요하다. 교재교구를 지원할 때 완벽한 교재교구를 지원하기 위해서는 교사가 미리 계획하는 것이 좋지만 유아의 놀이 진행 과정에서 교재교구를 지원하는 것은 짧은 시간에 준비하여야 하는 것이기 때문에 유아와 지속적인 조율이 필요하다.

유치원 가는길

대소집단
음률

1. 놀이 관찰

유치원에 등원을 한 후, 수업을 시작하기 전 선호가 상권이에게 유치원에 오는 길에 소방서에서 소방관 아저씨를 보았는데 너무 멋있었다고 이야기하는 모습을 보았다. 그러자 상권이가 자신은 오는 길에 빵 가게에 들려서 맛있는 빵을 엄마와 함께 사 먹고 왔다고 이야기한다. 선호와 상권이가 이야기하는 것을 보고 유비가 와서 자신은 오늘 유치원에 오는 길에 꽃 가게를 보았는데, 꽃이 너무 예뻤다고 이야기하면서, 꽃보다는 장난감이 더 좋다고 하자 상권이는 우리 동네에 장난감 가게가 생겼으면 좋겠다고 말한다. 이렇게 유아들이 이야기 나누는 것을 관찰해 보니 유치원에 오는 길에 무엇이 있는지, 또 우리 동네에 어떤 것이 있는지 유아들이 생각보다 많은 관심을 기울이고 있다는 것을 알게 되었다.

2. 놀이 수업 교재교구 필요성

유치원에 관해 유아들이 잘 인식하고 있는지 확인할 수 있다. 유아들이 직접 동요의 가사를 변경해 볼 수 있게 하여 유아들의 창의력과 언어 발달 능력을 기를 수 있다. 또한 노래를 부르는 것을 통해 유아들의 음률 능력을 기를 수 있다.

3. 교재교구 목표

- 지식 : 우리 원에 오는 길에 어떤 것이 있는지 안다.
- 기술 : 창의적으로 자신의 생각을 표현하여 노래의 가사를 바꾸어 본다.
- 태도 : 우리 원에 오는 길에 관심을 가진다.

4. 누리과정 관련 요소

- 의사소통 > 듣기와 말하기 > 자신의 경험, 느낌, 생각을 말한다.
- 사회관계 > 사회에 관심 가지기 > 내가 살고 있는 곳에 대해 궁금한 것을 알아본다.
- 예술 경험 > 창의적으로 표현하기 > 노래를 즐겨 부른다.

5. 제작 방법

1) 활동준비물 : 하드보드지, 펠트지, 가위, 글루건, 칼, 벨크로,
마스킹 테이프, 나무젓가락

2) 제작 방법

1. 도로 부분으로 이용될 부분을 접힐 수 있도록 판을 두 장으로 나눈다.
2. 하드보드지 위에 주제에 맞게 배경을 꾸민다.
3. 펠트지를 이용하여 꽃 가게, 과일 과게 등 우리 동네의 건물들을 만든다.
4. 배경 위에 건물들을 붙여 유치원 가는 길의 우리 동네 모습을 완성시킨다.
5. 도로 부분 위에서 움직일 수 있는 어린아이 교구를 제작한다.
6. 교구가 쓰러지지 않도록 나머지 한 장으로 교구를 놓을 수 있는 받침대를 만든다.

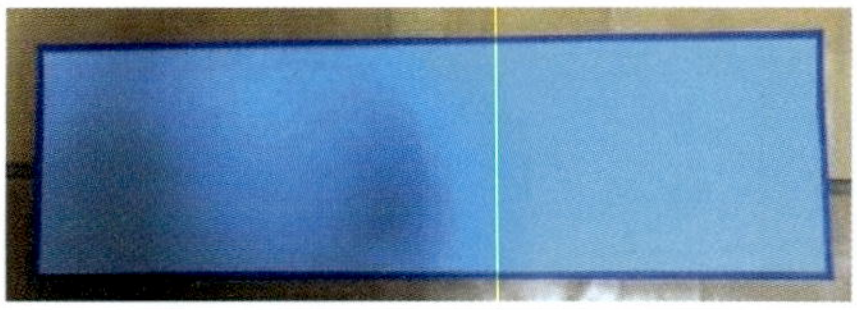	
도로 부분으로 이용될 부분을 접힐 수 있도록 판을 두 장으로 나눈다.	하드보드지 위에 주제에 맞게 배경을 꾸며준다.

펠트지를 이용하여 꽃 가게, 과일 과게 등 우리 동네의 건물들을 만든다.	배경 위에 건물들을 붙여 유치원 가는 길의 우리 동네 모습을 완성시킨다.	도로 부분 위에서 움직일 수 있는 어린아이 교구를 제작한다.

교구가 쓰러지지 않도록 교구를 놓을 수 있는 나머지 한 장으로 받침대를 만든다.	완성

3) 제작 시 유의점

- 유아들이 교구를 이용하다 다치지 않도록 하드보드지 모서리에 마스킹테이프를 붙인다.
- 글루건을 이용하여 붙인 펠트지 부분이 떨어지지 않도록 견고하게 붙인다.
- 벨크로가 떨어지지 않도록 유의하여 붙인다.
- 건물들은 고정하는 것이 아니라, 유아들이 여러 가지 건물들로 뗐다 붙였다 할 수 있도록 벨크로를 이용하여 원하는 대로 교구를 바꾸어 가며 활동할 수 있도록 제작한다.
- 어린아이 교구는 나무젓가락을 부착하여 배경 교구 뒤에서도 어린아이 교구를 움직일 수 있도록 제작한다.
- 배경판과 배경의 받침대는 보관이 용이할 수 있도록 벨크로를 부착하여 제작한다.

건물 & 유아 교구	배경판 교구 (앞모습)	배경판 교구 (뒷모습)

우리 동네 간판

언어영역

1. 놀이 관찰

유아가 블록으로 유치원을 만들고 있다. '유치원 오는 길' 노래를 부르던 민지가 "우리 유치원 옆에 있는 가게도 만들고 우리집도 만들자." 그러자 민배가 "그러면 내가 건물 만들래. 민지 니는 이름 만들어."라고 한다. 간판을 만들던 아이들이 '우체국', '병원' 등을 이야기한다.

2. 놀이 수업 교재교구 필요성

유아가 활동을 통해 동네 가게와 공공장소의 간판에 관심을 가질 수 있고 한글의 소중함을 알게 되고 새로운 이름을 만드는 과정 중, 자음을 뽑아 그 자음으로 이름을 만들며 창의성과 순발력 그리고 언어능력을 계발한다.

3. 교재교구 목표

- 지식 : 우리 동네의 다양한 가게와 간판에 대해 안다.
- 기술 : 자신의 느낌, 생각, 의견을 말과 글을 이용해 창의적으로 표현할 수 있다.
- 태도 : 간판 이름을 한글로 바꾸며 한글의 소중함을 느끼고 바르게 사용한다.

4. 누리과정 관련요소

- 의사소통 > 듣기와 말하기 > 자신의 경험, 느낌, 생각을 말한다.
- 의사소통 > 읽기와 쓰기에 관심 가지기 > 자신의 생각을 글자와 비슷한 형태로 표현한다.
- 사회관계 > 사회에 관심 가지기 > 내가 살고 있는 곳에 대해 궁금한 것을 알아본다.

5. 제작 방법

1) 활동준비물 : 우드락 2절, 우드락 크기의 하드보드지, 글루건, 코팅지, 가게 이름글자, 벨크로, 매직터치 종이, 화이트 보드 마커, 가위, 마스킹테이프, 나무젓가락

2) 제작 방법

<동네모습>

1. 2절 우드락 판을 반으로 잘라 가운데를 펠트지로 이어 붙여 책 모양으로 만든다.
2. 하드보드지를 우드락 위에 덧붙여 부러지지 않도록 고정시킨다.
3. 유치원 주변은 가게의 건물을 만든다.
4. 주변가게는 그 가게의 특징이 드러나도록 펠트지를 이용해 꾸민다.
   가게의 간판은 글씨를 잘라 코팅해 제작한다.
5. 입체감을 주기 위해 우드락과 종이로 지지대를 제작한다.
6. 모두 합쳐 팝업북을 고정한 후 주변을 꾸민다.

- 제작방법 사진

2절 우드락 판을 반으로 잘라 가운데를 펠트지로 이어 붙여 책 모양으로 만든다.	유치원 주변은 가게의 건물을 만든다.	주변가게는 가게의 특징이 드러나도록 펠트지를 이용해 꾸민다.	입체감을 주기 위해 우드락과 종이로 지지대를 제작한다.	모두 합쳐 팝업북을 고정 후 주변을 꾸민다.

<자음주머니와 카드>

1. 펠트지를 바늘로 둥글게 이어 붙인다.
2. 윗 부분에 작고 둥근 구멍을 일정하게 뚫어준다.
3. 밑부분을 바늘을 이용해 꿰맨다.
4. 꾸미기 재료를 바느질해서 단다.
5. 뚫어 둔 구멍에 끈을 달아준다.
6. 자음을 프린트한 후 코팅한다.
7. 같은 크기로 자른다. 모서리를 둥글게 자른다.
8. 뒤쪽에 자석을 붙인다.

- 제작방법 사진

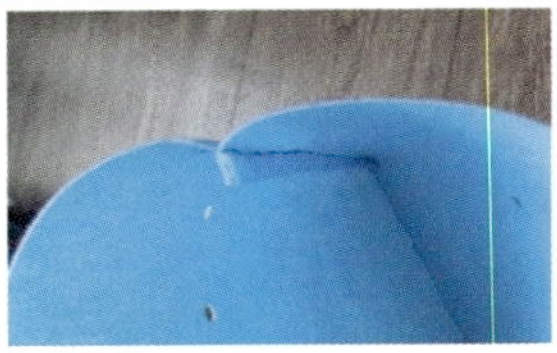	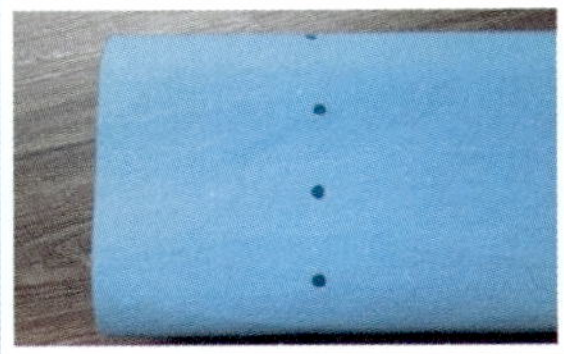	
펠트지를 바늘로 둥글게 이어 붙인다.	윗 부분에 작고 둥근 구멍을 일정하게 뚫어준다.	밑부분을 바늘을 이용해 꿰맨다.

자음을 프린트한 후 코팅한다.	같은 크기로 자른다. 모서리를 둥글게 자른다.	뒤쪽에 자석을 붙인다.

3) 제작 시 유의점
- 우드락이 완전히 쪼개지지 않도록 고정을 한다.
- 가게의 특징이 잘 드러나도록 제작한다.
- 쓰기 판을 여러 색상으로 제작하여 유아들이 고를 수 있도록 한다,
- 날카로운 부분이 없도록 코팅면을 다듬는다.
- 우드락은 쉽게 부러지거나 망가져 단독으로 사용하지 않고 더 단단한 종이로 제작하거나 덧붙여 준다.

우리동네 부르마블

수 조작영역

1. 놀이 관찰

상권이는 유치원 오는 길에 빵 가게를, 유비는 꽃 가게를 이야기하며 자연스럽게 우리 동네에 대해 "우리 동네에 또 어떤 가게들이 있지?" 등의 이야기를 나누면서 놀이를 진행하는 모습이 관찰되었다.

2. 놀이 수업 교재교구 필요성

유아들이 우리 동네에 대해 더 쉽게 접근할 수 있으며, 우리 동네에 있는 기관, 장소 등에 큰 관심을 보이며 어떤 것들이 있는지에 대한 흥미를 보이기 시작하였으며, 이러한 흥미는 놀이로 이어지고 있었다. 게임 활동을 통해 유아들이 더욱 우리 동네에 관심과 흥미를 가질 수 있도록 지원하고자 한다. 이러한 지원을 통해 유아가 우리 동네에 대해 더 관심을 갖고 주변을 살펴볼 수 있는 계기가 될 수 있고, 사회성 발달, 인지적 발달로 연계가 가능할 것이라고 기대한다.

3. 교재교구 목표

- 지식 : 우리 동네에 대해 안다.
- 기술 : 약속과 규칙을 지키며 게임을 할 수 있다.
- 태도 : 우리 동네에 대해 관심을 가진다.

4. 누리과정 관련요소

- 사회관계 > 사회에 관심 가지기 > 내가 살고 있는 곳에 대해 궁금한 것을 알아본다.
- 사회관계 > 더불어 생활하기 > 약속과 규칙의 필요성을 알고 지킨다.

5. 제작 방법

1) 활동준비물 : 하드보드지, 우드락, 우드락 커팅기, 글루건, 접착펠트지, 스펀지, 칼, 가위

2) 제작 방법

<우리 동네 부루마블 게임판>

1. 하드보드지를 반으로 잘라 틈을 주고 붙인다.

2. 게임판 쪽에는 갈색 접착펠트지를, 표지 부분에는 하늘색 접착 펠트지를 붙인다.
3. 칸 부분을 5cm 정사각형 모양으로 잘라 붙인다.
3. 출발, 도착, 가게들을 만들어 칸 부분에 글루건을 이용해 붙인다.
4. 제목과 표지에 들어갈 그림을 만들어 표지에 붙인다.

<말>

1. 어린이 그림을 만든 후에 뒷면에 우드락 2겹을 붙인다.
2. 우드락 커팅기를 이용하여 자른다.
2. 만든 말 바닥에 우드락을 동그란 모양으로 잘라 글루건으로 붙인다.
3. 글루건으로 바닥이 미끄러지지 않게 마감처리한다.

- 제작방법 사진

	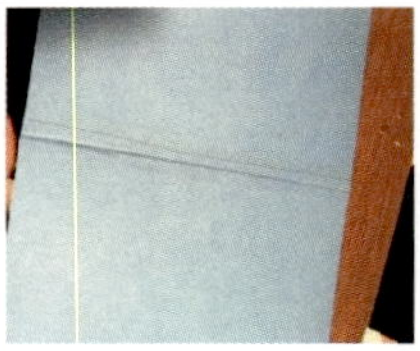		
하드보드지를 반으로 잘라 틈을 주고 붙인다.	게임판쪽에는 갈색 접착펠트지를, 표지 부분에는 하늘색 접착 펠트지를 붙인다.	칸 부분을 5cm 정사각형 모양으로 잘라 붙인다.	출발, 도착, 가게들을 만들어 칸 부분에 글루건을 이용해 붙인다.

제목과 표지에 들어갈 그림을 만들어 표지에 붙인다.	어린이 그림을 만든 후에 뒷면에 우드락 2겹을 붙인다.	우드락 커팅기를 이용하여 자른다.	만든 말 바닥에 우드락을 동그란 모양으로 잘라 글루건으로 붙인다.

3) 제작 시 유의점

- 펠트지를 붙일 때에 울지 않도록 해야 한다.
- 하드보드지를 자를 때 손이 다치지 않도록 해야 한다.
- 주사위에 펠트지를 붙일 때 깔끔하게 해야 한다.
- 우드락을 자를 때, 지저분하게 잘리지 않도록 해야 한다.

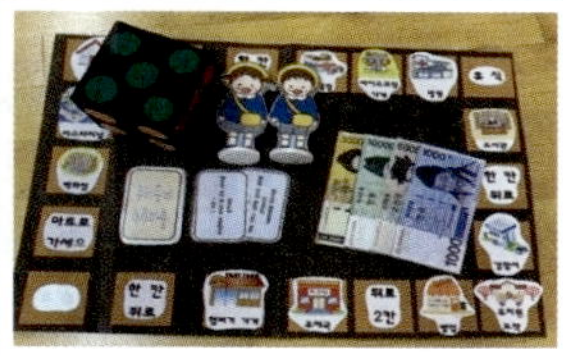

<활동 방법>

1. 팀을 나누어 순서를 정한다.
2. 팀에게 일정 금액의 장난감 돈을 지급한다.
3. 주사위를 굴려 칸을 이동한다.
4. 도착한 칸에 미션 카드를 뽑고 미션을 한다.
5. 먼저 유치원에 도착하게 되는 팀이 승리한다.

다양한 공공기관

수 조작영역

1. 놀이 관찰

유아들이 부르마블에 나타난 공공기관에 관심을 갖고 수민이는 “아, 배가 너무 아파 119에 전화해야겠다.” 라고 말한다. 은정이는 “아픈데 왜 119에 전화를 해?” 라고 물었고 상철이는 “원래 아파서 병원가려면 119에 전화해야 돼.” 라고 답한다. 이에 교사는 공공기관의 역할과 함께 119 자동차에 대해 지원하기로 하였다.

2. 놀이 수업 교재교구 필요성

부르마블을 통해 우리동네에 대한 관심이 높아진 것을 계기로 다양한 공공기관에 대한 역할과 기관에 따른 종사자를 구분하는 교재교구가 필요하다고 생각했다. 이러한 교재교구를 활용하여 생활환경에 대한 지식과 정보를 습득하고 공공기관에 대한 이해를 도울 수 있을 것으로 기대한다.

3. 교재교구 목표

- 지식 : 우리 동네에 있는 다양한 공공기관에 대해 안다.
- 기술 : 각 공공기관의 역할들을 구분할 수 있다.
- 태도 : 공공기관이 하는 일에 대해 탐구하는 것을 즐긴다.

4. 누리과정 관련요소

- 사회관계 > 사회에 관심가지기 > 내가 살고 있는 곳에 대해 궁금한 것을 알아본다.
- 자연탐구 > 생활 속에서 탐구하기 > 물체에 위치와 방향, 모양을 알고 구별한다.

5. 제작방법

1) 활동준비물 : 4절 하드보드지, 5t 우드락, 펠트지, 색지, 한지, 솜, 목공본드, 글루건, 젯소, A4 종이, 큐알 코드, 코팅지, 마스킹테이프, 뽕뽕이, 빨대

2) 제작 방법

1. 4절 하드보드지 두 장을 글루건으로 붙인다. 그 후 마스킹테이프로 테두리를 두른다.
2. 6개의 건물을 만들기 위해 5t 우드락을 5조각씩 6개(총 30조각)로 자른다.
   5개의 조각은 글루건을 활용하여 한 면이 뚫린 직사각형으로 붙인다.
3. 완성된 건물은 젯소로 우드락의 안과 밖을 3~4번 얇게 바른다.
4. 건물마다 계획한 디자인대로 펠트지를 두르고 문, 창문, 마크를 오려 붙인다.
5. 하드보드지 위에 건물들이 이어지도록 색지를 활용하여 길을 부착한다.
6. 완성된 건물은 하드보드지 위에 글루건으로 붙인다.
7. 각 건물마다 5개씩의 퀴즈를 만들고 모든 퀴즈의 문제는 큐알 코드로 제작한다.
8. 각 건물의 크기에 맞게 큐알 코드와 답을 적어 프린트하고 코팅하여 해당 건물 안에 꽂는다.
9. 빨대의 길이는 6cm, 나무 하나 당 4개로 잘라 모두 모아 글루건으로 붙여 기둥을 만든 후 기둥은 한지로 두른다. 펠트지를 나뭇잎 모양으로 바느질하고 솜을 채워 넣는다. 만들어진 나뭇잎은 기둥에 꽂는다. 화단은 우드락으로 4조각씩 자르고 붙여 젯소를 바른다. 사각형 안에는 뽕뽕이를 잘라 글루건으로 꽉꽉 채워 붙인다.

- 제작방법 사진

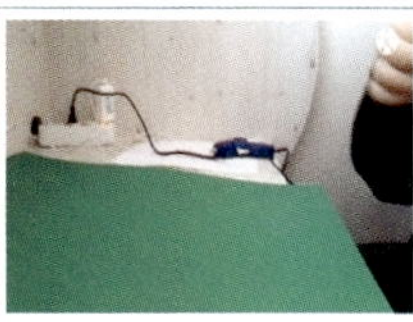			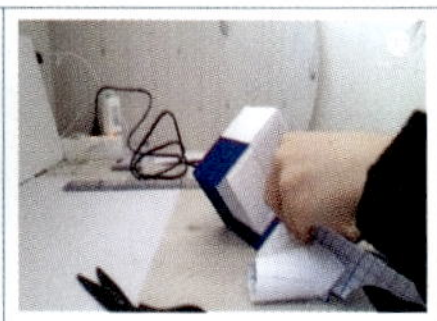
4절 하드보드지 두 장을 모아 붙인다.	우드락을 5조각씩 6개로 자르고 직사각형으로 붙인다.	우드락 건물에 젯소를 3~4번 바른다.	건물들에 펠트지를 두르고 문과 창문을 펠트지로 붙인다.
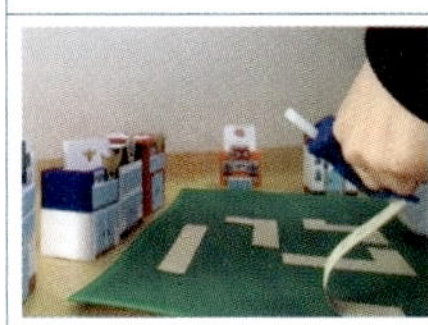			
건물들 사이에 색지로 길을 만든다.	하드보드지 위에 건물들을 글루건으로 붙인다.	큐알 코드 카드에 문제를 만들고 프린트한 후 코팅하여 가장자리에 마스킹테이프를 두른다.	우드락과 뽕뽕이로 화단을 만들고 펠트지, 한지, 빨대, 솜으로 나무를 제작한다.

※ 큐알 코드 만드는 방법은 9장 참고

3) 제작 시 유의점

- 글루건이 우드락을 뚫을 수 있으므로 주의한다.
- 글루건이 펠트지 밖으로 흘러나오지 않도록 유의한다.

다양한 직업

역할영역

1. 놀이 관찰

공공기관 게임을 하면서 민우가 "불이야!"를 외치는 지현이에게 지유가 "제가 치료해 드릴게요!" 하며 지현이의 팔을 잡고 치료해 주는 흉내를 낸다. 근처를 지나가던 영은이가 "누가 소방관이야?"라고 물어본다.

2. 놀이 수업 교재교구 필요성

유아들이 공공기관에 관심을 보이면서 소방관과 다른 사람을 도와주는 직업에 관심과 흥미를 보이고 있다. 이러한 흥미는 역할영역에서 역할놀이로 이어지고 있고 이를 통해 소방관 외에 다른 직업에 대한 이해를 넓히는 기회가 될 수 있다고 생각한다.

3. 교재교구 목표

- 지식 : 다양한 직업이 하는 일과 입는 옷에 대해 안다.
- 기술 : 특정 직업이 입는 옷을 관계 짓는다.
- 태도 : 직업에 대해서 관심을 갖는다.

4. 누리과정 관련요소

- 의사소통 > 듣기와 말하기 > 상대방이 하는 이야기를 듣고 관련해서 말한다.
- 의사소통 > 듣기와 말하기 > 말이나 이야기를 관심 있게 듣는다.
- 사회관계 > 사회에 관심 가지기 > 내가 살고 있는 곳에 대해 궁금한 것을 알아본다.

5. 제작방법

1) 활동준비물 : 여러 색의 펠트지, 벨크로(까슬이, 보슬이), 실, 바늘, 천

2) 제작방법

1. 여러 색의 천에 자를 부분을 초크로 긋는다.
2. 천을 도안에 맞춰 자른 후 천의 색에 맞는 실로 꿰맨다.
3. 펠트지나 부직포로 옷의 장신구 부분이나 주머니를 만든다.
4. 단추나 지퍼가 필요할 경우 달아준다.

5. 만든 후 착용해보고 어디가 불편한지, 어느 곳이 덜 완성되어 있는지 상태를 확인한다.
6. 보완이 필요한 부분을 수정·보완한다.

3) 제작 시 유의점

- 실 마감 처리를 잘하여 유아가 입었을 때 불편하지 않도록 한다.
- 유아의 몸에 맞게 제작한다.

의사 가운	경찰복	소방관	적십자

친구에게 보내는 편지

언어영역

1. 놀이 관찰

유아들은 다양한 공공기관에 관심을 갖고 활동을 진행하였고 그중 친구에게 마음을 전할 수 있는 우체국에 특히 관심을 보였다. "우리도 편지를 보낼 수 있으면 좋은데…"라고 이야기하는 친구들을 보면서 교사는 우리반의 우체통을 통해 친구들에게 편지 쓰기를 지원하기로 하였다.

2. 놀이 수업 교재교구 필요성

교사가 유아의 놀이 상황을 보고 편지를 직접 쓰기엔 글씨를 쓰는 것이 어려움이 있는 유아가 있다는 것을 파악하고, 새로운 쓰기 도구인 도장으로 편지를 자유롭게 표현하고 직접 우체통에 넣어 보는 활동을 하며 도장의 쓰임과 편지쓰는 방법, 우체통의 역할에 대해 지식을 습득하도록 지원하기로 했다.

3. 교재 교구 목표

- 지식 : 우체통의 역할에 대해 알아본다.
- 기술 : 편지로 친구에게 하고 싶은 말을 표현한다.
- 태도 : 도장을 쓰는 방법에 대해 관심을 가진다.

4. 누리과정 관련요소

- 의사소통 > 읽기와 쓰기에 관심 가지기 > 주변의 상징, 글자 등의 읽기에 관심을 가진다.
- 의사소통 > 듣기와 말하기 > 자신의 경험, 느낌, 생각을 말한다.
- 예술경험 > 창의적으로 표현하기 > 다양한 미술 재료와 도구로 자신의 생각과 느낌을 표현한다.

5. 제작 방법

1) 활동준비물 : 폼보드, 하드보드지, 빈 박스, 빨간 펠트지, 하얀 펠트지, 송곳, 글루건, 가위, 칼, 자, 시트지, 회색 펠트지, 리본, 요구르트 병, 검정색 아크릴 물감, 붓, EVA폼 2T(파란색, 검정색), 노란색 펠트지

2) 제작 방법

<우체통>

1. 박스를 우체통 도안에 따라 자른다.

2. 하드보드지를 우체통 도안에 따라 자른다.
3. 자른 박스와 하드보드지를 글루건으로 붙인다.
4. 우체통 안쪽을 빨간색 펠트지로 붙인다.
5. 편지가 들어갈 입구를 하드보드지로 자른다.
6. 입구를 만들어 붙이고 마지막으로 뚜껑을 붙인다.
7. 바깥쪽 면에 빨간색 펠트지를 붙인다.
8. 받침대를 박스와 하드보드지를 덧붙여 만든다.
9. 받침대를 우체통 몸통과 함께 붙인다.
10. 받침대를 빨간색 펠트지로 붙인다.
11. 우체국 마크를 붙인다.
12. 편지 꺼내는 곳 위에 송곳으로 구멍을 뚫어 안쪽에 끈을 붙인다.

<마음을 전해요>

1. 폼보드 위에 시트지를 붙인다.
2. 리본을 테두리에 붙인다.
3. 코팅해온 글자를 모양에 맞게 가위로 오린다.
4. 다른 폼보드를 작게 잘라 오린 글자 뒤에 붙인다.
5. 폼보드 위에 글자를 붙인다.
6. 편지 쓰기 도움 카드를 넣을 주머니를 회색 펠트지를 오려 만든다.
7. 오린 펠트지를 글루건으로 폼보드에 붙인다.

<요구르트 도장>

1. 빈 요구르트 병을 깨끗이 씻어서 말린다.
2. 요구르트 병을 붓과 검정색 아크릴 물감을 이용해 꼼꼼히 칠한다.
3. 요구르트 병 입구에 맞는 크기로 자음과 모음 프린트 물을 자른다.
4. 요구르트 병 입구 반대에 붙힐 EVA폼 2T 검정색을 크기에 맞게 자른다.
5. 자른 폼을 요구르트 병에 붙인다.
6. 자음 모음 도안을 오려 EVA폼 파란색에 본을 뜬다.
7. 가위나 칼로 오려서 검정색 폼에 붙인다.
8. 붙인 대로 잘라서 요구르트 병에 붙인다.
9. 폼보드를 사용해 도장을 담을 상자를 만든다.
10. 도장을 만든 상자에 넣는다.

3) 제작 시 유의점

<우체통>

- 박스로 하면 구겨질 수 있으니 하드보드지를 꼭 덧붙여 사용한다.
- 받침대 수평이 잘 맞게 제작한다.

<마음을 전해요 판>

- 시트지를 붙일 때 공기가 들어가지 않게 자로 밀면서 붙인다.

<요구르트 도장>

- 아크릴 물감을 여러 번 덧바른다.

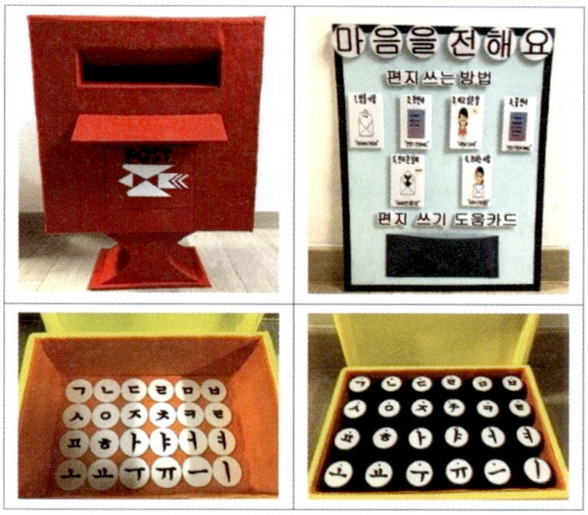

<활동 방법>

1. 종이접시에 검정색 물감을 짠다.
2. 자신이 쓰고 싶은 말을 생각한다.
3. 도장을 골라 검정색 물감을 칠한다.
4. 편지지에 물감을 묻힌 도장을 찍는다.
5. 도장으로 자유롭게 편지를 쓴다.
6. 다 쓴 편지를 세 번 접어서 편지봉투에 넣는다.
7. 편지 봉투에 보낸 사람과 받는 사람을 쓴다.
8. 편지 봉투를 우체통에 넣는다.

이닦기는 어떻게 할까요?

역할영역

1. 놀이 관찰

공공기관에 관심을 갖고 있던 아이들이 역할영역에서 공공기관 관련 놀이를 하고 있다. 지윤이가 역할영역에서 친구들과 치과 놀이를 하고 있다. 옆에서 다른 놀이를 하고 있던 친구가 치과 놀이에 관심을 보이는 것처럼 "나도 이빨 썩어서 치과 간 적 있는데."라고 말한다. 그러자 놀고 있던 친구들과 지윤이는 선생님께 "선생님 이빨을 빡빡 닦아도 썩어요?"라고 물어보자 교사는 "그럼 우리 충치가 생기는 이유에 대해서 다음 시간에 알아보도록 하자."라고 말한다.

2. 놀이 수업 교재교구 필요성

주말 지낸 이야기를 나누던 중에 OO(이/가) 치과에 가서 검진을 받고 온 이야기를 하자 유아들이 흥미를 보이기 시작했다. 이러한 흥미는 치과 역할 놀이로 연결되고 있었고 이것을 계기로 치아와 양치에 대해 지원하고자 계획하였다. 이러한 지원을 통해 유아들이 자신의 몸을 깨끗이 하는 태도를 기르고, 올바른 양치 방법에 관심을 가지며, 현재 놀이상황에 대한 탐구적 지식을 넓힐 수 있음을 기대한다.

3. 교재교구 목표

- 지식 : 치아의 구조와 올바른 양치 방법에 대해 안다.
- 기술 : 올바른 방법으로 양치한다.
- 태도 : 올바른 양치 방법에 대해 관심을 가진다.

4. 누리과정 관련요소

- 신체운동·건강 > 건강하게 생활하기 > 자신의 몸과 주변을 깨끗이 한다.
- 신체운동·건강 > 건강하게 생활하기 > 질병을 예방하는 방법을 알고 실천한다.
- 의사소통 > 듣기와 말하기 > 자신의 경험, 느낌, 생각을 말한다.

5. 제작 방법

1) 활동준비물 : 상자, 접착 펠트지(빨강), 펠트지(분홍), 페트병, 백업(흰색, 빨강, 그 외 다른 색상 1가지), 아크릴물감(흰색), 붓, 글루건, 실, 바늘, 솜

2) 제작 방법

<치카치카 깨끗한 치아 상자>

1. 페트병 밑부분을 원하는 높이에 맞춰 자르고, 아크릴물감(흰색)을 이용해 안을 칠한다.
2. 백업(흰색)을 원하는 높이에 맞춰 자르고, 원하는 모양에 맞춰 깎는다.
3. 상자를 원하는 입 모양에 맞게 자르고, 빨강 펠트지로 감싸 붙인다.
4. 입 모양 상자에 이빨의 위치를 맞추고 위, 아래 상자 위에 붙인다.
5. 이빨 안쪽에 분홍 펠트지를 오려 혀 모양의 종이를 2장 만들고, 솜을 넣어 꿰맨다.
6. 분홍 펠트지로 위의 입 상자 크기에 맞춰 이빨 안에 천장을 붙인다.
7. 꿰매진 혀 모양의 분홍 펠트지를 위치에 맞춰 아래 상자에 붙인다.
8. 위, 아래 상자 밖에 백업(빨강)을 둥근 테두리에 맞춰 잘라 붙인다.
9. 위, 아래 앞이빨 두 개씩에 벨크로를 붙인다.
10. 펠트지를 3등분 하여 꿰매고, 손잡이를 만들어 상자에 붙인다.

- 제작방법 사진

	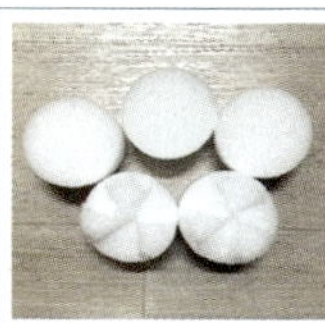		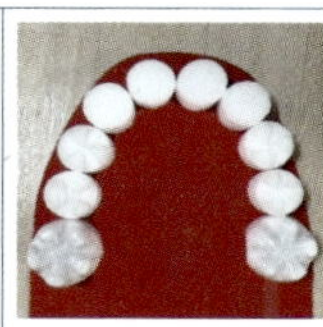	
페트병 밑부분을 원하는 높이에 맞춰 자르고, 아크릴물감(흰색)을 이용해 안을 칠한다.	백업(흰색)을 원하는 높이에 맞춰 자르고, 원하는 모양에 맞춰 깎는다.	상자를 원하는 입 모양에 맞게 자르고, 빨강 펠트지로 감싸 붙인다.	입 모양 상자에 이빨의 위치를 맞추고 위, 아래 상자 위에 붙인다.	이빨 안쪽에 분홍 펠트지를 오려 혀 모양의 종이를 2장 만들고, 솜을 넣어 꿰맨다.
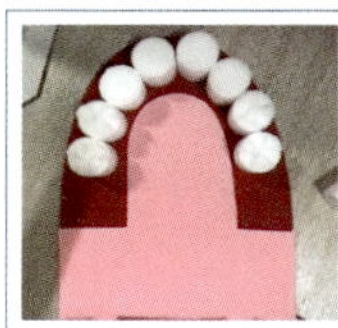	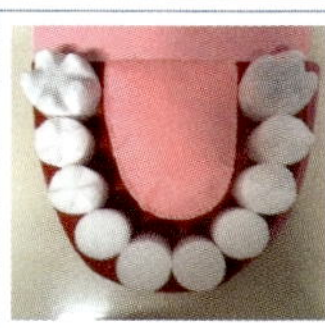		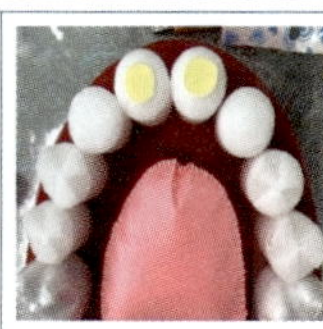	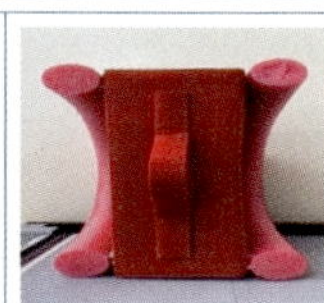
분홍 펠트지로 위의 입 상자 크기에 맞춰 이빨 안에 천장을 붙인다.	꿰매진 혀 모양의 분홍 펠트지를 위치에 맞춰 아래 상자에 붙인다.	위, 아래 상자 밖에 백업(빨강)을 둥근 테두리에 맞춰 잘라 붙인다.	위, 아래 이빨 앞니 두 개씩에 벨크로를 붙인다.	펠트지를 3등분 하여 꿰매고, 손잡이를 만들어 상자에 붙인다.

3) 제작 시 유의점

- 페트병을 자를 때 너무 높은 크기로 자르면, 입이 닫히지 않으므로 상자의 높이의 반 절 높이로 자른다.
- 상자를 펠트지로 감쌀 때 펠트지가 울지 않도록 주의한다.
- 펠트지를 바느질했을 때 묶은 매듭이 풀리지 않도록 2번 이상 묶어준다.

	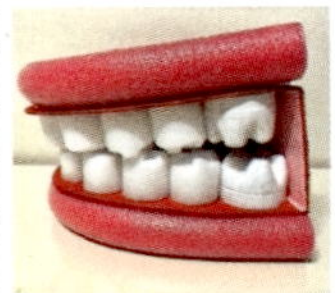
교구 앞	옆(중간)
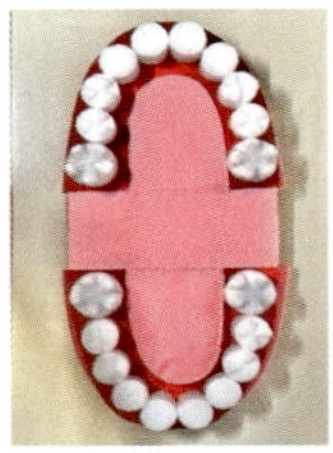	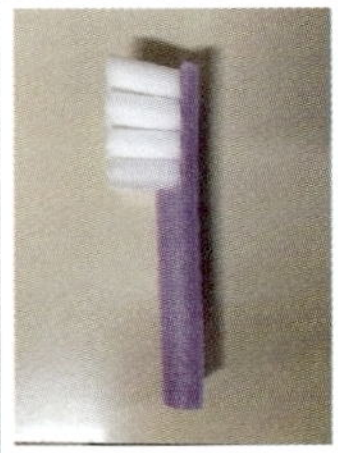
교구 안	교구 2. 칫솔

충치 대소동

대소집단
동화

1. 놀이 관찰

유아들이 역할영역에서 치과 놀이를 하고 있다. 치과 의사와 환자가 이야기를 나눈다. 지원이가 "의사 선생님 이빨이 아파서 그런데 치료 좀 해주세요."라고 말한다. 의사는 병원 놀이 도구를 가지고 치료해준다. 이때 의사가 환자에게 "이가 썩지 않으려면 이빨을 골고루 잘 닦아줘야 해."라고 말한다. 교사는 이에 대해 '유아들이 이빨을 잘 닦는 방법에 대해 잘 알고 있는지', '양치를 왜 잘해야 하는지에 대해 알고 있는가' 라는 의문이 들었다.

2. 놀이 수업 교재교구 필요성

충치가 생기는 이유에 대해 궁금한 유아들은 선생님께 이유를 물어본다. 유아들의 말을 듣고 교사는 시각적인 자료(동화)를 보여줌으로써 이빨이 왜 썩는지에 대해 동화를 들려주며 이야기 나누려고 한다. 이때 다른 자료보다 동화를 들려주면 유아가 흥미 있어 하고, 지식을 습득할 수 있기 때문에 교재교구가 필요한 것 같다.

3. 교재교구 목표

- 지식 : 충치에 대한 지식을 습득할 수 있다.
- 기술 : 바른 자세로 동화를 듣고 느낌을 말할 수 있다.
- 태도 : 충치가 생기는 이유에 대하여 흥미를 가진다.

4. 누리과정 관련요소

- 신체운동·건강 > 건강하게 생활하기 > 질병을 예방하는 방법을 알고 실천한다.
- 의사소통 > 듣기와 말하기 > 말이나 이야기를 관심 있게 듣는다.
- 의사소통 > 책과 이야기 즐기기 > 책에 관심을 가지고 상상하기를 즐긴다.

5. 제작 방법

1) 활동준비물 : 펠트지, 글루건, 스트로폼, 벨크로, 매직, 가위, 칼,
눈알, 낚싯줄, 빨대, 솜, 나무젓가락

2) 제작 방법

1. 동화를 보고 핑크색 펠트지로 배경을 만들고 흰색으로 치아를 만든 뒤, 노란색으로 충치 대소동 글자를 만들고 하늘색으로 제목을 만든다.
2. 빨간 펠트지로 입속을 표현한 뒤 흰색 펠트지로 치아를 만들고 입속 세균을 만든다. 그리고 빨강색 펠트지 일부분을 칼로 잘라 세균과 낚싯줄을 붙여 움직일 수 있게 한다.
3. 펠트지로 칫솔을 만들고, 핑크색 펠트지로 솜을 넣어 치약을 만든다. 그리고 나무젓가락을 잘라서 펠트지를 이용하여 칫솔을 만든다.
4. 펠트지로 흰색 거품을 만들고 세균을 만든다. 배경 펠트지 일부분을 잘라 만든 세균 뒤에 빨대를 붙여 세균이 움직일 수 있게 만든다.
5. 하늘색과 파란색 펠트지로 물을 표현한 뒤 세균을 만든다.
6. 스트로폼을 이용하여 치아를 표현한 뒤 매직으로 충치를 표현한다.
7. 펠트지로 음식을 먹는 남자아이를 만든다.

- 제작방법 사진

	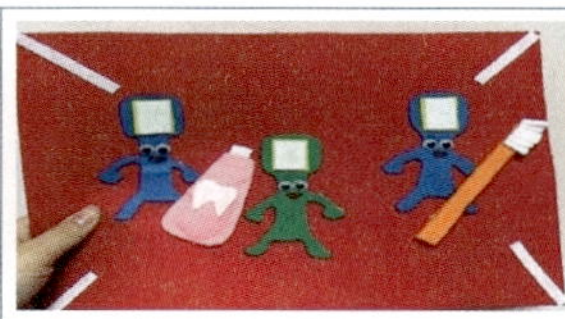	
빨간 펠트지로 입속을 표현한 뒤 흰색 펠트지로 치아를 만들고 입속 세균을 만든다. 빨강색 펠트지 일부분을 칼로 잘라 세균과 낚싯줄을 붙여 움직일 수 있게 한다.	펠트지로 칫솔을 만들고, 핑크색 펠트지로 솜을 넣어 치약을 만든다. 나무젓가락을 잘라서 펠트지를 이용하여 칫솔을 만든다.	펠트지로 흰색 거품을 만들고 세균을 만든다. 배경 펠트지 일부분을 잘라 만든 세균 뒤에 빨대를 붙여 세균이 움직일 수 있게 만든다.

하늘색과 파란색 펠트지로 물을 표현한 뒤 세균을 만든다.	스트로폼을 이용하여 치아를 표현한 뒤 매직으로 충치를 표현한다.	펠트지로 음식을 먹는 남자아이를 만든다.

3) 제작 시 유의점

- 배경을 너무 밝은 색으로 하지 않는다.
- 2번과 4번을 제작할 때 펠트지 배경을 너무 많이 자르지 않는다.

치아에 좋은 음식 나쁜 음식

수 조작영역

1. 놀이 관찰

햄버거 게임과 비빔밥 게임을 진행한 유아 중 미진이가 "햄버거는 몸에 안 좋은 거야."라고 이야기한다. 그러자 이레가 "나는 햄버거가 좋은데?"라고 이야기한다. 그러자 미진이가 "나 어제 치과에 갔는데 의사 선생님이 몸에 좋은 음식을 먹으라고 했어."라고 한다. 그러자 옆에 있던 상철이가 "몸에 좋은 음식이 뭔데?"라고 묻는다.

2. 놀이 수업 교재교구 필요성

유아들의 흥미는 치아에 좋은 음식이 또 무엇이 있는지 궁금증을 보이기 시작했고, 이것을 계기로 치아 건강에 좋은 음식에 대해 알고 치아가 좋아하는 음식과 싫어하는 음식을 구별하는 것과 연결하여 지원하고자 계획하였다. 이러한 지원을 통해 유아 자신의 경험, 느낌, 생각을 자유롭게 말하는 기회가 될 수 있고 언어적 표현을 통해 의사소통 능력이 향상될 것으로 기대한다.

3. 교재교구 목표

- 지식 : 치아에 좋은 음식과 나쁜 음식에 대해 안다.
- 기술 : 치아에 좋은 음식과 나쁜 음식을 구분한다.
- 태도 : 치아에 좋은 음식에 관심을 갖는다.

4. 누리과정 관련요소

- 의사소통 > 듣기와 말하기 > 자신의 경험, 느낌, 생각을 말한다.
- 자연탐구 > 생활 속에서 탐구하기 > 물체를 세어 수량을 알아본다.
- 신체운동·건강 > 건강하게 생활하기 > 몸에 좋은 음식에 관심을 가지고 바른 태도로 즐겁게 먹는다.

5. 제작 방법

1) 활동준비물 : 실과 바늘, 펠트지, 솜, 글루건, 컬러 카드링, 벨크로

2) 제작 방법

1. 좋은 음식과 나쁜 음식을 분류할 수 있는 치아모형 2개를 만든다.
2. 좋은 음식과 나쁜 음식을 도안하고 오려 솜을 넣고 바느질한다.
3. 여자 아이가 입 벌리고 있는 얼굴 모양을 도안하여 오린다.
4. 치아를 붙이고 혀와 목구멍을 표현한다.
5. 치아에 좋은 음식과 나쁜 음식을 붙이는 2개의 펠트지 안에 솜을 넣어 바느질하고 치아 모형을 붙인 후, 음식 뒤에 벨크로를 붙인다.
6. 나머지 1개의 펠트지에는 여자 아이가 입 벌리고 있는 얼굴 모양을 붙인다.
7. 치아에 좋은 음식과 나쁜 음식, 여자 아이가 입 벌리고 있는 얼굴 모양이 붙여져 있는 3개의 펠트지를 컬러 카드링으로 연결시킨다.

<게임 판 & 게임 말>

1. 게임 판 도안을 펠트지에 그린다.
2. 그린 게임 판 도안을 오려 바탕인 검정 펠트지에 붙인 후, 음식 가게 컬러 도안을 코팅해 붙인다.
3. 게임 판 뒷면엔 우드락을 붙인다.

<주사위>

1. 각 다른 색인 펠트지로 정사각형 6개를 오린다.
2. 버튼홀 스티치 방법으로 한 면씩 실로 꿰맨다.
3. 펠트지로 숫자를 오린 후, 완성된 주사위에 한 면씩 붙인다.

- 제작방법 사진

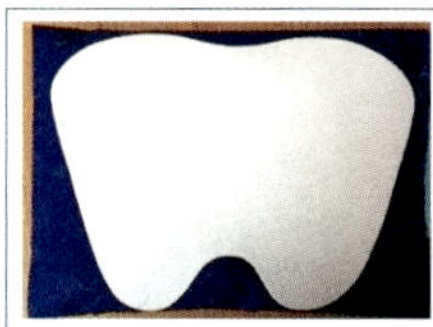	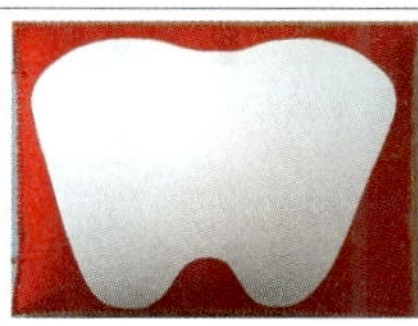		
3개의 펠트지를 준비해 2개는 치아, 하나는 아이 얼굴을 만든다.	좋은 음식과 나쁜 음식을 분류할 수 있는 치아모형 2개를 만든다.	좋은 음식과 나쁜 음식을 도안하고 오려 솜을 넣고 바느질한다.	여자아이가 입 벌리고 있는 얼굴 모양에 펠트지로 꾸미고 이를 만들어 준다.

3) 제작 시 유의점

- 치아에 좋은 음식과 안 좋은 음식을 알아본다.
- 벨크로를 사용해 음식을 뗐다 붙였다 해야 하기 때문에 단단한 벨크로를 준비한다.
- 버튼홀 스티치의 바느질 방법을 잘 익혀두어 솜이 나오지 않게 꼼꼼하게 바느질을 한다.

주사위

게임 판

음식을 올려놓은 게임 판

<활동 방법>

1. 치아의 윗니와 아랫니로 나누어 앉는다.
2. 유아 1명씩 순서대로 주사위를 돌리며 나온 숫자만큼 게임 판에 게임 말을 사용해 이동한다.
3. 치아에 나쁜 음식에 걸렸을 경우, 충치를 치아에 붙인다.
4. 게임 판을 한 바퀴 다 돌았을 때 충치가 몇 개 붙어 있는지 세어 본다.

건강에 좋은 음식(영양소)

대소집단
이야기 나누기

1. 놀이 관찰

유아들이 몸에 좋은 음식과 몸에 좋지 않은 음식에 관심을 갖고 있던 도중 점심시간에 철수가 배식받은 급식 중에서 당근을 먹지 않고 남겼다. 철수의 옆에서 밥을 먹고 있던 영희가 "철수야, 왜 당근을 안 먹고 남겼어?"라고 말하자 철수는 "하지만 당근이 싫은 걸. 먹기 싫어."라고 말했다. 교사는 편식을 하는 유아에게 편식을 하지 않도록 알려줄 필요가 있다고 생각하고 교구를 제작했다.

2. 놀이 수업 교재교구 필요성

몸에 필요한 영양소를 알아보고 음식을 영양소에 나눠서 넣는 놀이 활동을 통해서 유아에게 단지 편식을 하면 좋지 않다는 것을 알리기보다는 자연스럽게 몸을 튼튼하게 하려면 어떤 음식을 먹어야 하는지 알려주면서 조금씩 편식하는 습관을 줄이기 위해 필요하다고 생각했다.

3. 교재교구 목표

- 지식 : 5대 영양소의 역할을 안다.
- 기술 : 5대 영양소에 맞는 음식의 종류를 분류한다.
- 태도 : 올바른 식습관의 중요성을 기른다.

4. 누리과정 관련요소

- 신체 운동·건강 > 건강하게 생활하기 > 몸에 좋은 음식에 관심을 가지고 바른 태도로 즐겁게 먹는다.
- 의사소통 > 듣기와 말하기 > 바른 태도로 듣고 말한다.

5. 제작 방법

1) 활동준비물 : 하드보드지(2장), 음식 자료, 보드롱, 부직포(5장),
부직포 스티커, 폼보드, 빨래망, 손코팅지, 우드락 본드,
양면 테이프, 벨크로, 가위, 칼

2) 제작 방법

<5대 영양소 책 만들기>

1. 보드롱의 가운데에 칼집을 낸다.
2. 칼집을 낸 사이에 테이프를 붙여서 고정시킨 후 책의 모양으로 만든다.
3. 책의 겉면을 원하는 색으로 스티커 부직포로 붙인다.
4. 각각의 5대 영양소의 색을 나타내는 부직포를 겹쳐서 고정시킨다.
5. 5대 영양소의 역할과 그와 관련된 음식 사진을 프린트하고 손코팅지로 코팅한다.
6. 각각 영양소 페이지에 붙여서 책을 완성시킨다.

<5대 영양소 네트>

1. 폼보드 한 장에(23x28) A4 종이보다 조금 크게 자른다.
2. 각각 5대 영양소를 나타내는 스티커 부직포를 자른 폼보드에 붙인다.
3. 적당하게 선을 그어서 뚫어줄 구멍을 스케치한 후 칼로 구멍을 낸다.
4. 직사각형 모양으로 잘라 고정시켜 줄 받침대를 만들어 뒤에 고정시킨다.
5. 빨래망을 고정시키는 줄을 잘라 넉넉하게 벌려 구멍을 낸 입 모양에 붙인다.
6. 스티커 부직포(흰색)를 두 장 정도 잘라서 눈 모양을 만들어 네트 위에 붙인다.
7. 글씨를 프린트해서(61pt) 스티커 부직포에 대고 글씨를 오린다.
8. 오린 글씨를 네트 밑에 붙인다.

<음식 자료>

1. 도안을 그린다. (과일, 채소, 생선)
2. 도안을 자르고 솜을 넣을 구멍을 남기고 바늘로 꿰맨다.
3. 구멍에 솜을 알맞게 집어 넣는다.
4. 구멍을 바느질로 막아준다.
5. 재료카드를 달 판과 끈, 그리고 집게를 붙인다.

- 제작방법 사진

		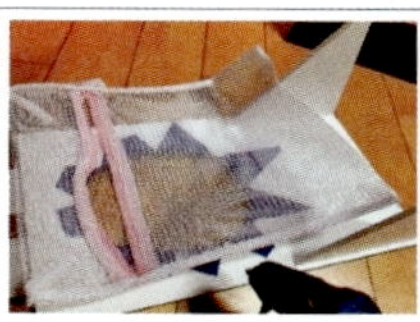	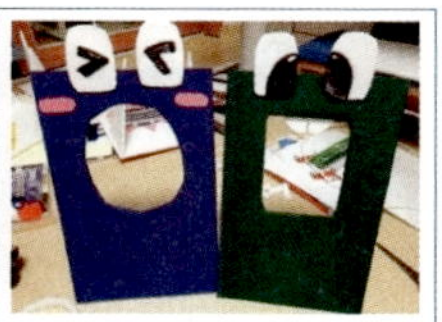
폼보드 한 장에 (23x28) A4 종이보다 조금 크게 자른 후 구멍을 낸다.	직사각형 모양으로 잘라 고정시켜 줄 받침대를 만들어 뒤에 고정시킨다.	빨래망을 고정시키는 줄을 잘라 넉넉하게 벌려 구멍을 낸 입 모양에 붙인다.	스티커 부직포(흰색)를 두 장 정도 잘라서 눈 모양을 만들어 네트 위에 붙인다.

3) 제작 시 유의점

- 네트를 만들 때 꼭 스케치를 하고 만든다.
- 부직포는 본드로 붙이기 힘들기 때문에 가급적이면 글루건 사용을 권한다.

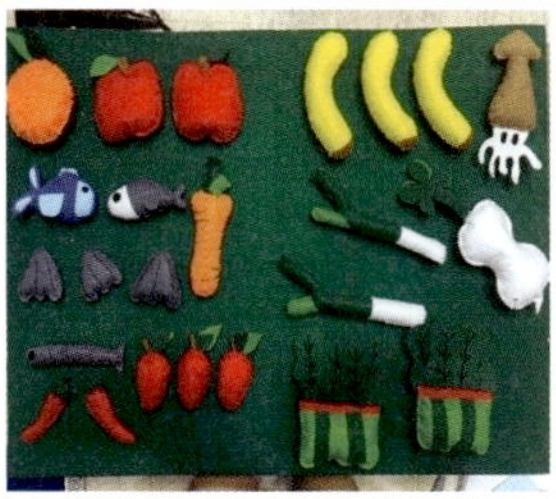

<활동 방법>

1. 접시를 하나씩 든다.
2. 자신이 어떠한 음식을 만들지 정한다.
3. 자신이 좋아하는 음식재료를 접시에 담는다.
4. 친구들이 다 담는 것을 기다려 준다.
5. 음식 안에 무엇을 나눴는지 이야기 나눈다.
6. 이러한 음식에 들어 있는 영양소에 대해 알아본다.

붕어빵과 군고구마 가게

역할영역

1. 놀이 관찰

아이들은 가게와 공공기관에 대해 알게 되었다. 그러던 중 사랑이가 “나는 저번에 길에서 아빠가 붕어빵 사줬다.”라고 말하자 옆에 있는 영호는 “나는 엄마가 고구마 해주셨는데 너무 따뜻해서 맛있었어.” 라고 말한다. 이를 본 교사는 유아들이 겨울철 따뜻한 음식에 대해 관심을 보인다고 생각하고 지원하기로 하였다.

2. 놀이 수업 교재교구 필요성

유아들이 겨울철에 먹을 수 있는 음식에 흥미와 관심을 보인다고 판단해, 유아들이 겨울철 따뜻한 음식에 대해 알고, 직접 겨울 음식을 만들어 보는 역할놀이를 통해 겨울에 먹는 따뜻한 음식을 알 수 있도록 교재교구가 필요하다고 생각해 붕어빵 교구를 제작하였다.

3. 교재교구 목표

- 지식 : 따뜻한 겨울 음식에 대해 안다.
- 기술 : 붕어빵 가게에서의 경험을 떠올리며 역할놀이를 할 수 있다.
- 태도 : 다양한 겨울 음식에 관심을 가진다.

4. 누리과정 관련요소

- 의사소통 > 듣기와 말하기 > 자신의 경험, 느낌, 생각을 말한다.
- 사회관계 > 더불어 생활하기 > 친구와 서로 도우며 사이좋게 지낸다.
- 예술경험 > 창의적으로 표현하기 > 극놀이로 경험이나 이야기를 표현한다.

5. 제작 방법

1) 활동준비물 : 검은색 우드락, 회색 우드락, 펠트지(노란색, 갈색, 흰색 등)

2) 제작방법

<붕어빵>

1. 붕어빵 도안 코팅을 자른다.
2. 펠트지에 붕어빵 도안을 따라 그린다.

3. 펠트지를 붕어빵 모양으로 자른다.
4. 붕어빵 모양 펠트지를 실로 꿰맨다.
5. 붕어빵 펠트지에 솜을 넣는다. (크림붕어빵 / 팥 붕어빵)
6. 검은색 우드락에 붕어빵 도안을 따라 그린다.
7. 검은색 우드락을 열선으로 붕어빵 모양으로 자른다.
8. 우드락 판을 양면테이프로 고정시킨다.

- 제작방법 사진

<table>
<tr><td></td><td>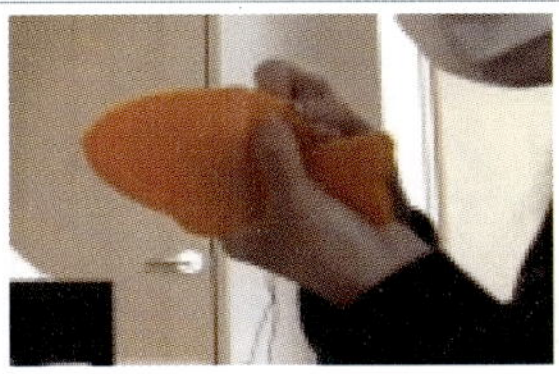</td><td></td></tr>
<tr><td>붕어빵 코팅지를 잘라 도안을 그린다.</td><td>붕어빵 모양 펠트지를 잘라 실로 꿰맨다.</td><td>붕어빵 펠트지에 솜을 넣고 꿰맨다.</td></tr>
<tr><td></td><td>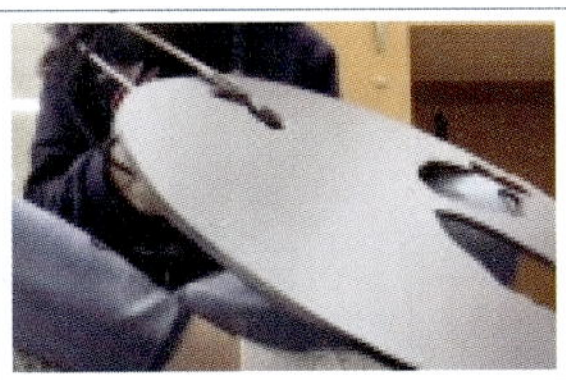</td><td></td></tr>
<tr><td>검은색 우드락에 붕어빵 모양을 그린다.</td><td>검은색 우드락을 열선으로 자른다.</td><td>붕어빵 틀을 양면테이프로 붙인다.</td></tr>
</table>

3) 제작 시 유의점

- 붕어빵 틀이 흔들리지 않게 잘 고정한다.
- 붕어빵 틀인 검은색 우드락을 모양에 맞게 자른다.

<table>
<tr><td></td><td></td><td></td></tr>
</table>

<군고구마>

1. 박스 안 쪽에 하드보드지를 덧붙여 박스를 단단하게 만든다.
2. 군고구마를 구울 수 있게 동그란 구멍을 뚫는다.
3. 박스의 모든 면에 검은색 색지를 붙인다.
4. 하드보드지를 자르고 붙여 군고구마를 넣어 구울 수 있게 만든다.
5. 군고구마 기계의 양 옆면과 뒷면을 꾸민다.

박스에 구멍을 낸 후 박스의 모든 면에 검은색 색지를 붙인다.	하드보드지를 자르고 붙여 군고구마를 넣어 구울 수 있게 만든다.	군고구마 기계의 양 옆면과 뒷면을 꾸민다.

4) 제작 시 유의점

- 박스가 단단하지 않을 경우 하드보드지를 덧대어 단단하게 해주어야 한다.
- 손잡이를 세게 잡아당겨도 떨어지지 않게 단단하게 붙여야 한다.
- 글루건 사용 시 조심해야 한다.
- 하드보드지를 자를 때 조심해야 한다.

햄버거 가게<스택버거 패러디>

대소집단
게임

1. 놀이 관찰

유아들이 자유놀이 시간에 붕어빵과 군고구마 장사를 하며 가게 주인과 손님이 되어 놀이를 하고 있다. 이때 이레가 "나는 이런 것보다 햄버거가 좋은데 햄버거 만들고 싶어."라고 하는 이야기를 하자 옆에 있던 친구들 몇 명이 함께 햄버거가 좋다고 한다.

2. 놀이 수업 교재교구 필요성

바깥놀이로 우리 동네를 한 바퀴 돌고 왔는데 유아들이 가게들에 흥미를 보이고 관심을 가지기 시작했다. 이러한 흥미는 사장놀이로 연결되고 있었고, 이것을 계기로 현재 우리 동네에 대해 알아보고 있던 주제에 여러 가게 중 햄버거 가게에서 파는 햄버거를 게임으로 만들어 지원하고자 계획하였다. 이러한 지원을 통해 햄버거를 순서대로 만들며 순서에 대해 알고 사회적 지식, 과학적 탐구로 연결할 수 있을 것으로 기대한다.

3. 교재교구 목표

- 지식 : 다양한 가게들과 무엇을 파는지에 대해 안다.
- 기술 : 어떤 가게에서 어떤 것을 파는지 연결 짓는다.
- 태도 : 우리 동네에 있는 가게에 관심을 갖는다.

4. 누리과정 관련요소

- 의사소통 > 듣기와 말하기 > 자신의 경험, 느낌, 생각을 말한다.
- 사회관계 > 더불어 생활하기 > 친구와 서로 도우며 사이좋게 지낸다.
- 사회관계 > 더불어 생활하기 > 약속과 규칙의 필요성을 알고 지킨다.

5. 제작 방법

1) 활동준비물 : 여러 가지 펠트지, 연필, 가위, 글루건, 실과 바늘,
햄버거 재료 카드(양상추, 고기, 빵, 피클, 양파, 토마토, 치즈),
햄버거 완성 카드, 솜, 우드락, 테이프, 상자

2) 제작방법

1. 햄버거 재료들을 펠트지 위에 하나에 2개씩 그린다.
2. 펠트지 위에 그린 햄버거 재료들을 자른다.
3. 자른 햄버거 재료를 앞뒤로 겹쳐 바느질을 한다.
4. 바느질 마감을 하기 전에 속에 솜을 넣고 바느질을 마감한다.
5. 컴퓨터로 햄버거 완성 카드와 햄버거 재료 카드를 만들어 복사하여 코팅한다.

- 제작방법 사진

	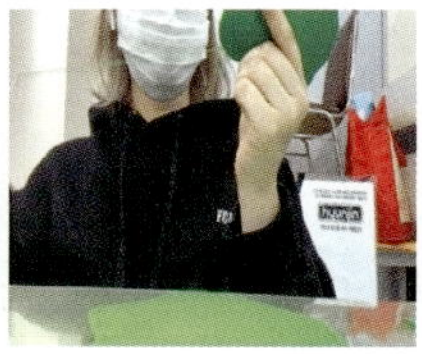		
펠트지 위에 그린 햄버거 재료들을 자른다.	자른 햄버거 재료를 앞뒤로 겹쳐 바느질을 한다.	바느질 마감을 하기 전에 속에 솜을 넣고 바느질을 마감한다.	컴퓨터로 햄버거 완성 카드와 햄버거 재료카드를 만들어 복사하고 코팅하여 자른다.

3) 제작 시 유의점

- 바느질을 할 때 조심하면서 한다.
- 코팅된 카드 끝부분이 날카로울 수 있으니 조심한다.

	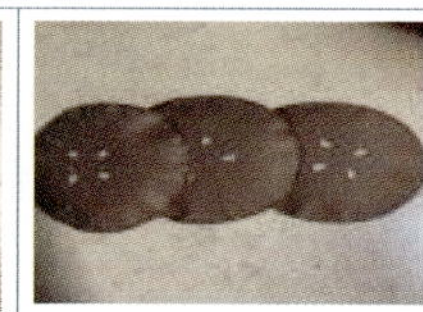	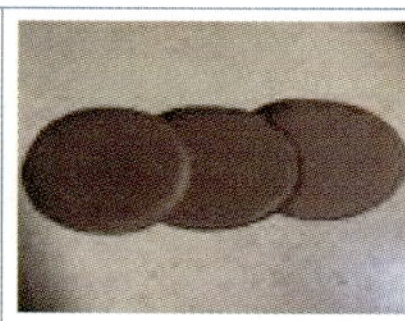	
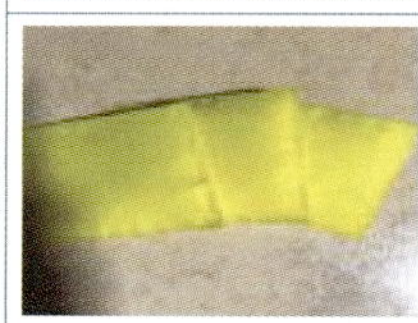			
	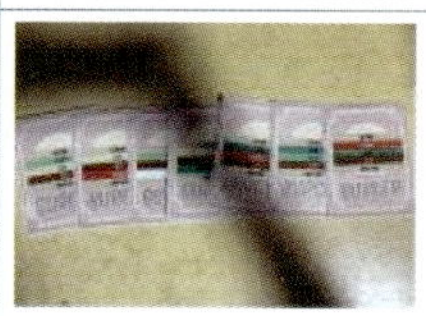	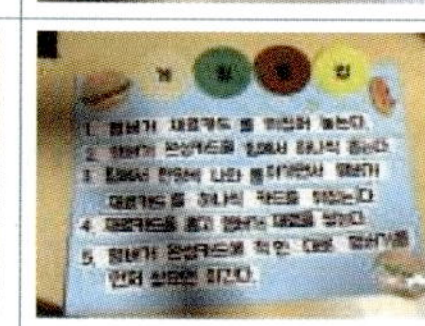	

<활동 방법>

1. 햄버거 재료 카드를 뒤집어 놓는다.
2. 햄버거 완성 카드를 팀에서 하나씩 뽑는다.
3. 팀에서 한 명씩 나와 돌아가면서 햄버거 재료 카드를 하나씩 뒤집는다.
4. 재료 카드를 뽑고 햄버거 재료를 쌓는다.
5. 햄버거 완성 카드에 적힌 대로 햄버거를 먼저 쌓으면 이긴다.

비빔밥 가게

수 조작영역

1. 놀이 관찰

햄버거 게임을 하고 나자 아이들은 여러 음식에 관심을 보이며 햄버거 말고 또 다른 게 없을까?에 대한 고민을 하고 있는 것이 보였다. 교사는 아이들이 대그룹 게임으로 진행했던 활동을 여러 음식 중 비빔밥이 비슷하다는 것에 착안하여 대소그룹 활동이 아닌 영역 활동을 지원해 주기로 하였다.

2. 놀이 수업 교재교구 필요성

유아들이 흥미를 갖고 참여할 수 있을 뿐만 아니라 게임을 통해 자연스럽게 순차적 사고를 기를 수 있다.

3. 교재교구 목표

- 지식 : 게임방법을 안다.
- 기술 : 순서를 기억하고 맞출 수 있다.
- 태도 : 즐겁게 게임에 참여할 수 있다.

4. 누리과정 관련요소

- 의사소통 > 듣기와 말하기 > 고운 말을 사용한다.
- 사회관계 > 더불어 생활하기 > 약속과 규칙의 필요성을 알고 지킨다.

5. 제작 방법

1) 활동준비물 : 비빔밥 재료 교구 사진, 완성된 비빔밥 사진, 색지, 파워포인트, 그림판, A4 용지, 프린트기, 코팅지, 코팅기, 칼, 자, 가위

2) 제작방법

1. 비빔밥 재료 교구 사진을 그림판을 이용해 배경을 자른다.
2. 카드 틀을 만든 파워포인트에 사진을 옮긴다.
3. 완성된 비빔밥 사진을 그림판을 이용해 배경을 자른다.
4. 카드 틀을 만든 파워포인트에 사진을 옮긴다.

5. 인쇄 후 뒷면에 색지를 붙이고 카드 모양으로 자른다.
6. 자른 카드를 코팅지에 넣고 코팅한다.
7. 코팅한 카드를 자른다.

3) 제작 시 유의점

- 글, 사진을 뚜렷하게 제작한다.
- 교구에 다치지 않도록 제작한다.
- 쉽게 망가지지 않도록 제작한다.

	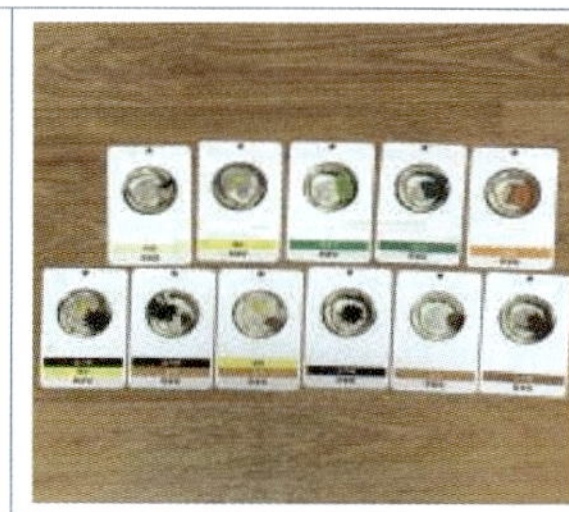	
재료 카드	비빔밥 카드 (하. 11장)	비빔밥 카드 (중. 13장)

비빔밥 카드 (상. 6장)	그릇	비빔밥 재료

비빔밥 재료	비빔밥 융판사진	

<활동 방법>

1. 비빔밥 카드는 더미로 쌓아 놓고, 3장을 펼쳐 놓는다.
2. 재료 카드를 종류별로 2장씩 14장을 뒤집어 배치한다.
3. 가위바위보로 첫 번째 순서를 정한다. 시계방향으로 게임을 진행한다.
4. 자신의 차례에 재료 카드 중 1장을 선택하여 재료 카드의 그림을 모두 볼 수 있도록 뒤집어서 확인한다. 확인이 끝나면 다시 원래대로 뒤집어 놓는다.
5. 펼쳐진 3장의 비빔밥 카드 중 만들고 싶은 비빔밥 카드를 지목하면서 '도전!' 이라고 외친다.
6. 선택한 비빔밥 카드에 나온 재료를 아래부터 차례대로 찾는다. 재료 카드를 하나씩 뒤집으면서 순서대로 재료를 찾는다.
   - 재료를 순서대로 찾지 못했다면? 모든 재료 카드를 원래대로 뒤집어 놓고, 자신의 차례를 마친다.
   - 재료를 순대로 찾았다면? 순서대로 모든 재료를 찾았다면 해당 비빔밥 카드를 가져간다. 그리고 자신의 그릇에 해당 비빔밥을 만든다. 빈 칸에는 새로운 비빔밥 카드를 펼쳐 놓는다.
7. 가지고 있는 비빔밥 카드의 별 5개를 가장 빨리 모은 사람이 승리한다.

하늘반 옷가게

역할영역

1. 놀이 관찰

치과에서 놀이가 확장되어 자유선택활동 시간에 소영이와 윤희가 병원놀이를 하고 있다.

소영 : 어디가 아파서 병원에 왔죠?
윤희 : 감기에 걸렸어요.
소영 : 날씨가 추우니 옷을 따뜻하게 입으세요.
윤희 : 그래야겠어요. 무슨 옷을 입어야 할까요?

계절에 따른 옷차림에 대해 알려줄 수 있는 옷가게를 지원하고자 하였다.

2. 놀이 수업 교재교구 필요성

병원놀이를 하면서 옷차림에 대해 말하고 있는 유아들을 본 교사는 이것을 계기로 유아들에게 계절별 옷차림 알아보기에 대하여 지원하도록 계획하였다. 가을에서 겨울로 넘어가는 요즘 옷차림을 얇게 입고 등원하는 유아들에게도 올바른 계절별 옷차림에 대하여 알 수 있는 기회가 될 수 있고, 신체적 탐구, 과학적 지식, 예술경험으로 연결할 수 있을 것으로 기대한다.

3. 교재교구 목표

- 지식 : 계절별 옷차림에 대해 알 수 있다.
- 기술 : 계절에 따른 옷차림을 구분할 수 있다.
- 태도 : 계절에 맞는 옷을 입을 수 있다.

4. 누리과정 관련요소

- 자연탐구 > 자연과 더불어 살기 > 날씨와 계절의 변화를 생활과 관련 짓는다.
- 자연탐구 > 생활 속에서 탐구하기 > 일상에서 모은 자료를 기준에 따라 분류한다.

5. 제작 방법

1) 활동준비물 : 여러 색의 펠트지, 하드보드지, 나무막대기, 벨크로(까슬이), 유아 전신 사진, 큐빅, 솜, 실, 바늘, 글루건, 박스, 막대기, 철심, 잔디매트

2) 제작방법

<옷가게 상자>

1. 상자에 윗면을 자른다.
2. 상자의 앞면을 반으로 잘라 옷가게 문으로 활용한다.
3. 상자의 겉과 안쪽을 펠트지로 감싼다.
4. 계절별 옷을 나눌 간판 명칭을 붙인다.

상자에 윗면을 자른다.	상자의 앞면을 반으로 잘라 옷가게 문으로 활용한다.	상자의 겉과 안쪽을 펠트지로 감싼다.	계절별 옷을 나눌 칸을 만들고, 간판 명칭을 붙인다.

<인형, 옷>

1. 펠트지에 유아의 전신을 2면 그린다.
2. 펠트지에 그린 유아의 전신을 오려서 바느질을 하고 솜을 넣는다.
3. 완성된 유아 인형에 몸통을 본 떠서 계절별 옷을 그린 후, 바느질을 한다.
4. 완성된 옷들을 인형에게 입힌다.

펠트지에 유아의 전신을 2면 그린다.	펠트지에 그린 유아의 전신을 오려서 바느질을 하고 솜을 넣는다	완성된 유아인형에 몸통을 본 떠서 계절별 옷을 그린 후, 바느질을 한다.	완성된 옷들을 인형에게 입힌다.

<인형, 옷>

1. 막대기로 옷가게 크기에 맞는 행거를 4개 만든다.
2. 철심으로 옷걸이를 만든다.

	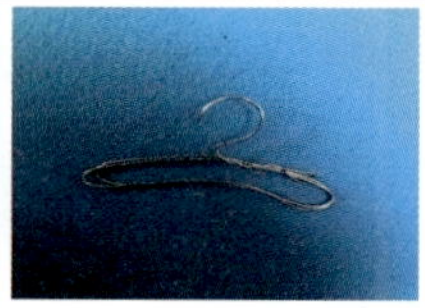
상자에 윗면을 자른다.	상자의 앞면을 반으로 잘라 옷가게 문으로 활용한다.

3) 제작 시 유의점

- 바느질을 할 때 다치지 않도록 주의한다.
- 활동자료를 견고하게 만든다.

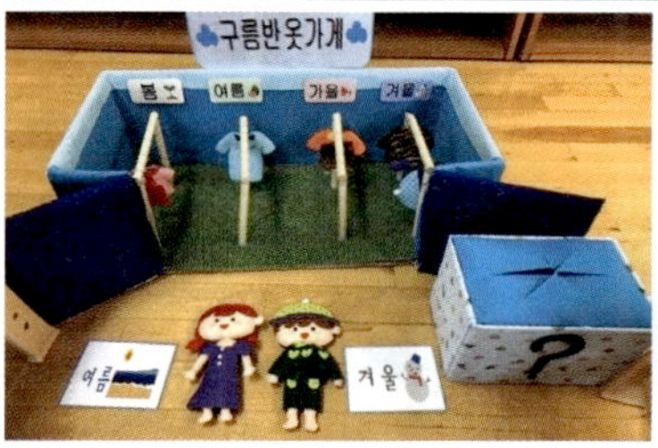

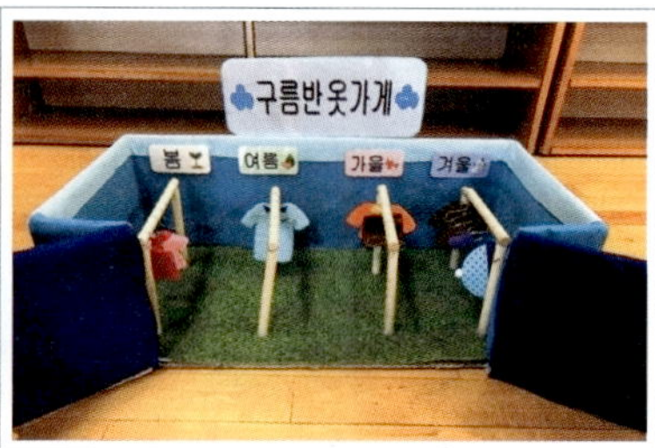

<활동 방법>

1. 궁금이 상자에 들어 있는 계절 카드를 뽑는다.
2. 뽑은 계절 카드를 보고 그 계절에 알맞은 옷을 입힌다.
3. 계절 카드와 입힌 옷이 맞는지 확인한다.

아이스크림 가게

수 조작영역

1. 놀이 관찰

병원놀이 하던 중 옷차림으로 감기가 걸린 친구가 있었던 반면, 은혜는 "나는 아이스크림을 많이 먹어서 감기가 걸린 적 있어." 라고 이야기한다. 이에 교사는 "아이스크림을 얼마나 많이 먹었는데?" 라고 묻자 은혜는 웃으며 "아이스크림은 정말 맛있어요. 먹고먹고 또 먹고 싶어요." 라고 이야기한다. 이에 교사는 유아들과 함께 아이스크림 패턴 게임을 해보면 흥미로울 것 같아 계획하였다.

2. 놀이 수업 교재교구 필요성

아이스크림을 먹어 본 경험에 대해 이야기를 나누던 중에 은혜가 역할놀이를 하자고 하여 아이스크림 가게 놀이에 흥미를 보이기 시작했다. 은혜가 콘 아이스크림을 3개 맛으로 쌓아 올려달라고 한 것에 다른 유아들도 흥미를 보이며 자신도 은혜처럼 하려고 한다. 이러한 흥미는 수·조작 놀이로 연결되고 있었고 이 계기로 아이스크림 패턴 게임을 해보는 것으로 연결하여 계획하였다. 이를 통해 유아들은 패턴을 인식할 수 있게 되고, 그 패턴에 맞게 패턴을 맞추게 되며, 수·조작 능력, 인지 능력 등과 함께 패턴에 대한 관심과 이해를 넓힐 수 있는 기회가 될 수 있을 것으로 기대한다.

3. 교재교구 목표

- 지식 : 아이스크림 패턴에 대해 안다.
- 기술 : 아이스크림 패턴 카드에 알맞게 패턴을 맞출 수 있다.
- 태도 : 다양한 패턴에 관심을 가진다.

4. 누리과정 관련요소

- 자연탐구 > 생활 속에서 탐구하기 > 주변에서 반복되는 규칙을 찾는다.
- 자연탐구 > 탐구과정 즐기기 > 탐구과정에서 서로 다른 생각에 관심을 가진다.
- 의사소통 > 듣기와 말하기 > 자신의 경험, 느낌, 생각을 말한다.

5. 제작 방법

1) 활동준비물 : 펠트지, 아이클레이, 색지, 코팅지, 글루건, 갈색펜, 솜, 우드락, 과일 사진, 가위, 벨크로, 바구니

2) 제작 방법

<아이스크림 패턴게임 판>

1. 아이스크림 패턴게임 문구와 과일 사진을 인쇄한다.
2. 색지로 구름 모양을 만든다.
3. 자른 것들 모두 코팅하고 자른다.
4. 분홍색 우드락에 붙이고, 가운데에 벨크로를 붙인다.
5. 펠트지로 만든 아이스크림 콘 부분을 붙인다.

<아이스크림>

1. 아이클레이로 아이스크림 윗부분을 만든다.
2. 펠트지로 부채꼴 모양을 만든다.
3. 갈색 펜으로 콘 무늬를 그린다.
4. 아이스크림 바닥에 글루건을 사용하여 벨크로를 붙인다.

<아이스크림 패턴카드>

1. ppt를 활용하여 다양한 아이스크림 패턴 도안을 만든다.
2. 인쇄하여 자르고 코팅한다.

- 제작방법 사진

아이스크림 콘 부분 만들기	아이스크림 윗부분 만들기	아이스크림 완성	패턴 카드 만들기	패턴 게임 판 만들기

3) 제작 시 유의점

- 아이클레이가 마르고 난 후에 밑부분에 글루건을 사용하여 벨크로를 붙여야 한다.
- 아이스크림 패턴 카드를 제작할 때 아이스크림 패턴이 겹치지 않도록 제작한다.
- 글루건을 사용하여 콘 부분과 벨크로를 붙일 때 뜨거우니 조심해야 한다.
- 아이스크림 윗부분의 크기를 동일하게 만든다.

<활동 방법>

1. 바구니에 담겨 있는 아이스크림 패턴 카드를 뽑는다.
2. 아이스크림 패턴에 맞게 아이스크림을 차례대로 붙인다.

주유소

대소집단
게임

1. 놀이 관찰

유아들이 가게놀이를 하는 중, 기석이가 블록을 세로로 세우고 "여긴 주유소야!"라고 이야기 하자, 다른 유아들이 "주유소가 너무 작잖아!"라고 이야기한다. "주유소에는 이렇게 생긴 호스가 있어야 해."라고 말하며 자동차 옆쪽에 검지손가락을 가져다 댄다. 잠시 후, "주유가 완료되었습니다."라고 이야기하자 "감사합니다."라고 인사하며 유아들끼리 주유소 놀이를 시작한다.

2. 놀이 수업 교재교구 필요성

주유기와 유사한 형태의 교구를 통해 주유기 사용방법이나 순서에 대해 인식할 수 있다. 자동차를 탄 손님과 주유소 직원으로 역할을 나누어 각 상황에 맞는 단어나 이야기를 할 수 있도록 도움을 줌으로써 직업에 대한 이해를 높이고, 주유소라는 공간에 대한 관심과 흥미를 확대시킬 수 있다.

3. 교재교구 목표

- 지식 : 주유소와 직원, 손님의 역할을 안다.
- 기술 : 상황에 맞게 직원과 손님의 역할을 수행하고 주유기를 사용한다.
- 태도 : 주유소에 관심을 가진다.

4. 누리과정 관련요소

- 의사소통 영역 > 듣기와 말하기 > 상황에 적절한 단어를 사용하여 말한다.
- 의사소통 영역 > 듣기와 말하기 > 상대방이 하는 이야기를 듣고 관련하여 말한다.
- 예술경험 영역 > 창의적으로 표현하기 > 극놀이로 경험이나 이야기를 표현한다.

5. 제작 방법

1) 활동준비물 : 같은 크기의 상자 (2개), 펠트지, 분무기 손잡이, 백업, 플라스틱 통, 폼폼이, 가위, 칼, 풀, 마스킹테이프, 글루건, 자

2) 제작 방법

1. 펠트지를 붙였을 때, 뒤가 비칠 수 있기 때문에 상자의 겉표지를 제거한다.
2. 만들고자 하는 높이가 되도록 상자를 이어 붙인다.
3. 결제 화면, 가격 표시 등을 만들어 붙인다.
4. 펠트지를 활용하여 휘발유, 경유를 나눈다.
5. 백업과 분무기 손잡이를 연결하여 주유 호스를 만든다.
6. 플라스틱 통을 이용해 주유 호스를 넣어둘 곳을 만든다.
7. 폼폼이를 이용해 꾸민다.

- 제작방법 사진

펠트지를 활용하여 상자를 감싸고 휘발유, 경유를 코팅하여 붙여준다.	플라스틱 통을 이용해 주유 호스를 넣어둘 곳을 만든다.	백업과 분무기 손잡이를 연결하여 주유 호스를 만든다.	카드를 넣을 수 있도록 칸을 뚫어 카드가 들어갈 수 있도록 한다.

3) 제작 시 유의점

- 백업을 붙일 때, 글루건을 사용하면 백업이 녹기 때문에 주의해야 한다.
- 유아가 사용하기 쉽게 높이나 크기를 잘 고려해야 한다.
- 백업이 옆으로 펴지기 때문에 뒤쪽에 고정장치를 만드는 것이 좋다.

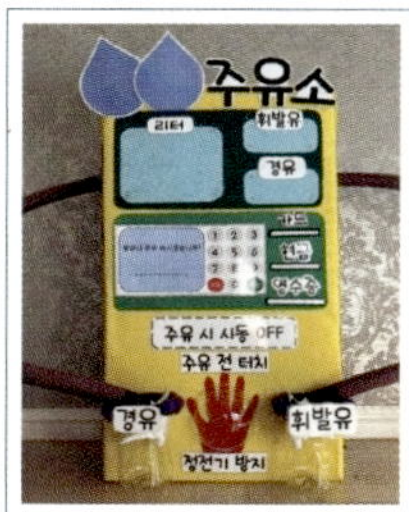

알사탕

대소집단
동화

1. 놀이 관찰

유아들이 가게놀이를 하는 중, 혜정이가 연극 '알사탕'을 보고 온 것에 대해 이야기를 했다. 옆에 있던 은수가 "알사탕'이 뭐야?"라고 하자 혜정이는 "사탕이야."라고 한다. 교사는 연극으로 만들어진 알사탕 동화를 친구들에게 들려줌으로써 다양한 물건을 살 수 있는 곳과 더불어 친구들과의 관계 형성에 대해 자연스럽게 지원할 수 있을 것이라 생각되었다.

2. 놀이 수업 교재교구 필요성

유치원에 오는 길에서 시작된 다양한 가게를 통해 유아는 여러 경험을 할 수 있었다. 놀이를 마무리하면서 알맞은 동화 매체를 이용하여 동화를 함께 읽고 유아들의 다음 주제로 지원하고자 계획하였다. 이러한 지원을 통해 유아들이 새로운 친구에 대한 관심과 이해를 넓히는 기회가 될 수 있고, 나 자신의 소중함과 타인의 감정을 인식하며 타인과 어울려 사는 태도 함양을 할 수 있을 것으로 기대한다.

3. 교재교구 목표

- 지식 : 나와 다른 사람이 친구가 될 수 있음을 인지한다.
- 기술 : 내 생각이나 의견을 바른 문장으로 말할 수 있다.
- 태도 : 민주시민의 태도를 함양한다.

4. 누리과정 관련요소

- 의사소통 > 듣기와 말하기 > 바른 태도로 듣고 말한다.
- 의사소통 > 책과 이야기 즐기기 > 책에 관심을 가지고 상상하기를 즐긴다.
- 사회관계 > 나를 알고 존중하기 > 나를 알고 소중히 여긴다.
- 사회관계 > 더불어 생활하기 > 친구와 서로 도우며 사이 좋게 지낸다.

5. 제작 방법

1) 활동준비물 : 하드보드지, 칼, 셀로판지, 여러 색의 펠트지(흰색, 갈색, 회색, 진 회색, 노란색, 하늘색, 주황색, 파란색), 건전지 전구, 건전지, 등장인물 프린트 자료, 코팅지, 벨크로, 표지 프린트, 코팅지, 가위, 칼, 글루건, 40mm 스티로폼 공, 여러 색의 물감, 붓

2) 제작 방법

1. 하드보드지를 두 면씩 짝지어 같은 크기로 자른다. 총 6개로 자른다.
2. 밑바닥이 될 한 개를 제외하고 5개의 하드보드지를 창문 모양으로 가운데를 자른다.
3. 창문 모양으로 자른 하드보드지 뒤에 흰색 펠트지를 붙인다.
4. 흰색 펠트지 위에 셀로판지를 붙인다.
5. 6면 중 밑 부분으로 사용할 1면을 빼고 5면을 동화의 배경으로 꾸민다.
6. 등장인물을 붙일 자리에 벨크로(보슬이)를 붙인다.
7. 밑바닥으로 사용할 하드보드지에 ㄷ 모양으로 칼집을 낸 후 건전지 전구 스위치를 꺼낸다.
8. 밑바닥의 앞 부분에 스위치를 붙인다.
9. 밑바닥을 포함해 5면을 상자 모양으로 붙인다.
10. 건전지 전구의 선을 내부에 연결하여 붙인다.
11. 남은 한 면을 상자 모양으로 붙인다.
12. 등장인물을 프린트한다.
13. 프린트한 후 모양대로 잘라 코팅한다.
14. 등장인물 뒤에 벨크로(까슬이)를 붙인다.

- 제작방법 사진

하드보드지를 총 6개로 자른다.	밑바닥이 될 한 개를 제외하고 5개의 하드보드지 가운데를 자르고 흰색 펠트지를 붙인다.	흰색 펠트지 위에 각 표현하고자 하는 셀로판지를 붙인다.	동화가 될 5면의 배경을 꾸민 후 등장인물을 붙일 자리는 벨크로(보슬이)를 붙인다.

밑바닥으로 사용할 하드보드지에 E 모양으로 칼집을 낸 후 건전지 전구 스위치를 붙인다.	5면을 상자 모양으로 붙인다.	건전지 전구 선을 내부에 연결하여 붙인다.	등장인물을 프린트 한 후 코팅하여 자른다. (뒤에 벨크로를 붙인다.)

<알사탕>

1. 40mm 스티로폼 공에 물감을 이용하여 배경 색을 칠한다.
2. 한 시간 정도 말린다.
3. 말린 뒤에 알사탕 모양으로 디테일한 그림을 그린다.

40mm스트로폼 공에 물감으로 색을 칠한다.	말린 뒤 알사탕 모양으로 그림을 그린다.

3) 제작 시 유의점

- 하드보드지를 자를 때 두 개씩 짝지어 같은 크기로 자른다.
- 배경을 만드는 중간중간 전구를 켜보며 배경의 분위기를 확인한다.
- 너무 다양한 색의 배경은 복잡해 보일 수 있으므로 배경의 전체적인 색을 고려하여 셀로판지를 사용한다.

동화 감상	

2. 여름에서 시작된 다양한 계절 이야기

1) 놀이 흐름도

여름방학이 지난 후에도 여전히 더운 여름, 유아는 여름이 너무 덥다고 이야기하면서 여름에 대한 이야기를 하였다. 얼굴이 까맣게 탄 친구도 있고 여름에 잡은 곤충을 유치원에 가져와 보여주기도 하였다. 이에 교사는 아이들과 여름에 생각나는 것들에 대해 이야기를 하다가 도블게임을 활용하여 여름에 대한 전반적인 내용을 정리해보고자 하였다. 유아의 관심사에 관련된 놀이를 사례별로 정리하면 여름에 경험했던 것들과 시원하게 보내기 위한 방법, 매일 들려오는 매미소리, 물고기 잡기 등이 있고, 그 사이 유아들은 가을을 맞이하고 있었다. 그러나 아직 다가오지 않은 겨울과 봄에 대한 부분은 아이들이 여름의 물고기 잡기에서 빙어낚시를 이야기한 적이 있다는 것을 기억한 교사가 겨울과 관련하여 지원해 주었고, 가을의 채소를 이야기하던 중 다른 계절에도 과일이 열리는지에 대한 이야기를 통해 제시하였다. 계절을 중심으로 진행된 교재교구의 흐름을 만들면 다음과 같다.

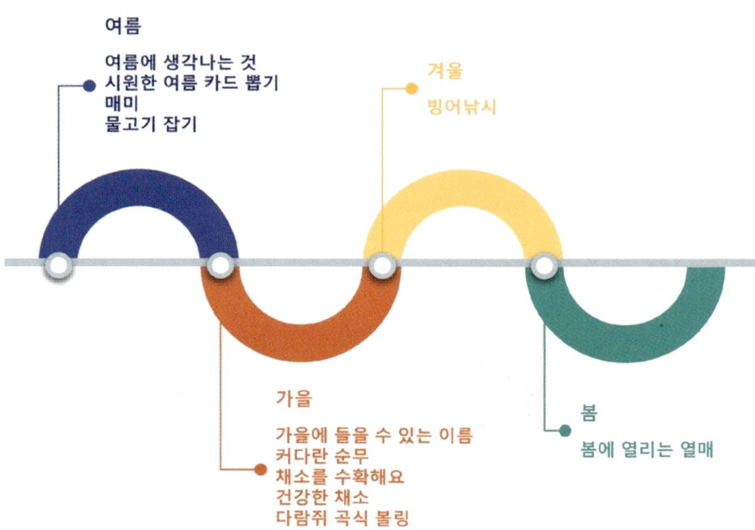

2) 교사 협의 및 지원

교사는 계절에 대해 다양하게 알아보고자 하였으나 아이들은 자신이 경험하는 계절에 관심을 보이고 있었다. 이러한 부분을 교사가 주도하기보다 유아가 관심을 보일 때 지원하는 것이 좋을 것 같다는 판단하에 교사는 유아가 활동 중 파생된 다른 계절의 이야기가 나올 때 자연스럽게 비교하여 할 수 있도록 다른 계절에서 경험할 수 있는 활동의 교재교구를 제시해주고자 하였다.

여름에 생각나는 것 <도블게임 패러디>

수 조작영역

1. 놀이 관찰

방학이 지나 유치원에 온 서연이는 교실에서 친구들과 여름에 관한 이야기를 하게 되었다. 서연이는 친구에게 "여름에는 왜 더울까?" 라고 친구들에게 질문을 하였다. 서연이의 물음에 한 친구가 "여름에는 해가 쨍쨍해서 더운 거야." 라고 대답하였다. 그리고 나서 서연이가 "더운 여름에는 무엇을 하고 놀 수 있을까?" 라고 질문을 하였다. 여름에 대해 이야기를 하고 있는 유아들을 본 교사는 여름에 대해 더 알아볼 수 있게 여름에 관한 사진 자료와 카드게임 등 여러 가지 교구들을 제작하여 유아들과 여름에 대해 알아보기로 하였다.

2. 놀이 수업 교재교구 필요성

여름에 나오는 대표적인 곤충이나 여름에 먹을 수 있는 음식 또는 여름에 입을 수 있는 옷 등을 여름에 관한 카드게임이나 여름에 관한 사진 자료와 같은 다양한 수업 자료를 이용해 유아들과 이야기를 나눈다. 여름에 대해 잘 모르는 유아들을 위해 여름에 관해 알아볼 수 있는 여러 가지 사진 자료와 여름 카드게임을 제작하여 유아들과 여름에 대해 알아보기로 한다.

3. 교재교구 목표

- 지식 : 여름에 대해 안다.
- 기술 : 여름에 관한 카드게임을 할 수 있다.
- 태도 : 여름과 관련된 곤충, 여름 과일 등에 관심을 가진다.

4. 누리과정 관련 요소

- 의사소통 > 듣기와 말하기 > 자신의 경험, 느낌, 생각을 말한다.
- 자연탐구 > 자연과 더불어 살기 > 날씨와 계절의 변화를 생활과 관련 짓는다.

5. 제작 방법

1) 활동준비물 : 컴퓨터, 프린터기, 코팅기, 가위, 풀, 도화지

2) 제작 방법
   1. 컴퓨터로 게임 도안을 제작한다.
   2. 제작한 게임 도안을 인쇄한다.
   3. 인쇄한 도안을 도화지에 붙인 후 코팅한다.
   4. 코팅한 도안을 가위로 잘라 완성한다.

- 제작방법 사진

	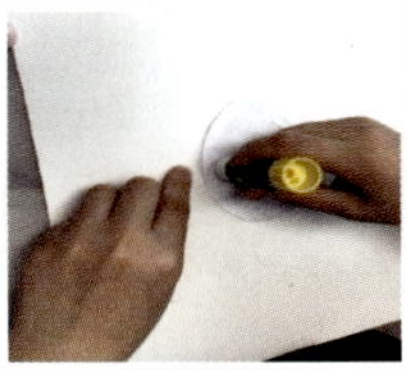		
컴퓨터로 게임 도안을 제작한다.	제작한 도안을 인쇄하여 도화지에 풀로 붙인다.	도화지에 풀로 붙인 도안을 다시 자른다.	다 자른 도안을 코팅하고 코팅한 도안을 잘라서 카드를 완성한다.

3) 제작 시 유의점
   - 가위를 사용할 때 손 다치지 않게 조심해서 사용한다.
   - 도화지에 카드 도안을 붙일 때 떨어지지 않게 풀로 꼼꼼히 붙인다.

시원한 여름 카드 뽑기

언어영역

1. 놀이 관찰

아이들이 바깥 놀이 시간을 마치고 교실에 돌아왔다. 다희가 "선생님 밖은 더운데 교실은 왜 시원해요?"라고 물어본다. 교사는 "에어컨에서 시원한 바람이 나와서 교실이 시원한 거야."라고 말해준다. 이때 현진이가 "여기 선풍기에 앞에 있으면 더 시원해!"라고 말한다. 그러자 다희는 "차가운 물을 마시면 더 시원해지겠다!"라고 말하며 친구들끼리 여름을 시원하게 보내는 방법에 대해 이야기를 나누었다.

2. 놀이 수업 교재교구 필요성

에어컨과 선풍기에 대해 이야기를 하던 중에 유아들은 에어컨과 선풍기의 글자 수가 같다고 이야기했다. 이때 유아들이 에어컨과 선풍기의 음절 수를 손가락으로 세기 시작하는 모습이 나타났다. 따라서 교사는 유아들이 단어의 음절 수에 관심을 보이는 것을 관찰하여 음절 수를 구별할 수 있는 언어활동과 관련된 교재교구를 지원하기로 계획하였다. 교재교구를 활용한 놀이를 통해 실생활에서 사용되는 단어를 자연스럽게 익히고 친숙해질 수 있도록 지원하고자 하였다. 또한 유아의 언어발달을 촉진시키기 위해 언어영역에서 활용할 교구를 제작하여 지원하였다.

3. 교재교구 목표

- 지식 : 여름을 시원하게 보내는 방법과 관련된 단어를 안다.
- 기술 : 단어에 있는 음절 수를 구별하여 알맞은 글자를 찾을 수 있다.
- 태도 : 여름을 시원하게 보내는 방법과 관련된 단어에 관심을 가진다.

4. 누리과정 관련 요소

- 의사소통 > 읽기와 쓰기에 관심 가지기 > 말과 글의 관계에 관심을 가진다.
- 의사소통 > 듣기와 말하기 > 말이나 이야기를 관심 있게 듣는다.

5. 제작 방법

1) 활동준비물 : 송곳, 글루건, 풀, 가위

글자 집게 - 글자 도안, 파란색 색지, 파란색 펠트지, 나무집게 25개

글자 집게 판 - 파란색 하드보드지, 연두색 색종이, 회색 색종이, 흰색 종이, 하늘색 색지, 투명시트지, 마끈, '글자를 골라보아요!' 글자 도안

시원한 여름 카드 뽑기 상자 - 폼보드, 하드보드지 3개, 하늘색 접착 펠트지 5장, 갈색 펠트지 1장, 파란색 펠트지, 연두색 펠트지, 주황색 펠트지, 랩 심지, 주황색 실, 바늘, 노란색 고무줄, 시원한 여름 카드 사진

시원한 여름 카드 - 단어 카드 그림 도안, 글자 수 표시 도안, 시원한 여름 글자 도안, 투명시트지, 색지 (하늘색, 노란색, 분홍색)

2) 제작 방법

<글자 집게>

1. 글자 도안을 자른다.
2. 파란색 색지를 글자 도안보다 크게 잘라서 덧붙인다.
3. 만든 글자들을 코팅하여 자른다.
4. 파란색 펠트지를 크기에 맞게 자르고 글자 뒷면에 붙인다.
5. 나무집게의 윗부분에 완성한 글자를 붙인다.

- 제작방법 사진

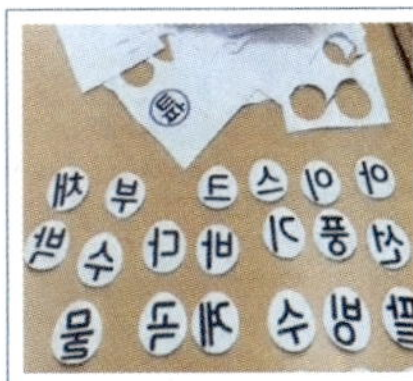			
글자 도안을 자른다.	파란색 색지를 글자 도안보다 크게 잘라서 덧붙인다.	파란색 펠트지를 크기에 맞게 자르고 글자 뒷면에 붙인다.	나무집게의 윗부분에 완성한 글자를 붙인다.

<글자 집게 판>

1. 하늘색 색지로 파도 모양을 5개 만든다.
2. 파란색 하드보드지에 하늘색 색지로 만든 파도를 일정한 간격으로 붙인다.
3. 연두색 색종이로 수초를 만든다.
4. 회색 색종이로 돌의 모양을 만들고 흰색 종이로 다양한 크기의 원을 잘라 파란색 하드보드지에 붙인다.

5. 바닷속 풍경으로 꾸민 하드보드지에 투명시트지를 붙인다.
6. 하드보드지 양쪽에 송곳으로 구멍을 뚫어 구멍에 마끈을 넣는다.
7. 하드보드지 뒷면에 튀어나온 끈을 매듭지어 고정하고 글루건으로 다시 고정한다.
8. '글자를 골라보아요!' 도안을 코팅하여 자르고 하드보드지 위에 붙인다.
9. 사전에 완성했던 글자 집게를 마끈에 무작위로 매달아 놓는다.

파란색 하드보드지에 하늘색 색지로 만든 파도를 일정한 간격으로 붙인다.

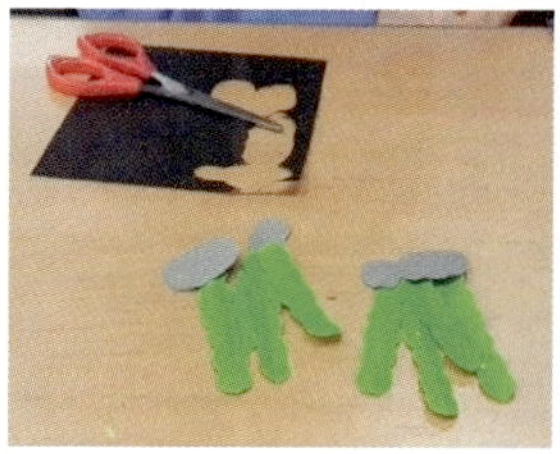

연두색 색종이로 수초를 만들고 회색 색종이로 돌의 모양을 만든다.

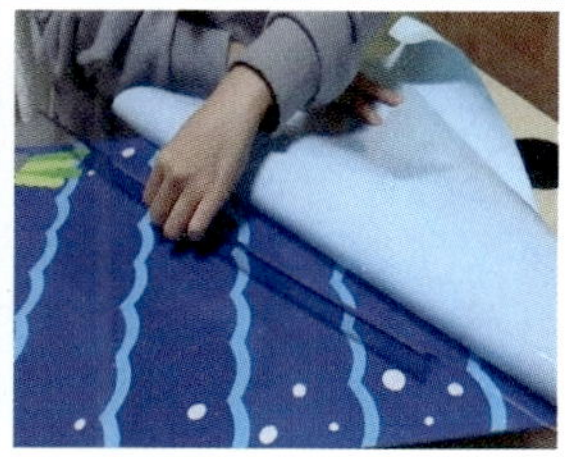

수초와 물방울을 붙여 꾸민 하드보드지에 투명시트지를 붙인다.

하드보드지 양쪽에 송곳으로 구멍을 뚫어 구멍에 마끈을 넣어 글루건으로 고정한다.

'글자를 골라보아요!' 도안을 코팅하여 자르고 하드보드지 위에 붙인다.

사전에 완성했던 글자 집게를 마끈에 무작위로 매달아 놓는다.

3) 제작 시 유의점

- 코팅한 종이를 나무집게에 부착하면 잘 떨어질 수 있으므로 코팅 종이 뒷면에 펠트지를 부착한 다음 나무집게에 붙인다.
- 마끈의 매듭을 최대한 단단하게 묶어주고 글루건으로 매듭을 단단하게 고정시킨다.
- 하드보드지에 투명 시트지를 자로 밀면서 깔끔하게 붙인다.
- 하드보드지에 송곳으로 구멍을 뚫을 때 왼쪽 구멍과 오른쪽 구멍을 최대한 같은 위치에 뚫는다.

<시원한 여름 카드>

1. 하늘색, 노란색, 분홍색 색지를 가로 15cm, 세로 20cm의 크기로 자른다.
2. 시원한 여름 카드의 그림을 자른다.
3. 글자 수를 나타내는 도안을 자른다.
4. 색지에 시원한 여름 카드의 그림과 글자 수를 나타내는 도안을 붙인다.
5. 색지를 코팅하여 자른다.
6. 시원한 여름 글자 도안을 잘라 카드의 뒷면에 투명시트지로 붙인다.

<시원한 여름 카드 뽑기 상자>

1. 하드보드지로 뽑기 상자의 앞면, 뒷면, 옆면, 윗면, 밑면을 자른다.
2. 하드보드지로 만든 윗면에 단어 카드가 들어갈 공간을 만들어서 자른다.
3. 하드보드지로 만든 상자의 옆면에 돌림봉이 들어갈 지름 6cm의 원을 그려 자른다.
5. 폼보드로 만든 상자의 옆면에는 돌림봉이 들어갈 크기의 네모를 그려 자른다.
6. 양면 테이프로 같은 면의 하드보드지와 폼보드를 붙인다.
7. 글루건으로 상자의 각 면을 붙인다.
8. 상자에 박스 테이프를 붙여 단단하게 만든다.
9. 상자의 밑면에는 갈색 접착 펠트지를 잘라 붙인다.
10. 상자의 윗면, 뒷면, 옆면, 앞면에는 하늘색 접착 펠트지를 잘라 붙인다.
11. 주황색 펠트지로 상자 윗면에 단어 카드를 넣을 공간을 만들어 제작하고 상자 안쪽에 붙인다.
12. 주황색 펠트지를 랩 심지의 크기에 맞게 잘라 바느질하고 랩 심지를 감싼다.
13. 완성한 돌림봉에 노란색 고무줄을 끼우고 상자에 돌림봉을 넣는다.
14. 단어 카드가 돌림봉에 잘 딸려 나올 수 있도록 폼보드 3장을 같은 크기로 잘라 붙인다.
15. 받침대를 상자의 안쪽에 붙이고 주황색 펠트지로 받침대를 감싼다.
16. 파란색, 연두색, 주황색 펠트지로 '시원한 여름 카드 뽑기!' 글자를 잘라 상자의 앞면에 붙인다.

17. 시원한 여름 카드 사진을 코팅하여 상자의 앞면에 벨크로로 붙인다.

<table>
<tr><td></td><td>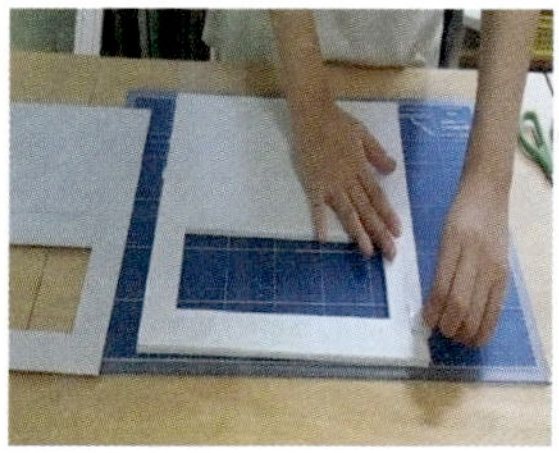</td><td>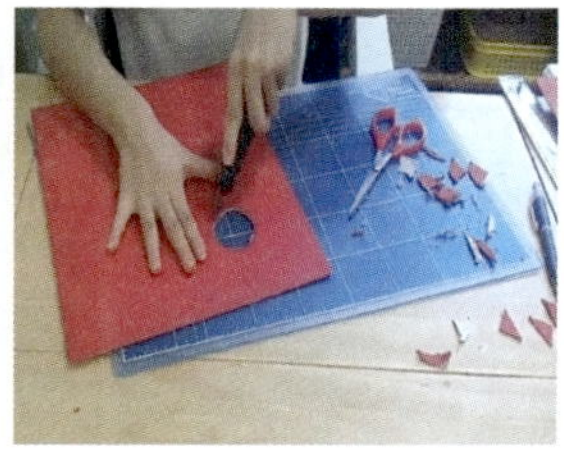</td></tr>
<tr><td>하드보드지로 뽑기 상자의 앞면, 뒷면, 옆면, 윗면, 밑면을 자른다.</td><td>하드보드지로 만든 윗면에는 단어 카드가 들어갈 공간을 만들어서 자른다.</td><td>하드보드지로 만든 상자의 옆면에 돌림봉이 들어갈 지름 6cm의 원을 그려 자른다.</td></tr>
<tr><td></td><td></td><td></td></tr>
<tr><td>폼보드로 만든 상자의 옆면에는 돌림봉이 들어갈 크기의 네모를 그려 자르고 양면 테이프로 같은 면의 하드보드지와 폼보드를 붙인다.</td><td>글루건으로 상자의 각 면을 붙인다.</td><td>상자의 윗면, 뒷면, 옆면, 앞면에는 하늘색 접착 펠트지를, 주황색 펠트지로 상자 윗면에 단어 카드를 넣을 공간을 만들어 제작하고 상자 안쪽에 붙인다.</td></tr>
<tr><td></td><td>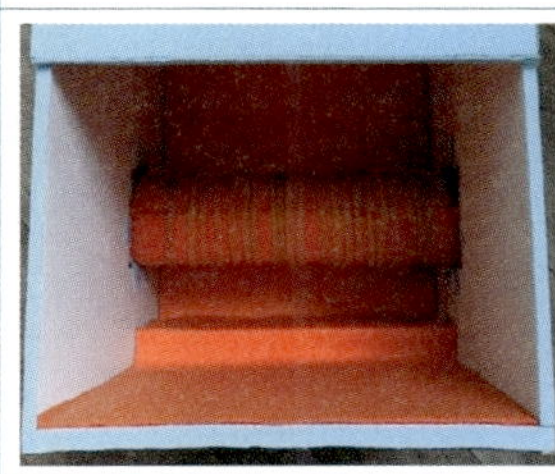</td><td></td></tr>
<tr><td>완성한 돌림봉에 노란색 고무줄을 끼우고 상자에 돌림봉을 넣는다.</td><td>단어 카드가 돌림봉에 잘 딸려 나올 수 있도록 폼보드 3장을 같은 크기로 잘라 받침대를 상자의 안쪽에 붙여주고 주황색 펠트지로 받침대를 감싼다.</td><td>시원한 여름 카드 사진을 코팅하여 상자의 앞면에 벨크로로 붙인다.</td></tr>
</table>

4) 제작 시 유의점

- 하드보드지의 원을 자를 때 튼튼한 가위나 칼을 사용하여 자른다.
- 폼보드는 원 모양으로 자르기 어려우므로 네모 모양으로 자른다.
- 폼보드 위에 하드보드지를 붙여서 튼튼하게 상자를 만든다.
- 돌림봉에 시원한 여름 카드가 잘 딸려나올 수 있도록 받침대를 만든다.
- 시원한 여름 카드는 비교적 두꺼운 색지로 만들어야 한다.

<활동 방법>

1. 뽑기 상자에 들어 있는 시원한 여름 카드를 뽑는다.
2. 시원한 여름 카드에 있는 그림과 글자 수를 나타내는 원의 개수를 확인한다.
3. 그림과 글자 수에 맞는 글자 집게를 찾는다.
4. 시원한 여름 카드에 집게를 꽂는다.
5. 시원한 여름 카드 뒷면에 적힌 단어를 확인한다.

매미

대소집단
동시

1. 놀이 관찰

유치원 근처 나무에서 울고 있는 매미소리는 지난 여름 내내 들렸다. 이안이가 "맴맴맴"하며 매미 소리를 따라한다. 그러자 옆에 있던 아이가 "매미는 나무에 붙어서 울어야 해."하며 나무를 껴안으며 "맴맴"한다. 다른 아이들도 매미 따라하기 놀이에 관심을 보인다.

2. 놀이 수업 교재교구 필요성

이안이가 매미 울음소리를 따라하기 시작했고, 다른 아이들도 매미 따라하기 놀이에 흥미를 보였다. 이러한 흥미는 교실에 가서도 계속되었다. 아이들은 매미에 대해 여러 질문을 하였다. 이것을 계기로 '매미' 동시를 듣고 매미를 보았던 경험을 회상해보고, 매미의 성장 과정에 대해 알 수 있도록 지원하고자 계획하였다. 이러한 지원을 통해 '매미'라는 곤충에 대해 자세히 알고, 소중히 대할 수 있는 기회가 될 수 있고, 과학적 지식으로 연결할 수 있을 것으로 기대한다.

3. 교재교구 목표

- 지식 : 매미의 성장 과정에 대해 안다.
- 기술 : 매미와 관련된 언어를 사용할 수 있다.
- 태도 : 매미를 소중히 대하는 태도를 가진다.

4. 누리과정 관련 요소

- 의사소통> 책과 이야기 즐기기> 동화, 동시에서 말의 재미를 느낀다.
- 자연탐구> 자연과 더불어 살기> 주변의 동식물에 관심을 가진다.
- 자연탐구> 자연과 더불어 살기> 생명과 자연환경을 소중히 여긴다.

5. 제작 방법

1) 활동준비물 :

매미의 성장 과정 책 - 펠트지(진한 갈색, 주황색), 알 사진, 애벌레 사진, 유충 사진, 성충 사진, 성장 과정 설명 글 인쇄한 것, 손코팅지, 벨크로

'매미' 동시판 - 부직포 처리된 하늘색 폼보드, 펠트지(초록색, 연두색, 연갈색), 매미 사진, '매미' 동시 인쇄한 것, 손코팅지, 벨크로, 글루건

2) 제작 방법

<'매미' 동시판>

1. 연갈색 펠트지를 나무 모양으로 오린다.
2. 연두색 펠트지를 큰 나뭇잎 모양으로 오린다.
3. 초록색 펠트지를 작은 나뭇잎 모양으로 오린다.
4. 연갈색 펠트지를 윗부분만 연두색 펠트지에 글루건으로 붙인다.
5. 초록색 펠트지를 연두색 펠트지에 글루건으로 붙인다.
6. 완성된 나무 뒷면에 벨크로를 붙이고 동시 인쇄한 것과 매미 사진을 오리고 코팅한 후 벨크로로 붙인다.
7. 부직포 처리된 하늘색 폼보드에 나무 만든 것을 붙이고, 나무 위에 동시 글과 매미 사진을 붙인다.

- 제작방법 사진

연갈색 펠트지를 나무 모양으로 오린다.	연두색 펠트지를 큰 나뭇잎 모양으로 오린다.	초록색 펠트지를 작은 나뭇잎 모양으로 오린다.	연갈색 펠트지를 윗 부분만 연두색 펠트지에 글루건으로 붙인다.
	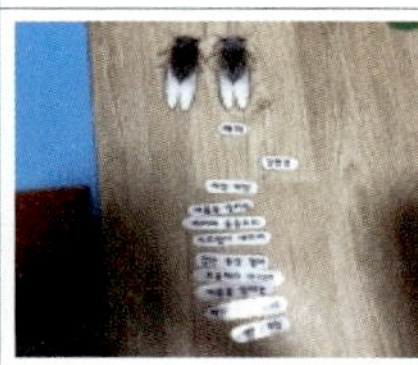		
초록색 펠트지를 연두색 펠트지에 글루건으로 붙인다.	동시 인쇄한 것과 매미 사진을 오리고 코팅한 후 벨크로로 붙인다.	매미 성장 과정 책을 동시 판 아래 붙인다.	

<매미의 성장과정 책>

1. 진갈색 펠트지를 세로로 반을 자른다. (5개 필요)
2. 4개의 펠트지에 세로로 얇게 자른 주황색 펠트지를 위아래에 글루건으로 붙인다.
3. 알 사진, 애벌레 사진, 유충 사진, 성충 사진, 설명 글 인쇄한 것을 오리고 코팅한다.
4. 코팅한 것에 벨크로를 붙인다.

5. 주황색 펠트지를 붙이지 않은 진갈색 펠트지가 맨 위로 오도록 한 후, 글루건으로 한 장씩 붙인다.
6. 진갈색 펠트지 맨 마지막 장에 벨크로를 붙인다.
7. 첫 장을 제외하고 두 번째 장부터 사진과 설명 글을 붙인다.

진갈색 펠트지를 세로로 반을 자른다.	4개의 펠트지에 세로로 얇게 자른 주황색 펠트지를 위아래에 글루건으로 붙인다.	알 사진, 애벌레 사진, 유충 사진, 성충 사진, 설명 글 인쇄한 것을 오리고 코팅한다.	주황색 펠트지를 붙이지 않은 진갈색 펠트지가 맨 위로 오도록 한 후, 글루건으로 한 장씩 붙인다.

3) 제작 시 유의점
- 동시 글자 크기를 유아가 잘 볼 수 있도록 너무 작지 않게 인쇄한다.
- 글루건으로 붙일 때 글루건이 세어 나오지 않도록 깔끔하게 붙인다.
- 매미 성장 과정 사진은 그림보다는 실물사진을 사용한다.

매미

김현경

매앰 매앰
여름을 알리는
매미의 울음소리

시끄럽다 매미야

잠든 동생 깰라

조용해라 매미야
여름을 알리는
매미의 울음소리
매앰 매앰

가을에 들을 수 있는 이름

언어영역

1. 놀이 관찰

계절이 가을로 바뀌는 시점에 유아들은 바깥놀이를 하던 도중 밖의 풍경이 가을로 변하는 것을 보았다. 수진이가 "나뭇잎들이 왜 빨간색으로 변하지?" 라고 묻자 다른 유아들도 뒤따라 빨간색으로 변하는 나뭇잎들을 살펴보기 시작하였다. 그러자 정원이가 "잎이 변하는 건 가을이 돼서 그런 것이라고 엄마가 그랬어." 라고 하였다. 그러자 다른 유아들은 "가을에는 뭐가 있지?" 라며 서로 가을에 무엇이 있는지에 대한 이야기를 나누는 놀이 장면을 보았다.

2. 놀이 수업 교재교구 필요성

여름에서 가을로 바뀌는 시점에 유아들은 바깥놀이를 하다 계절에 따라 바뀌는 바깥의 풍경을 보며 신기해하였다. 그후에도 유아들은 교실로 돌아와 사계절에 대해 이야기를 나누면서 사계절 중 지금의 계절인 가을에 대해 많은 궁금증들 가지고 있었다. 이를 지켜본 교사는 가을에 대해 유아들이 보다 쉽게 이해할 수 있도록 언어영역으로 유아들에게 놀이 활동을 제공하고자 하였다.

3. 교재교구 목표

- 지식 : 가을에 대해 안다.
- 기술 : 글자를 찾아 단어를 만들 수 있다.
- 태도 : 가을과 관련된 글자에 관심을 갖는다.

4. 누리과정 관련 요소

- 의사소통 > 읽기 > 주변의 상징, 글자 등의 읽기에 관심을 가진다.
- 의사소통 > 말하기 > 자신의 경험, 느낌, 생각을 말한다.

5. 제작 방법

1) 활동준비물 : 하드보드지, 투명시트지, 마스킹테이프, 코팅지, 고리, 벨크로,
가을 관련 단어 적힌 종이, 가을 관련 사진

2) 제작 방법

1. 글자판은 하드보드지에 시트지를 감싸고 마스킹 테이프로 마무리한다.

2. 다 만든 하드보드지 위에 벨크로를 붙인다.
3. 글자판에 붙일 글자들을 복사하고 잘라 코팅지로 단단하게 코팅한다.
4. 글자들을 잘 맞추지 못하는 유아들을 위해 하나의 단어는 같은 색의 마스킹 테이프로 깔끔히 정리한다.
5. 글자들의 뒷면에 벨크로를 붙이고 마스킹 테이프로 마무리한다.
6. 정답판은 하드보드지에 가을 관련 사진과 이름을 코팅하여 붙인다.
7. 고리 책은 한 장씩 단어에 맞는 큐알 코드를 만든 후 고리 책의 테두리는 단어를 잘 찾지 못하는 유아들을 위해 글자판에 글자의 마무리된 마스킹 테이프와 비슷한 색의 테두리로 마무리한다.
8. 완성한 고리 책을 단단하게 코팅한 후 큐알 코드 밑에 벨크로를 붙인다.

- 제작방법 사진

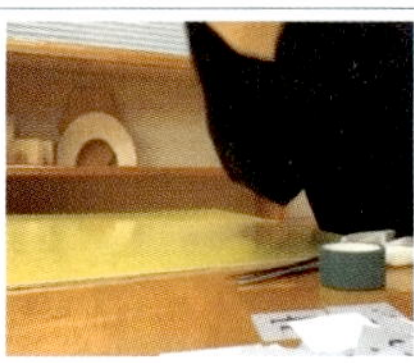			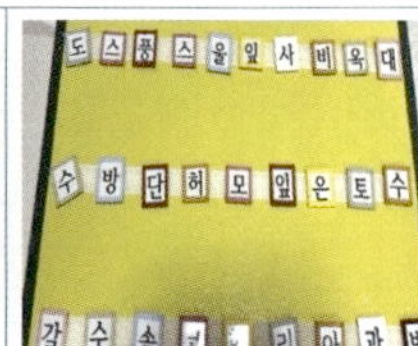
글자판은 하드보드지에 시트지를 감싸고 마스킹 테이프로 마무리한다.	다 만든 하드보드지 위에 벨크로를 붙인다.	글자판에 붙일 글자들을 복사하고 잘라 코팅지로 단단하게 코팅한다.	글자들을 잘 맞추지 못하는 유아들을 위해 하나의 단어는 같은 색의 마스킹 테이프로 깔끔히 정리한다.
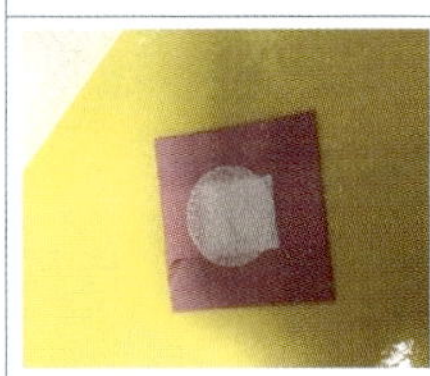			
글자들의 뒷면에 벨크로를 붙이고 마스킹 테이프로 마무리한다.	정답판은 하드보드지에 가을 관련 사진과 이름을 코팅하여 붙인다.	고리책은 한 장씩 단어에 맞는 큐알 코드를 만든 후 고리책의 테두리는 글자의 마무리된 마스킹 테이프와 비슷한 색의 테두리로 마무리한다.	완성한 고리책을 단단하게 코팅한 후 큐알 코드 밑에 벨크로를 붙인다.

3) 제작 시 유의점

- 유아가 교구에 끝 부분들을 만질 때 다치지 않도록 마스킹 테이프로 마감한다.
- 유아들의 흥미와 발달 수준을 고려하여 카드의 개수를 조절한다.

정답 QR (허수아비)	정답 QR (은행잎)

커다란 순무

대소그룹

동화·동극

1. 놀이 관찰

채소의 좋은 점에 대해 알게 된 유아들과 유치원 텃밭에 채소를 심었다. 그러나 유아들은 하루빨리 채소를 수확하고 싶어하였다. "선생님 언제 채소가 자라요?"라고 하는 이야기를 여러 번 들은 교사는 동화 수업을 진행하기로 하였다.

2. 놀이 수업 교재교구 필요성

직접 채소를 재배하는 과정에서 교사는 유아들의 요구에 따라 동화 속 주인공들이 수확하는 즐거움을 경험해볼 수 있도록 지원하는 것은 의미 있는 일이라 생각되었다.

3. 교재교구 목표

- 지식 : 순무에 대해 안다.
- 기술 : 동화를 듣고 동극으로 표현할 수 있다.
- 태도 : 채소에 관심을 가진다.

4. 누리과정 관련 요소

- 의사소통 > 듣기와 말하기 > 자신의 경험, 느낌, 생각을 말한다.
- 자연탐구 > 자연과 더불어 살기 > 날씨와 계절의 변화를 생활과 관련 짓는다.
- 사회관계 > 더불어 생활하기 > 서로 다른 감정, 생각, 행동을 존중한다.
- 의사소통 > 책과 이야기 즐기기 > 책에 관심을 가지고 상상하기를 즐긴다.
- 의사소통> 듣기와 말하기 > 말이나 이야기를 관심 있게 듣는다.

5. 제작 방법

1) 활동준비물 : 가을과 관련된 사진과 단어 자료, 고리, 펠트지, 솜, 실, 바늘, 하드보드지, 코팅지, 색지, 벨크로, 할핀

2) 제작 방법

1. 가을과 관련된 사진과 단어를 인쇄한다.
2. 가을과 관련된 사진과 단어를 인쇄 후 잘라 고리를 연결해 사진첩으로 만든다.
3. 하드보드지에 펠트지를 사용해 땅(흙), 하늘을 꾸민다.
4. 『커다란 순무』에 나오는 무와 주인공들의 도안을 그린다.
5. 도안에 맞게 펠트지를 두 겹으로 접어 잘라주고 가장자리를 펠트지 색에 맞는 실을 사용해 바느질한다.
6. 바느질이 어느 정도 마무리가 되면 적당한 양의 솜을 넣고 바느질을 마무리한다.
7. 무가 서서히 나올 수 있도록 뒤에 구멍을 뚫어 할핀과 연결한다.
8. 4절지 하드보드지 판에 벨크로를 붙여 주인공이 붙을 수 있게 한다.

- 제작방법 사진

가을과 관련된 사진과 단어를 인쇄한다.	가을과 관련된 사진과 단어를 인쇄 후 잘라 고리를 연결해 사진첩으로 만든다.	하드보드지에 펠트지를 사용해 땅(흙), 하늘을 꾸민다.	『커다란 순무』에 나오는 무와 주인공들의 도안을 그려준다.

도안에 맞게 펠트지를 두 겹으로 접어 잘라주고 가장자리를 펠트지 색에 맞는 실을 사용해 바느질한다.	바느질이 어느 정도 마무리가 되면 적당한 양의 솜을 넣고 바느질을 마무리한다.	무가 서서히 나올 수 있도록 뒤에 구멍을 뚫어 할핀과 연결한다.	4절지 하드보드지 판에 벨크로를 붙여 주인공이 붙을 수 있게 한다.

3) 제작 시 유의점

- 사진 자료의 끝부분을 둥글게 잘라 유아들이 긁히지 않게 주의한다.
- 가을에 맞는 올바른 사진 자료를 준비해 유아들에게 알려준다.
- 동화 속 무의 움직임을 명확하게 표현해 준다.
- 융판동화에 활용한 주인공은 동극 시 재사용한다.

<등장인물 순서 자료>

융판동화

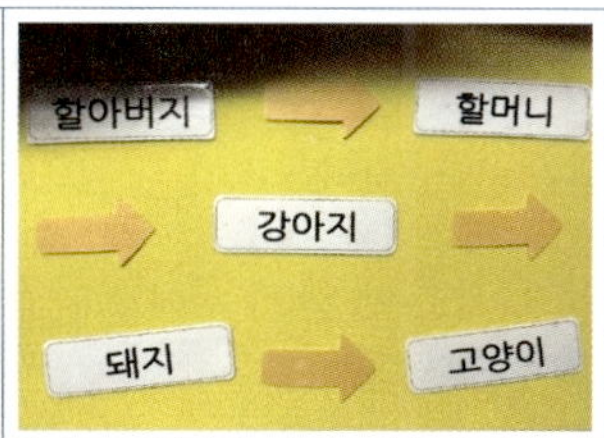

동극 등장 순서

채소를 수확해요

수 조작영역

1. 놀이 관찰

채소의 좋은 점에 대해 알게 된 유아들과 유치원 텃밭에 채소를 심었다. 그러나 유아들은 하루빨리 채소를 수확하고 싶어하였다. “선생님 언제 채소가 자라요?”라고 하는 이야기를 여러 번 들은 교사는 채소가 실제 자라는 동안 교실에서 채소를 수확하기로 하였다.

2. 놀이 수업 교재교구 필요성

직접 채소를 재배하는 과정에서 교사는 유아들의 요구에 따라 채소를 수확하는 기쁨을 놀이로 지원하고자 하였다.

3. 교재교구 목표

- 지식 : 가을에 자라는 채소를 안다.
- 기술 : 숫자를 더하고 빼는 것을 할 수 있다.
- 태도 : 가을에 자라는 채소에 관심을 가진다.

4. 누리과정 관련 요소

- 자연탐구 > 생활 속에서 탐구하기 > 물체를 세어 수량을 알아본다.
- 자연탐구 > 자연과 더불어 살기 > 주변의 동식물에 관심을 가진다.
- 신체운동·건강 > 신체활동 즐기기 > 신체 움직임을 조절한다.

5. 제작 방법

1) 활동준비물 : 하드보드지, 수수깡, 검정 비닐, 연두색 모루, 검정 접착 펠트지, 펠트지(빨간색, 주황색, 노란색, 파란색, 자주색, 하얀색, 초록색, 갈색), 솜, 실, 바늘, 가위, 칼, 자, 글루건, 컷팅 매트

2) 제작 방법

1. 폐박스를 활용하여 만들고자 하는 적절한 크기를 정한다.
2. 채소를 꽂을 구멍을 뚫어준다.
3. 갈색 펠트지를 붙여 칼을 사용해 구멍을 낸다.
4. 주황색 펠트지를 삼각형으로 자른 후, 두 개의 도안을 같이 바느질하고 솜을 넣어 당근 몸통을 만든다. 연두색 펠트지를 사용해서 당근의 잎을 만들고 미리 만든 당근 몸통에 붙인다.
5. 흰색 펠트지는 밑 부분을 둥글게 자른 후, 두 개의 도안을 같이 바느질하고 솜을 넣어 무 몸통을 만든다. 연두색 펠트지를 사용해서 무의 잎을 만들고 미리 만든 무 몸통에 붙인다.
6. 갈색 펠트지를 고구마 모양대로 잘라서 바느질하다가 중간에 솜을 넣어 고구마 몸통을 만든다.
7. 우드락을 사용해 정육면체 주사위를 만들고 위에 펠트지를 붙인 후, 각 면에 숫자를 붙이고 이 과정을 2번 더 반복한다.
8. 우드락을 사용해 정육면체 주사위를 만들고 위에 펠트지를 붙인 후, 각 면에 덧셈과 뺄셈 기호를 붙이고 이 과정을 2번 더 반복한다.

- 제작방법 사진

폐박스를 활용하여 만들고자 하는 적절한 크기를 정한다.	채소를 꽂을 구멍을 뚫어준다.	갈색 펠트지를 붙여 칼을 사용해 구멍을 낸다.	주황색 펠트지로 삼각형으로 자른 후, 두 개의 도안을 같이 바느질하고 솜을 넣어 당근 몸통을 만든다. 또한 당근의 잎을 만들고 미리 만든 당근 몸통에 붙인다.

흰색 펠트지는 밑 부분을 둥글게 자른 후, 두 개의 도안을 같이 바느질하고 솜을 넣어 무 몸통을 만든다. 무의 잎을 만들고 미리 만든 무 몸통에 붙인다.	갈색 펠트지를 고구마 모양대로 두 개 잘라서 바느질하다가 중간에 솜을 넣어 고구마 몸통을 만든다.	우드락을 사용해 정육면체 주사위를 만들고 위에 펠트지를 붙인 후, 각 면에 숫자를 붙이고 이 과정을 2번 더 반복한다.	우드락을 사용해 정육면체 주사위를 만들고 위에 펠트지를 붙인 후, 각 면에 덧셈과 뺄셈 기호를 붙이고 이 과정을 2번 더 반복한다.

3) 제작 시 유의점

- 유아가 종이 상자에 베이지 않도록 마감 처리를 한다.
- 유아가 활동 시, 당근, 무, 배추의 옆구리가 터지지 않도록 바느질을 꼼꼼히 한다.

<활동 방법>

1. 뽑기를 통해 두 명의 유아가 짝을 짓는다.
2. 짝 지어진 두 명의 유아가 가위바위보를 통해 순서를 정해서 주사위를 던진다.
3. 숫자 주사위와 더하기, 빼기 기호가 적힌 주사위를 동시에 던져 나오는 수를 더해야 할지 빼야 할지 확인을 한다.
4. 더하기가 나오면 숫자에 맞는 개수의 채소를 밭에서 가져와 자신의 앞에 두고, 빼기가 나오면 숫자에 맞는 개수의 채소를 다시 밭에다 가져다 꽂는다.
5. 밭에 채소가 모두 없어지면 게임이 끝나며, 가장 많은 채소를 모은 유아가 이긴다.

건강한 채소<할리갈리 패러디>

수 조작영역

1. 놀이 관찰

이야기나누기에서 활용한 다양한 재료들을 역할영역에 제공하였다. 이에 유아들이 음식 모형을 가지고 소꿉놀이를 하고 있다. 그러던 중 상희가 "나는 고기보다 채소를 더 잘 먹어." 라고 이야기하였다. 아이들은 "채소가 뭔데?" 라고 물어보았다. 이에 놀이를 통해 다양한 채소를 알려주고자 하였다.

2. 놀이 수업 교재교구 필요성

올바른 식습관에 유아가 관심을 가지기 시작했다. 친구들의 이야기를 듣고 공감하는 유아도 있었고 싫어한다며 부정적인 반응을 보이는 유아도 있었다. 더 나아가 건강 음식에 관심을 가지고 가까워질 수 있는 기회라고 생각됨에 따라 교사는 유아들의 놀이를 확대하여 주제로 삼고 놀이를 지원하기로 하였다.

3. 교재교구 목표

- 지식 : 우리 몸을 건강하게 해주는 음식에 대해 안다.
- 기술 : 일상생활에서 건강 음식을 찾아 먹을 수 있다.
- 태도 : 다양한 건강 음식에 관심을 갖는다.

4. 누리과정 관련 요소

- 신체운동·건강> 건강하게 생활하기> 몸에 좋은 음식에 관심을 가지고 바른 태도로 즐겁게 먹는다.
- 자연 탐구> 생활 속에서 탐구하기> 주변에서 반복되는 규칙을 찾는다 .
- 자연 탐구> 생활 속에서 탐구하기> 물체를 세어 수량을 알아본다.

5. 제작 방법

1) 활동준비물 : 건강 음식 사진, 코팅지, 색 도화지, 보관 상자, 접착 펠트지, 하드보드지, 글루건

2) 제작 방법

1. 카드 틀에 각각의 건강 음식들을 1~5개가 들어가도록 하여 4종류의 건강 음식 카드를 만들고 자른다.

2. 색 도화지에 건강 음식 카드를 붙인다.
3. 색 도화지를 붙인 건강 음식 카드를 모양대로 자른다.
4. 색 도화지를 붙인 건강 음식 카드를 코팅한다.
5. 코팅한 건강 음식 카드를 모양대로 자른다.

- 제작방법 사진

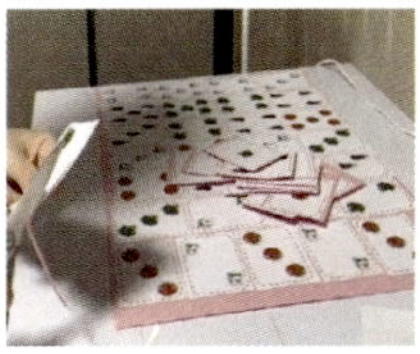	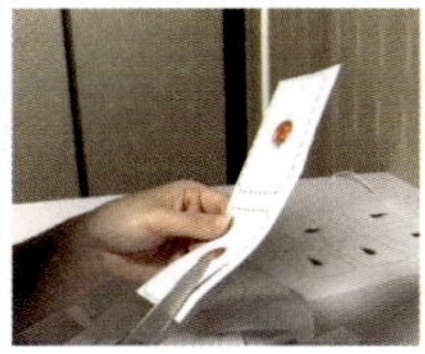		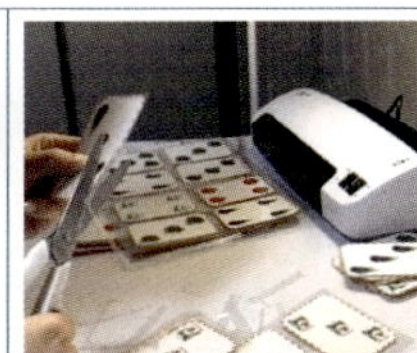
카드에 채소의 개수가 1~5개가 들어가도록 하여 4가지 종류의 건강 음식 카드를 만들고 자른다.	색 도화지를 붙인 건강 음식 카드를 모양대로 자른다.	색 도화지를 붙인 건강 음식 카드를 코딩한다.	코팅한 건강 음식 카드를 모양대로 자른다.

3) 제작 시 유의점
- 그림 카드의 모서리가 뾰족하지 않도록 둥글게 다듬는다.
- 유아가 쉽게 구분하고 알아볼 수 있도록 명확한 사진으로 제작한다.

	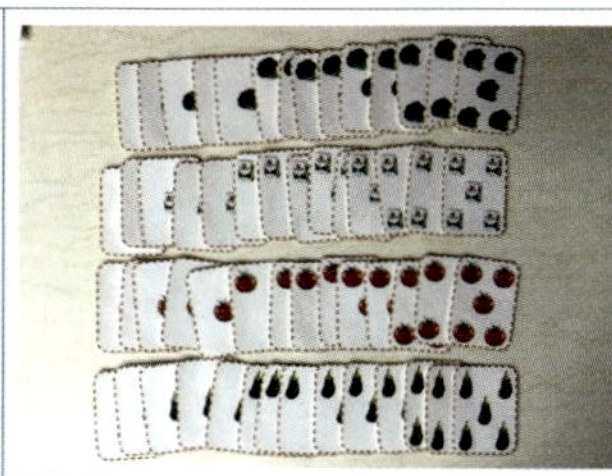

<활동 방법>
1. 세 명씩 짝을 지어서 모여 앉는다.
2. 각각의 유아가 카드를 뒤집은 상태에서 똑같은 개수의 카드를 가져간다.
3. 유아 가운데에 종을 두고 자신 앞에 뒤집은 카드를 쌓아놓는다.

4. 가위바위보로 순서를 정한다.
5. 순서대로 그림이 보이도록 카드를 뒤집어서 내려놓는다.
6. 카드 속의 똑같은 그림끼리 개수가 5개가 되면 빠르게 종을 친다.
7. 먼저 종을 치는 사람이 내려놓은 카드를 모두 가져간다. (단, 종을 잘못 치면 상대방에게 자신의 카드를 한 장씩 줘야 한다.)
8. 마지막까지 카드의 개수가 가장 많은 사람이 이긴다.

다람쥐 곡식 볼링

대소그룹

게임

1. 놀이 관찰

여름이 지나고 가을이 되어 가을에 관련된 곡식의 종류를 이야기 시간을 갖던 중 아이들은 곡식에 대해 이야기를 나누기 시작했고, 곡식의 종류에 대해 관심을 가지기 시작했다. 다혜는 선생님에게 "선생님 가을에 볼 수 있는 곡식하면 쌀이 생각나요!" 라고 이야기했으며 반 친구들은 "맞아, 나도 곡식하면 쌀이 가장 먼저 생각이 나." 라고 맞장구를 쳐주었다. 교사는 "다혜는 가을에 볼 수 있는 곡식하면 왜 쌀이 생각난다고 했어?" 라고 질문을 했다. 다혜는 "쌀은 밥을 먹을 때 항상 있고 다양해서요!" 라고 이야기했고 교사는 "그럼 쌀 말고 다른 곡식은 없을까?" 라고 질문을 하였다. 아이들은 "강낭콩, 콩 등이 있어요." 라고 대답했다. 이러한 모습을 본 교사는 유아들과 곡식을 담은 볼링을 하면 좋겠다고 생각하게 되었다.

2. 놀이 수업 교재교구 필요성

유아의 신체발달에서 균형감, 신체 조절 능력 등을 기를 수 있고 이 교구를 통해서 볼링핀이 쓰러지면서 볼링핀이 쓰러진 개수를 세어 보며 수활동으로 연결할 수 있다는 점에서 필요하다고 생각되었다.

3. 교재교구 목표

- 지식 : 볼링공을 굴려 볼링핀을 맞추는 방법을 안다.
- 기술 : 넘어진 핀의 개수를 세어 타인에게 말할 수 있다.
- 태도 : 활동에 즐겁게 참여한다.

4. 누리과정 관련 요소

- 신체운동·건강 > 신체활동 즐기기 > 신체 움직임을 조절한다.
- 신체운동·건강 > 신체활동 즐기기 > 실내외 신체활동에 자발적으로 참여한다.
- 신체운동·건강 > 안전하게 생활하기 > 일상에서 안전하게 놀이하고 생활한다.
- 자연탐구 > 생활 속에서 탐구하기 > 물체를 세어 수량을 알아본다.

5. 제작 방법

1) 활동준비물 : 다람쥐 상자, 볼링핀 10개, 볼링판 1개, 볼링공

2) 제작 방법

1. 물병 크기에 맞게 색깔 접착 펠트지를 자른 후 붙인다.
2. 펠트지를 감싼 페트병 중앙에 원 모양의 흰색 펠트지를 붙인다.
3. 상자를 만들어 줄 하드보드지를 밑면 1개, 옆면 4개, 날개 2개, 다람쥐를 붙일 윗면 1개를 크기에 맞게 자른다.
4. 3번에서 잘라둔 하드보드지로 갈색 펠트지를 이용해서 다람쥐의 몸통 부분을 만든 후 안쪽 면은 황토색으로 덮어 준다.
5. 5개의 면을 전부 만들어 준 뒤 몸통 부분을 글루건으로 붙인다.
6. 2번에 만들어 놓았던 페트병 색깔에 맞게 숫자를 붙인다.
7. 조립된 상자에 옆면, 윗면을 붙여 고정시킨다.
8. 4절 하드보드지에 다람쥐를 그린 후 자르고 펠트지로 감싸 붙인다.
   이때 앞뒤 모두 가린 후 튀어나온 부분을 가위로 자른다.
9. 다람쥐의 눈, 코, 볼을 접착펠트지에 그려 자른 후 얼굴에 붙인다.
   다람쥐의 무늬는 글루건으로 붙인다.
10. 색깔 접착펠트지로 볼링판의 위치에 맞게 붙인다.
    크기는 볼링핀의 밑부분을 참고한다.
11. 윗면에 다람쥐를 고정시킬 하드보드지를 만든 후 윗면 뒷부분에 붙인다.

- 제작방법 사진

	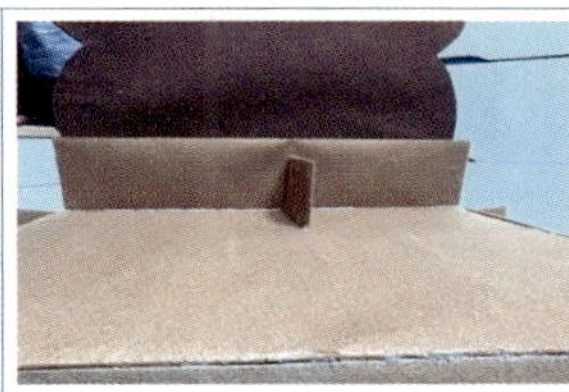	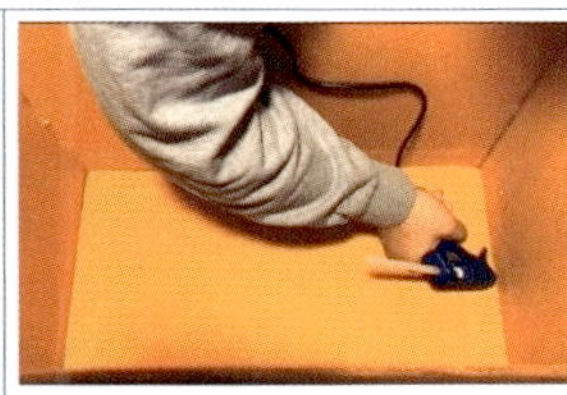
물병 크기에 맞게 색깔 접착 펠트지를 자른 후 붙인다.	하드보드지를 밑면 1개, 옆면 4개, 날개 2개, 다람쥐를 붙일 윗면 1개를 크기에 맞게 잘라 갈색 펠트지를 덮는다.	하드보드지와 갈색 펠트지를 이용해서 다람쥐의 몸통 부분을 만든 후 안쪽 면은 황토색으로 덮어 모두 붙인다.

다람쥐의 눈, 코, 볼을 접착펠트지에 그려 자른 후 얼굴에 붙인다. 다람쥐의 무늬는 글루건으로 붙인다.	페트병 색깔에 맞게 페트병을 세울 자리에 같은 색의 펠트지를 붙인다.	물병에 곡식을 넣어 세워 본다.

3) 제작 시 유의점

- 물병에 물을 바짝 말려주고 곡식이 보일 정도만 빼고 나머지 부분을 펠트지로 덮는다.
- 하드보드지로 상자를 만들 때 크기를 동일하게 하여 글루건으로 붙인다.
- 다람쥐의 얼굴을 그릴 때 윗면보다 조금 작게 제작하고 다람쥐가 흔들리지 않게 뒷면에 지지대를 만든다.

<활동 방법>

1. 출발선에 선 후 신호음에 맞춰 공을 굴린다.
2. 굴린 공에 쓰러진 핀의 개수를 센다.
3. 숫자를 친구들에게 말해준다.
4. 쓰러진 핀을 볼링판에 맞게 세운다.

빙어 낚시

대소집단
게임

1. 놀이 관찰

여름 낚시를 하는 아이 중 하민이는 겨울에도 낚시를 할 수 있다고 이야기하였다. 그러자 옆에 있던 지연이가 "겨울에는 꽁꽁 얼어서 물고기가 자니까 낚시 못해!!"라고 이야기하였다. 그러자 하민이는 교사를 물끄러미 바라보았다.

2. 놀이 수업 교재교구 필요성

아이들이 겨울에는 물고기 잡기를 할 수 있는지 없는지 궁금해하는 모습을 보였다. 이에 교사는 빙어낚시에 대해 알려주고자 하였다. 이를 통해 겨울에도 물고기 잡기가 가능하다는 것을 알 수 있을 것으로 기대한다.

3. 교재교구 목표

- 지식 : 물고기를 잡기 위해 낚싯대를 이용하는 법을 안다.
- 기술 : 자기가 잡은 물고기의 수를 셀 수 있다.
- 태도 : 낚싯대를 이용하여 게임에 참여한다.

4. 누리과정 관련 요소

- 의사소통 > 듣기와 말하기 > 말이나 이야기를 관심 있게 듣는다.
- 신체운동·건강 > 신체활동 즐기기 > 실내외 신체활동에 자발적으로 참여한다.
- 사회관계 > 다른 사람과 더불어 참여하기 > 친구와 사이좋게 지내기

5. 제작 방법

1) 활동준비물 : 폼보드, 비닐, 나무젓가락, 펠트지, 바늘, 실, 솜, 상자, 글루건

2) 제작 방법

<얼음낚시 틀>

1. 폼보드를 얼음 모양으로 잘라준 뒤 나머지 한 장도 똑같이 자른다.
2. 지탱해 줄 다리를 만들어서 폼보드 2장과 붙인다.
3. 완성된 얼음낚시 모형의 옆부분에 비닐을 붙인다.

폼보드를 얼음 모양으로 자른 뒤 나머지 한 장도 똑같이 잘라 준다.	위의 폼보드는 낚시를 할 수 있도록 구멍을 뚫어 준다.	지탱해 줄 다리를 만들어서 폼보드 2장과 붙이고 투명비닐을 덮는다.

<물고기 모형>

1. 물고기를 만들기 위해 펠트지를 물고기 모양으로 자른다.
2. 다 꿰맨 물고기 사이에 솜을 넣어 나머지 부분을 바느질한다.
3. 다 꿰맨 물고기 모형에 글루건을 이용하여 눈을 붙인다.

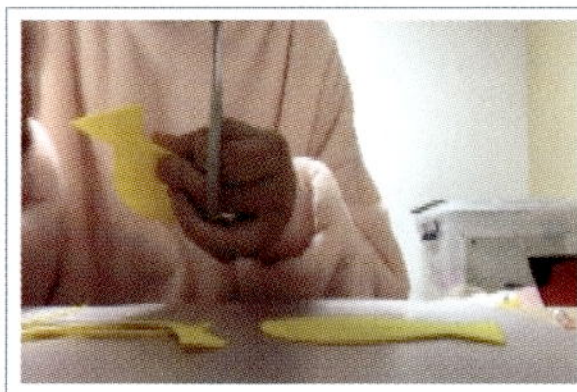	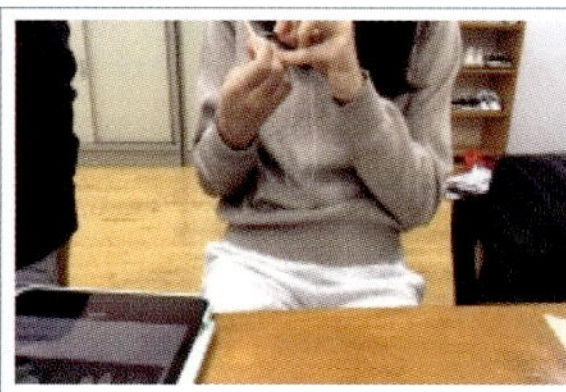	
물고기를 만들기 위해 펠트지를 물고기 모양으로 자른다.	다 꿰맨 물고기 사이에 솜을 넣어 나머지 부분을 꿰맨다.	다 꿰맨 물고기 모형에 글루건을 이용하여 눈을 붙인다.

<낚싯대>

1. 나무젓가락에 글루건을 이용하여 펠트지를 붙여서 자른다.
2. 철사를 길게 펴서 펠트지로 감싼 뒤 그 위에 자석을 붙인다.
3. 나무젓가락 끝부분에 글루건을 이용하여 철사를 연결한다.

3) 제작 시 유의점

- 얼음 틀을 만들 때 위 아래 크기가 일정하도록 자른다.
- 폼보드를 자를 때 커터칼에 베이지 않도록 주의한다.
- 물고기 모형 도안을 자를 때 꿰매어 솜을 넣어야 하므로 한 물고기당 2장의 도안을 준비한다.

- 솜을 넣기 전 물고기를 다 꿰매지 않고 솜이 들어갈 공간을 남겨둔다.
- 궁금이 상자에 사진을 넣을 때 나무 막대가 궁금이 상자 속으로 들어가지 않게 조심한다.
- 낚싯대를 제작할 때 낚싯대의 줄 부분이 너무 흐물거리지 않도록 유연한 철사를 안에 넣어서 제작한다.

<활동 방법>

1. 낚싯대가 하나씩 올려져 있는 얼음낚시 교구 앞에 앉는다.
2. 낚싯대 끝에 달린 자석을 이용하여 얼음낚시 틀 안에 들어 있는 물고기를 잡는다.
3. 잡은 물고기는 옆에 비치된 바구니에 넣는다.
4. 한 판이 끝나면 앞에 비치된 칠판 앞으로 나와서 물고기의 개수를 쓴다.
5. 게임이 모두 끝나고 제일 많은 물고기를 낚은 유아가 승리한다.

봄에 열리는 열매

언어영역

1. 놀이 관찰

유아들이 그림을 그리며 놀고 있는데 수진이가 "나는 딸기를 제일 좋아해!"라고 말하자 다른 유아들도 "나는 메론!", "나는 포도!"라고 한다. 그러자 정연이가 "근데 포도랑 메론은 봄에 안 나오잖아~ 나 어제 슈퍼 갔는데 없었어."라고 말한다. 세아가 "네가 그걸 어떻게 알아~ 다 나오거든~" 하며 이야기를 한다.

2. 놀이 수업 교재교구 필요성

유아들이 언어영역에서 글자 맞추기 놀이를 하고 있었다. 놀이를 하는 중에 서로 좋아하는 과일에 대해 이야기를 하고 있으며 흥미를 보이기 시작했다. 이러한 흥미는 글자 맞추기 놀이로 연결되고 있었다. 이것을 계기로 현재 봄에 대해 알아보고 있던 주제와 봄에 열리는 열매를 연결하여 지원하고자 계획하였다. 이러한 지원을 통해 유아가 봄에 열리는 열매와 단어에 대한 관심과 이해를 넓히는 기회가 될 수 있다고 생각하고 언어적 지식, 과학적 탐구로 연결할 수 있을 것으로 기대한다.

3. 교재교구 목표

- 지식 : 봄에 열리는 열매에 대해 안다.
- 기술 : 단어를 만들 수 있다.
- 태도 : 봄에 열리는 열매에 대해 관심을 가진다.

4. 누리과정 관련 요소

- 자연탐구 > 자연과 더불어 살기 > 주변의 동식물에 관심을 가진다.
- 의사소통 > 듣기와 말하기 > 바른 태도로 듣고 말한다.
- 의사소통 > 듣기와 말하기 > 말이나 이야기를 관심 있게 듣는다.
- 의사소통 > 읽기와 쓰기에 관심 가지기 > 주변의 상징, 글자 등의 읽기에 관심을 가진다.

5. 제작 방법

1) 활동준비물 : 하드보드지, 스티커펠트지, 펠트지, 벨크로, 마스킹테이프,
바늘, 실, 글루건, 가위, 펀치, 플라스틱 고리

2) 제작 방법

1. 하드보드지에 스티커 펠트지를 붙인다.
2. 봄에 열리는 과일 종류를 적어 프린트하고 코팅한 후 자르고 마스킹테이프로 테두리를 감싸고 모서리 부분은 둥글게 자른다.
3. 뒤에 폼 보드를 낱말카드 크기에 맞게 잘라 글루건으로 붙이고 벨크로를 붙여 마무리한다.
4. '봄에 열리는 열매'를 검정색 펠트지로 잘라 만들고 글자 배경은 동그랗게 자르고 벨크로를 붙여 뗐다 붙였다 할 수 있게 한다.
5. 과일을 붙이는 곳과 낱말카드 붙이는 곳을 펠트지로 잘라 글루건으로 붙이고 검정펜으로 점선 테두리를 그린다.
6. 여러 과일 모양을 펠트지에 스케치한 후 앞면, 뒷면 2장을 만든다.
7. 자른 펠트지 2장을 겹쳐, 두꺼운 흰색 실로 솜이 들어갈 수 있는 자리만 남겨놓고 테두리 바느질을 한다.
8. 솜을 집어넣고 바느질을 해 막아 꾸며주고 뒷면에 벨크로를 붙인다.
9. 배경지에 펀치로 구멍을 3개를 뚫고 플라스틱 고리로 걸어준다.

<과일 사진 카드>

1. 매실, 딸기, 오디, 한라봉, 키위, 체리 사진과 글자를 알맞은 크기로 뽑는다.
2. 유아들이 만지다가 다치지 않도록 모서리를 둥글게 자른다.
3. 과일 사진 카드 위에 글자 카드를 붙이고 그 위에 스티커로 글자를 가린다.

3) 제작 시 유의점

- 가위질이나 바늘을 사용할 때 조심히 사용하도록 한다.
- 하드보드지를 펠트지로 감쌀 때 펠트지가 울지 않도록 주의한다.
- 펀치를 뚫을 때 다른 위치에 구멍을 뚫지 않도록 주의한다.

3. 간단한 주제 놀이

1) 놀이 흐름도

놀이는 꾸준히 지속되기도 하지만 때로는 단발성으로 그치는 놀이도 있다. 또한 지속적인 놀이에서 파생된 놀이가 짧게 진행되는 경우도 있다. 이러한 놀이를 지원하고자 하는 교재교구는 다음과 같다.

01

교통기관

다양한 교통기관
나만의 길을 만들어 보아요
교통표지판을 설치해주세요
주차장에 주차를 해주세요

02

별자리

별자리를 만들어 줄게
별자리 관찰

03

동물

12띠 이야기
어떤 동물이 살까요?
어디에 살까요?
동물 이름을 찾아주세요

2) 교사 협의 및 지원

교사는 유아의 놀이에 대한 관심이 어디에 있는지 지속적인 관찰이 필요하여 관찰을 하고 있었다. 유아의 놀이상황을 관찰하다 보면 일부 유아는 중심이 되는 놀이에 관심을 보이기보다는 다른 놀이에 관심을 보일 때가 있다. 이런 일부 유아의 흥미가 비록 주류는 아니지만 교육적으로 의미가 있다고 판단되어 놀이 지원을 위해 교재교구를 제시해 주고자 결정하였다.

다양한 교통기관

대소집단
이야기 나누기

1. 놀이 관찰

방학을 보내고 온 유아들이 여러 가지의 교통기관에 관심을 자주 보이고 유아들이 알고 있는 하늘, 땅, 바다의 다양한 교통기관에 대해 대화를 나누며 장난감 모형을 가지고 분류하며 놀이하는 모습이 관찰되었다.

2. 놀이 수업 교재교구 필요성

땅, 하늘, 바다의 다양한 교통기관에 대해 알고 있는 유아도 있었고, 자신이 관심 있는 교통기관만 알고 있는 유아가 있었다. 더 나아가 다양한 교통기관의 종류를 알아가는 기회라고 생각되어 교사는 유아들의 대화를 확대하여 주제로 삼고 놀이를 지원하고자 하였다.

3. 교재교구 목표

- 지식 : 다양한 교통기관의 종류에 대해 안다.
- 기술 : 교통기관에 대한 자신의 경험이나 생각을 말할 수 있다.
- 태도 : 다양한 교통기관에 관심을 갖는다.

4. 누리과정 관련요소

- 의사소통 > 듣기와 말하기 > 자신의 경험, 느낌, 생각을 말한다.
- 의사소통 > 듣기와 말하기 > 말이나 이야기를 관심 있게 듣는다.
- 자연탐구 > 생활 속에서 탐구하기 > 일상에서 모은 자료를 기준에 따라 분류한다.

5. 제작 방법

1) 활동준비물 : 펀치, 고리, 우드락 3장, 펠트지, 우드락본드, 글루건, 조개모형

2) 제작 방법

<다양한 교통기관을 알아보아요. 수 조작영역>

1. 4개의 우드락에 구상한 색의 펠트지를 우드락 본드를 사용하여 붙인다.
2. 흰색, 검은색의 접착 펠트지를 이용하여 표지를 꾸민다.
3. 각 페이지에 맞춰 하늘, 땅, 바다 배경을 펠트지를 이용하여 만든다.
4. 각 배경에 맞춰 배경을 펠트지를 이용하여 꾸민다.
5. 다양한 교통기관을 펠트지를 이용하여 만든다.
6. 벨크로를 이용하여 탈부착이 가능하도록 한다.
7. 구멍을 뚫은 후 고리로 연결하여 하나의 책으로 완성한다.

- 제작방법 사진

4개의 우드락에 구상한 색의 펠트지를 우드락본드를 사용하여 붙인다.	각 페이지에 맞춰 하늘, 땅, 바다 배경을 펠트지를 이용하여 만든다.	다양한 교통기관을 펠트지를 이용하여 만들어 벨크로를 붙인다.	구멍을 뚫은 후 고리로 연결하여 하나의 책으로 완성한다.

3) 제작 시 유의점

- 우드락에 펠트지를 붙일 때 조심해서 붙일 수 있도록 한다.
- 펀치로 뚫을 때에 가능한 한 안쪽에 뚫는다.

교구 앞, 뒤 (표지)	페이지 1 (하늘의 교통기관)	페이지 2 (육지의 교통기관)	페이지 3 (바다의 교통기관)

나만의 길을 만들어 보아요

수 조작영역

1. 놀이 관찰

유아가 쌓기 놀이 영역에서 블록으로 길과 신호등을 만들고 다양한 자동차 블록을 이용하여 놀이하며, 역할 놀이자료인 경찰복을 입고 “빨간불이에요. 멈추세요.”, “여기서 그렇게 빨리 달리면 안 되요.” 등의 이야기를 나누고, 안전에 신경 쓰며 놀이를 진행하는 모습이 관찰되었다.

2. 놀이 수업 교재교구 필요성

로보카폴리와 함께하는 어린이 교통안전 교실을 다녀온 후 유아들이 교통기관에 관심을 자주 보이고 하늘, 땅, 바다에 대한 교통기관을 알아본 후 교통기관과 교통안전에 대해 흥미를 보이기 시작하였다. 이런 흥미는 쌓기 놀이와 역할 놀이로 연결되고 있었다. 이것을 계기로 교통기관과 안전을 연계하여 지원하고자 하였다. 이러한 지원을 통해 유아가 교통안전과 안전 표지판을 지켜야 하는 이유에 대한 지식을 확장하는 기회가 될 수 있고, 사회적 지식과 인지 발달로 연계할 수 있을 것으로 기대한다.

3. 교재교구 목표

- 지식 : 안전 표지판의 종류에 대해 안다.
- 기술 : 안전 표지판과 도로를 활용하여 길을 만들 수 있다.
- 태도 : 다양한 안전 표지판과 교통안전에 관심을 가진다.

4. 누리과정 관련요소

- 신체운동·건강 > 안전하게 생활하기 > 교통안전 규칙을 지킨다.
- 의사소통 > 듣기와 말하기 > 자신의 경험, 느낌, 생각을 말한다.
- 의사소통 > 듣기와 말하기 > 상황에 적절한 단어를 사용하여 말한다.
- 사회관계 > 더불어 생활하기 > 약속과 규칙의 필요성을 알고 지킨다.

5. 제작 방법

1) 활동준비물 : 4절 우드락 2장, 우드락 본드, 접착식 펠트지(흙색 2장, 회색 1장, 흰색 1장), 펠트지(연두색 2장, 검은색 1장, 노란색 1장), 마스킹테이프(검은색), 병뚜껑 7개, 하늘색 지끈, 하늘색 한지, 꽂이 7개, 지점토, 코팅지, 표지판 그림, 바늘, 실(검은색, 노란색), 솜, 한지, 글루건, 자, 칼, 가위

2) 제작 방법

<나만의 길을 만들어 보아요. 놀이판>

1. 우드락에 우드락 본드를 활용해 연두색 펠트지를 붙인다.
2. 우드락과 흙색 펠트지를 8x8 크기로 32개를 자른다.
3. 길이 될 회색 펠트지를 8x4 크기 20개와 코너를 10개 만든다.
4. 횡단보도가 될 흰색 펠트지를 8x4 크기로 자르고, 검은색은 1.5cm 정도로 자른다.
5. 2번에 양쪽을 2cm를 남기고 3번을 붙인 후 그 위에 4번을 중앙에 붙인다.
6. 병뚜껑에 구멍을 뚫고 지점토를 넣은 후 한지로 감싼다.
7. 그후 마스킹테이프로 붙인 꽂이를 꽂고 지끈으로 돌돌 만다.
8. 방지턱을 노란색, 검은색 펠트지를 붙여 자르고 솜을 넣은 후 바느질한다.

- 제작방법 사진

		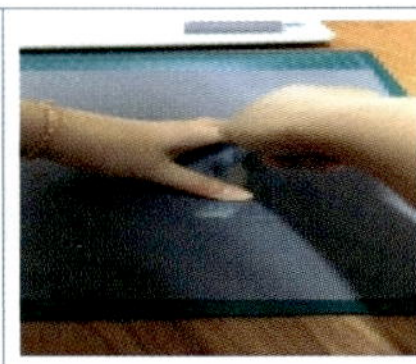	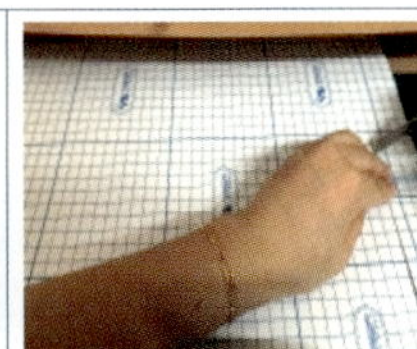
우드락에 우드락 본드를 활용해 연두색 펠트지를 붙인다.	우드락과 흙색 펠트지를 8x8 크기로 32개를 자른다.	길이 될 회색 펠트지를 8x4 크기 20개와 코너를 10개 만든다.	횡단보도가 될 흰색 펠트지를 8x4 크기로 자르고, 검은색은 1.5cm 정도로 자른다.
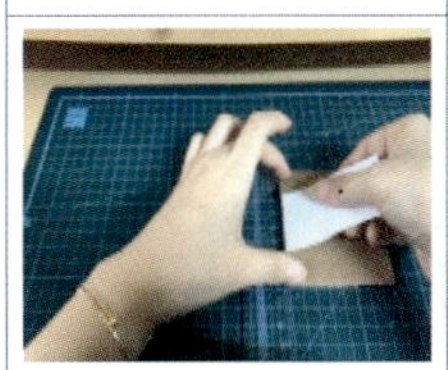		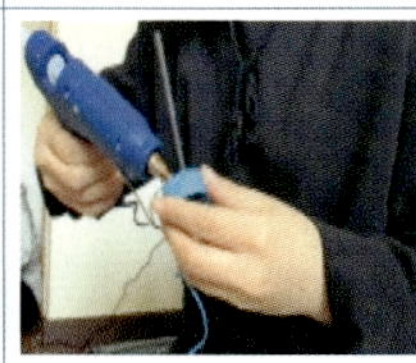	
2번에 양쪽을 2cm를 남기고 3번을 붙인 후 그 위에 4번을 중앙에 붙인다.	병뚜껑에 구멍을 뚫고 지점토를 넣은 후 한지로 감싼다.	그후 마스킹 테이프로 붙인 꽂이를 꽂고 지끈으로 돌돌 만다.	방지턱을 노란색, 검은색 펠트지를 붙여 자르고 솜을 넣은 후 바느질한다.

3) 제작 시 유의점

- 우드락에 펠트지를 붙일 때 울지 않도록 주의한다.
- 우드락을 자를 때 손을 다치지 않도록 조심한다.
- 바느질할 때 손에 찔리지 않도록 조심한다.
- 글루건을 사용할 때 데지 않도록 조심한다.

교통표지판을 설치해주세요

수 조작영역

1. 놀이 관찰

유치원에 등교하던 중 유치원 앞 도로에 크게 그려진 교통표지판을 본 서은이가 "우와 여기 3이라고 쓰여 있어!"라고 말하자 옆에 있던 현영이가 "저기에는 엄마랑 손 잡고 가는 그림이 있어!"라고 말하는 모습을 본 교사가 유아가 일상생활에서 쉽게 접할 수 있는 횡단보도나 어린이 보호구역에 설치된 교통표지판에 대한 수업을 진행하여야겠다고 생각하며 수업을 준비하였다.

2. 놀이 수업 교재교구 필요성

교통기관에는 어떤 것이 있고 어디에서 사용되는 것인지 알아보는 활동을 한 유아들이 교통표지판을 보고 교통표지판이 무엇인지 아는 유아도 있었고 모르는 유아도 있었다. 그중 교통표지판에 관심을 가지는 유아들을 볼 수 있었다. 유아가 놀이터나 실외활동을 할 때 기본적인 교통표지판에 대해 알 수 있도록 교통표지판을 주제로 놀이를 지원하고자 한다.

3. 교재교구 목표

- 지식 : 교통표지판에 대해 안다.
- 기술 : 교통표지판을 상황에 맞게 놓을 수 있다.
- 태도 : 교통표지판에 관심을 가진다.

4. 누리과정 관련요소

- 사회관계 : 더불어 생활하기 > 친구와 서로 도우며 사이좋게 놀이한다.
- 사회관계 : 사회 현상에 관심 갖기 > 교통표지판에 대해 알고 관심을 가진다.
- 의사소통 : 듣기와 말하기 > 자신의 경험, 느낌, 생각을 말한다.

5. 제작 방법

1) 활동준비물

교통표지판 팻말 - 교통표지판 이미지, 나무젓가락, 천사점토, 한지, 송곳, 글루건
유아말 - 자동차 이미지, 우드락, 아이스크림 막대기, 자석

주사위 - 하드보드지, 펠트지
게임판 - 하드보드지, 색지, 펠트지, 건물 이미지, 자석, 자, 칼

2) 제작 방법

<주사위 만들기>

1. 주사위 도안을 하드보드지에 그리고 자른다.
2. 주사위 바탕과 숫자를 펠트지와 색상지로 꾸민다.

<교통표지판 팻말과 말 만들기>

3. 5cm로 자른 우드락 두 개 사이에 아이스크림 막대기를 글루건으로 붙인다.
4. 막대기를 붙인 말에 코팅된 자동차 그림을 붙인 후 자석을 붙인다.
5. 병뚜껑에 구멍을 뚫고 한지로 감싼 후 점토를 넣는다.
6. 나무젓가락을 꽂은 후 코팅된 교통표지판 이미지를 붙인다.

<게임판 만들기>

7. 하드보드지 위에 도로와 건물 위치를 그린 후 펠트지로 도로와 땅을 붙인 다음 프린트한 건물 이미지로 꾸민다.
8. 도로 위에 유아 말이 움직일 수 있도록 자석을 붙이고 시작과 끝을 표시한다.

- 제작방법 사진

5cm로 자른 우드락 두 개 사이에 아이스크림 막대기를 글루건으로 붙인다.	막대기를 붙인 말에 코팅된 자동차 그림을 붙인 후 자석을 붙인다.	우드락을 잘라 유아말과 팻말을 만든다.

나무젓가락을 꽂은 후 코팅된 교통표지판 이미지를 붙인다.	우드락 판에 각 기관을 프린트해서 붙인다.	도로 위에 유아 말이 움직일 수 있도록 자석을 붙이고 시작과 끝을 표시한다.

3) 제작 시 유의점

- 유아말과 교통표지판 팻말 제작 시 그림이 쉽게 떨어지거나 부서지지 않도록 단단히 고정하여 제작한다.
- 게임 중 사용할 교통표지판 팻말이 부족하지 않도록 여유롭게 제작한다.

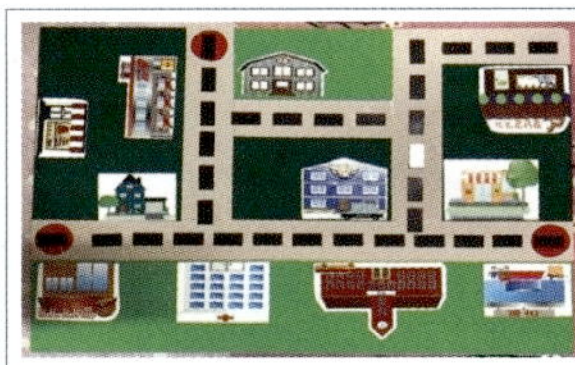		
게임판	유아말, 팻말	주사위

<활동 방법>

1. 유아 말을 빨간 동그라미 아무 곳에 올려놓는다.
2. 주사위를 굴려서 나온 수만큼 유아 말을 이동한다.
3. 자신이 놓고 싶은 교통표지판을 도로가 건물 옆에 세워놓는다.
4. 돌아가면서 주사위를 굴리며 게임을 이어간다.

주차장에 주차를 해주세요

수 조작영역

1. 놀이 관찰

어제 저녁 엄마와 산책하던 재석이가 공사 중 표지판을 봤다고 이야기하자 유아들이 자신이 본 경험이 있는 교통표지판을 이야기하기 시작하며 흥미를 갖기 시작한다.

2. 놀이 수업 교재교구 필요성

교통표지판을 자랑하는 이야기 나누기로 연결되는 유아의 이야기 중 교통표지판을 잘 모르는 유아들을 발견하여 이것을 계기로 교통표지판에 대해 알아보는 수업을 지원하고자 계획하였다. 이러한 지원을 통해 유아의 교통표지판에 관한 관심과 이해를 넓히는 기회가 될 수 있고 사회적 지식, 수학적 탐구로 연결할 수 있을 것으로 기대한다.

3. 교재교구 목표

- 지식 : 여러 가지 교통표지판의 생김새와 명칭, 역할을 안다.
- 기술 : 주사위를 던져 나온 숫자에 맞게 버스 그림을 이동(조작)할 수 있다.
- 태도 : 교통표지판에 관심을 갖는다.

4. 누리과정 관련요소

- 사회관계 > 사회에 관심 가지기 > 내가 살고 있는 곳에 대해 궁금한 것을 알아본다.
- 자연탐구 > 생활 속에서 탐구하기 > 물체를 세어 수량을 알아본다.

5. 제작 방법

1) 활동준비물 : 하드보드지, 시트지, 자석, 파란/노란 버스 그림, 표지판 그림, 교통 표지판 규칙판, 주차장 그림, 검정 마스킹테이프, 고리, 가위, 양면테이프, 칼, 자, 연필 등

2) 제작 방법

1. 종이를 오린 후 위치를 정해준다.
2. 자석을 오린 후 하드보드지에 붙인다.
3. 오린 종이를 붙여 도로를 표현한다.

4. 테이프로 간격을 맞춰 도로를 완성한다.
5. 도로 표지판을 오린 후 붙인다.
6. 버스 그림을 오린 후 자석을 붙인다.
7. 주차장, 규칙 종이를 오린 후 자석과 함께 붙인다.
8. 시트지를 붙인 후 고리로 하드보드지를 연결한다.

3) 제작 시 유의점

- 자석을 자를 때 자석의 면이 미끄러우니 칼에 다치지 않도록 주의한다.
- 시트지가 울지 않고 깔끔하게 붙일 수 있도록 주의한다.

<활동 방법>

1. 주사위를 던져 나온 만큼 앞으로 간다.
2. 도착지점에 나타난 표지판을 따라 움직인다.
3. 버스 4대를 먼저 주차하는 팀이 이긴다.

별자리를 만들어 줄게

대소집단
동화

1. 놀이 관찰

어느날 경진이가 "나는 천칭자리야."라고 이야기를 한다. 이야기를 듣던 친구는 처음 듣는 것처럼 경진이를 바라보았다. 그러자 경진이는 "별자리야."라고 이야기해준다. 그러나 친구가 이해하지 못하자 교사에게 와 이야기하였다. "선생님 별자리를 뭐라고 그래요?"

2. 놀이 수업 교재교구 필요성

별에 관심을 보이는 유아는 많지만 별자리에 대한 지식을 가진 유아는 흔치 않다. 이에 교사는 관련 동화를 활용하여 주제로 삼고 이를 확대하여 놀이를 지원하고자 하였다.

3. 교재 교구 목표

- 지식 : 별자리에 대해 안다.
- 기술 : 자신의 경험이나 생각을 말할 수 있다.
- 태도 : 별자리에 흥미를 가진다.

4. 누리과정 관련요소

- 의사소통 > 듣기 > 동요, 동시, 동화 듣고 이해하기
- 사회생활 > 다른 사람과 더불어 생활하기 > 친구와 사이좋게 지내기

5. 제작 방법

1) 활동준비물 : 검은색 하드보드지, 검은 색지, 트레팔지, 셀로판지, 경첩, 가위, 칼, 풀, 테이프

2) 제작 방법

1. 검은색 하드보드지로 그림자 동화의 무대를 만든다.
2. 검은색 하드보드지로 그림자 동화의 옆면을 만든다.
3. 경첩을 이용해 그림자 동화의 무대와 옆면을 연결한다.

4. 그림자 무대에 트레팔지를 붙인다.
5. 배경 밑그림을 그리고 칼을 이용하여 배경을 오린다.
6. 셀로판지를 이용해 배경을 꾸미고 테두리에 하드보드지를 붙인다.
7. 검은 색지를 이용해 등장인물을 만든다.

- 제작방법 사진

검은색 하드보드지로 그림자 동화의 무대를 만든다.	검은색 하드보드지로 그림자 동화의 옆면을 만든다.	그림자 무대에 트레팔지를 붙인다.	셀로판지를 이용해 배경을 꾸미고 테두리에 하드보드지를 붙인다.

3) 제작 시 유의점
- 배경을 쉽게 교체할 수 있도록 테두리에 하드보드지를 붙여 튼튼하게 제작한다.
- 유아가 동화를 쉽게 이해할 수 있도록 배경의 변화를 최소화하여 배치한다.

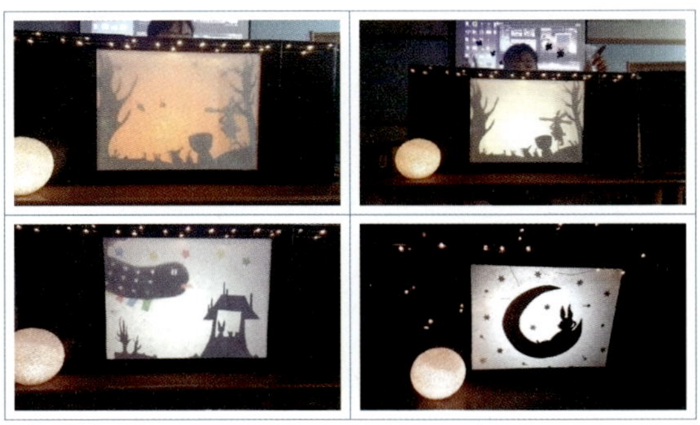

별자리 관찰

과학영역

1. 놀이 관찰

별자리 동화를 들은 친구들은 별자리에 관심을 갖게 되었다. "나는 별이 너무 좋은데 너무 밝으면 별자리가 보이지 않는데."라고 하자 옆에 있던 하원이가 "나도 별에 이름 만들고 싶어."라고 말하는 친구들의 이야기를 듣고 별자리를 관찰할 수 있으며 별자리에 이름을 붙여보는 활동을 해보면 좋겠다고 생각하여 관찰통과 카드, 나만의 별자리 만들기 자료를 교사가 준비하였다.

2. 놀이 수업 교재교구 필요성

자유선택 활동시간에 자석막대로 별을 만들면서 하원이와 보은이가 별에 흥미를 보이기 시작했다. 이러한 흥미는 블록놀이로 연결되고 있었고 이것을 보고 교사가 환경에 대해 알아보고 있던 주제를 연결하여 지원하고자 계획하였다. 교사의 지원을 통해 유아가 별자리와 환경에 대한 관심과 이해를 넓히는 기회가 될 수 있고 예술적 표현, 과학적 탐구로 연결될 것을 기대한다.

3. 교재교구 목표

- 지식 : 다양한 별자리에 대해 이름과 형태를 안다.
- 기술 : 밤하늘에 떠 있는 별을 선으로 연결하여 별자리를 표현한다.
- 태도 : 다양한 별자리에 대해 관심을 갖는다.

4. 누리과정 관련요소

- 자연탐구 > 탐구과정 즐기기 > 주변 세계와 자연에 대해 지속적으로 호기심을 가진다.
- 자연탐구 > 생활 속에서 탐구하기 > 물체의 위치와 방향, 모양을 알고 구별한다.
- 의사소통 > 듣기와 말하기 > 자신의 경험, 느낌, 생각을 말한다.

5. 제작 방법

1) 활동준비물 : 2절 검정색 하드보드지, 우드락, 가위, 풀, 시트지, 인쇄물,
금색 홀로그램 시트지, 야광테이프, 검정·노랑 종이테이프,
글루건, 자, 칼, 별 모양 펀치, 화이트 젤리펜

2) 제작 방법

<별자리를 관찰해요- 관찰 통>

1. 2절 하드보드지에 관찰 통 전개도를 그려 통을 완성한다.
   (이때 관찰할 수 있는 눈 구멍과 카드를 꽂을 수 있는 구멍을 함께 뚫어준다.)
2. 모서리마다 종이테이프를 붙여 깔끔하게 한다.
3. 인쇄물을 붙이고 겉면을 예쁘게 꾸민다.
4. 시트지로 전체를 감싼다. (이때 또 종이테이프를 감을 것이기에 한 번에 전체를 붙이는 것이 아니라 한쪽 부분마다 잘라 붙이는 것이 쉽다.)
5. 시트지를 붙인 후 다시 한 번 종이테이프로 감싼다.
6. 시트지가 붙어 있기에 관찰할 수 있는 눈 구멍과 카드 꽂는 부분을 다시 뚫으면 완성된다.

- 제작방법 사진

2절 하드보드지에 관찰 통 전개도를 그려 통을 완성한다.	모서리마다 종이테이프를 붙여 깔끔하게 한다.	인쇄물을 붙이고 겉면을 별로 꾸민다.	시트지를 붙인 후 다시 한 번 종이테이프로 감싼다.

교구 앞

<별자리를 관찰해요- 별자리 카드>

1. 하드보드지에 도안을 그린 후 12개를 똑같이 자른다.
2. 윗부분에 금색 홀로그램 스티커를 붙인다.
3. 별자리에 맞는 별자리 이름을 붙인다.
4. 별자리 도안에 야광 테이프로 별자리를 표시한다.
5. 전체적으로 시트지를 감싸 완성한다.

- 제작방법 사진

윗부분에 금색 홀로그램 시트지를 붙인다.	별자리에 맞는 별자리 이름을 붙인다.	별자리 도안에 야광테이프로 별자리를 표시한다.	전체적으로 시트지를 감싸 완성한다.

교구 앞

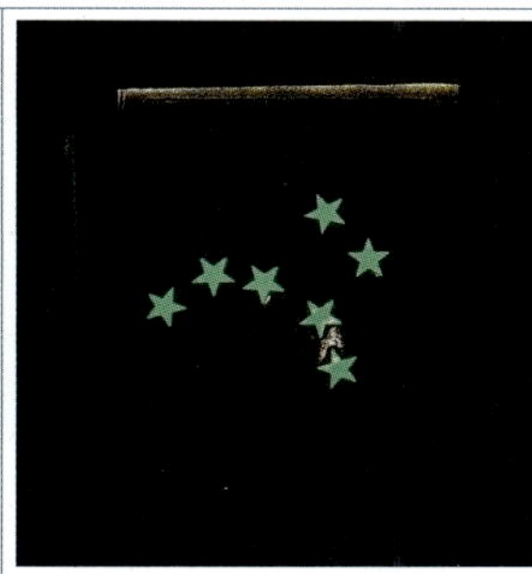

별자리 카드(관찰시점)

3) 제작 시 유의점

- 시트지를 붙일 때 울지 않도록 조심한다.
- 상자를 접을 때 칼집을 내고 자를 대고 접어 깔끔하게 접히도록 한다.
- 빛을 완벽하게 차단하기 위해 관찰 통 안을 검은 도화지로 감싼다.
- 관찰 통 뚜껑을 닫기 전에 지지대 역할을 할 수 있도록 우드락을 세운다.

12띠 이야기

대소집단
신체표현

1. 놀이 관찰

유아들이 자신의 띠에 대해서 이야기 하며 “우리 띠는 토끼띠야~”, “내 동생은 말띠인데?” 라면서 말을 한다. 그러자 승원이가 “어? 우리 엄마도 말띠인데? 왜 우리 엄마랑 너 동생하고 띠가 같지?” 라며 띠에 대한 호기심을 갖기 시작한다.

2. 놀이 수업 교재교구 필요성

유아가 동물에 관심도 많고 우리나라 신년에 한번쯤 이야기하는 12띠를 알아보면서 신체 표현의 발달로 연결할 수 있을 것으로 기대한다.

3. 교재교구 목표

- 지식 : 12띠의 동물과 이에 따른 움직임에 대해서 안다.
- 기술 : 돌림판을 돌리면서 12띠 동물들에 순서를 조작한다.
- 태도 : 12띠의 동물과 동물들에 특징에 대해서 알고 신체로 자유롭게 표현하는 태도를 갖는다.

4. 누리과정 관련요소

- 신체운동·건강 > 신체 인식하기 > 신체를 인식하고 움직인다.
- 의사소통 > 말하기 > 자신의 경험, 느낌, 생각을 말한다.
- 예술경험 > 예술적 표현하기 > 신체나 도구를 활용하여 움직임과 춤으로 자유롭게 표현한다.

5. 제작 방법

1) 활동준비물 : 하드보드지 2개, 펀셋, 12띠 동물 그림, 12띠 동물의 이름, 코팅지, 가위, 칼, 풀

2) 제작 방법

<12띠 동물을 흉내 내어 봐요!>

1. 하드보드지 1개를 동그란 모양으로 자른다.
2. 펠트지로 12조각을 만들어서 동그란 하드보드지 위에 붙인다.
3. 펠트지로 12마리의 동물을 만든 후 각 조각 위에 동물들을 붙인다.

4. 하드보드지 위에 돌림판을 놓아서 고정시킨다.
5. 돌림판에 화살표를 붙이고 구멍을 내어 고정하며 완성시킨다.

- 제작방법 사진

하드보드지를 동그랗게 잘라 12등분하여 나눈다.	12띠의 동물의 형태를 펠트지로 만들어 크기를 조절한다.	펠트지로 12띠 동물을 완성하여 붙인다.	하드보드지에 돌림판을 고정하고 화살표를 붙인다.

3) 제작 시 유의점

- 동그라미가 비뚤어지지 않게 동그란 물건을 대고 그려서 잘라야 한다.
- 12마리의 동물들의 특징을 잘 살려서 만들어야 한다.
- 돌림판 가운데에 고정시킨 못에 손이 다치지 않도록 유의한다.

교구 앞

<활동 방법>

1. 동그라미 모양으로 앉는다.
2. 신체 표현을 할 친구 5명은 원 안으로 들어간다.
3. 교사의 동물 돌림판을 보고 동물의 모습을 표현한다.
4. 표현을 마친 유아들은 자리로 돌아가 앉는다.
5. 다른 유아들이 나와 돌림판을 보고 신체를 표현한다.

어떤 동물이 살까요?

대소집단
이야기 나누기

1. 놀이 관찰

연수가 파란색 블록을 한데 모아 "여기는 바다야!" 라고 외친다. 이에 다른 지영이가 작은 하얀색 블록을 가지고 하늘을 날아다니는 시늉을 하며 "끼룩끼룩" 이라고 한다. 승원이가 작은 파란색 블록을 가지고 물고기가 헤엄을 치는 시늉을 한다(같은 관찰에서 여러영역으로 지원해줄 수 있음. 예-이야기나누기: 어떤 동물이살까요?, 수 조작영역: 어디에 살까요? 지원).

2. 놀이 수업 교재교구 필요성

유아가 주말에 바다에 놀러가 갈매기, 물고기를 본 이야기를 하자 유아들이 흥미를 보이기 시작했다. 이러한 흥미는 블록놀이로 연결되고 있었고, 이것을 계기로 동물의 서식지를 알 수 있는 교재를 통해 지원하고자 했다. 이러한 지원을 통해 유아는 동물에 대한 관심과 이해를 증진시키는 기회가 될 수 있고, 또한 과학적 탐구로 연결할 수 있을 것으로 기대한다.

3. 교재교구 목표

- 지식 : 동물이 사는 장소와 습성에 대해 안다.
- 기술 : 동물이 사는 장소와 습성을 연관시킨다.
- 태도 : 동물의 생태계에 대해 관심을 가진다.

4. 누리과정 관련요소

- 자연탐구 > 자연과 더불어 살기 > 주변의 동식물에 관심을 가진다.
- 자연탐구 > 자연과 더불어 살기 > 주변 세계와 자연에 대해 지속적으로 호기심을 가진다.

5. 제작 방법

1) 활동준비물 : 여러 색의 펠트지, 하드보드지, 벨크로

2) 제작 방법

<어떤 동물이 살까요? 책>

1. 하드보드지를 펠트지로 감싼다.

2. 동물이 사는 환경을 펠트지를 붙여 완성한다.
3. 동물을 펠트지로 만들어 붙인다.
4. 동물을 숨길 덮개를 만들어 벨크로와 함께 모든 판을 모아 붙인다.

- 제작방법 사진

하드보드지를 펠트지로 감싼다.	동물이 사는 환경을 펠트지를 붙여 완성한다.	동물을 펠트지로 만들어 붙인다.	동물을 숨길 덮개를 만들어 벨크로와 함께 모든 판을 모아 붙인다.

3) 제작 시 유의점

- 하드보드지에 펠트지를 떨어지지 않도록 단단히 부착한다.
- 동물이 숨어 있는 공간과 그렇지 않은 공간이 구분되지 않도록 제작한다.

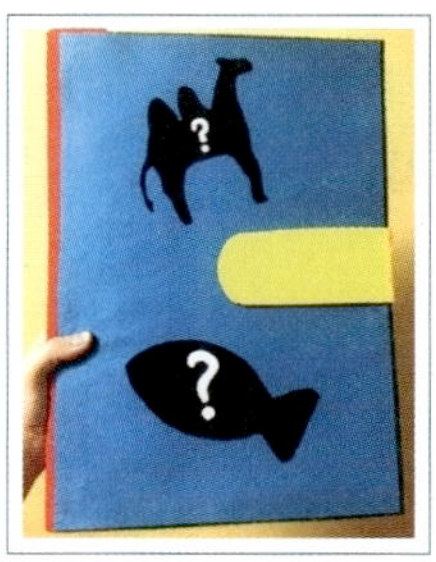

어디에 살까요? <부루오 게임 패러디>

수 조작영역

1. 놀이 관찰

연수가 파란색 블록을 한데 모아 "여기는 바다야!"라고 외친다. 이에 지영이가 작은 하얀색 블록을 가지고 하늘을 날아다니는 시늉을 하며 "끼룩끼룩"이라고 한다. 승원이가 작은 파란색 블록을 가지고 물고기가 헤엄을 치는 시늉을 한다.

2. 놀이 수업 교재교구 필요성

위의 놀이 관찰 상황을 통해 이야기 나누기로 '어떤 동물이 살까?' 활동을 진행한 후 수 조작 활동으로 '어디에 살까?'를 연결하기로 하였다. 수 조작 교재교구를 통해 주사위를 굴려 나온 수에 따라 게임 칩을 가져가고 빙고 판에 동물이 사는 올바른 서식지에 게임 칩을 놓아 빙고를 완성해 보는 놀이 수업을 해보면서 스스로 수를 세어 게임 칩을 가져가고 사는 곳에 따라 다른 동물에 대해 알고 구분할 수 있는 능력을 기를 수 있을 것이라 기대한다.

3. 교재교구 목표

- 지식 : 사는 곳에 따라 다른 동물에 대해 안다.
- 기술 : 게임 칩을 보고 빙고 판에 올바르게 놓을 수 있다.
- 태도 : 친구와 함께하는 놀이를 즐기는 태도를 지닌다.

4. 누리과정 관련요소

- 자연탐구 > 자연과 더불어 살기 > 주변의 동식물에 관심을 가진다.
- 자연탐구 > 생활 속에서 탐구하기 > 물체를 세어 수량을 알아본다.
- 사회관계 > 더불어 생활하기 > 약속과 규칙의 필요성을 알고 지킨다.

5. 제작 방법

1) 활동준비물 : A4 용지, 다양한 동물 사진, EVA, 상자, 색상지, 코팅지, 시트지, 우드락

2) 제작 방법

<빙고 판 만들기>

1. 파워포인트로 빙고 판 도안을 만든다.

2. 도안을 프린트하여 오린 후, 비슷한 색깔의 색상지로 배지를 댄다.
3. 배지를 댄 도안을 코팅한다.
4. 코팅한 도안을 오린 후, 우드락을 같은 크기로 자른다.
5. 코팅한 도안을 우드락에 붙인 후, 시트지를 붙인다.

- 제작방법 사진

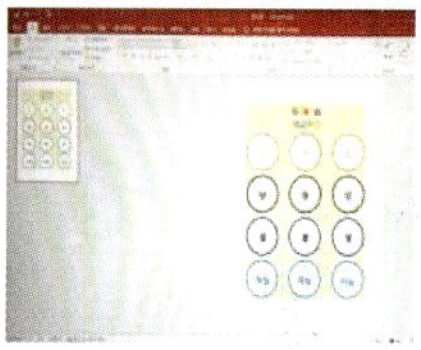		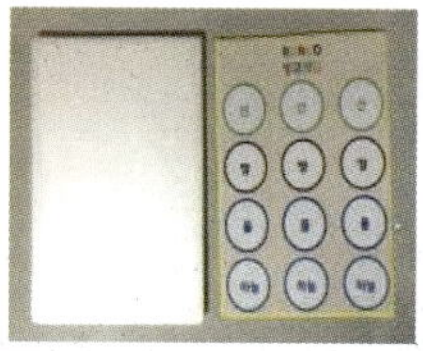	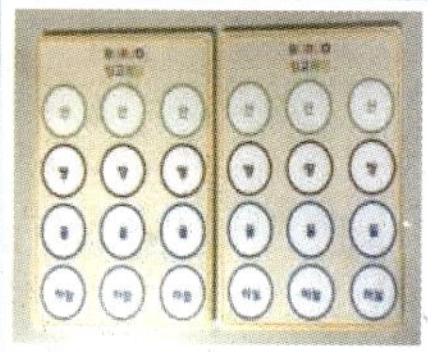
파워포인트로 빙고 판 도안을 만든다.	도안을 프린트하여 오린 후, 비슷한 색깔의 색상지로 배지를 대고 배지를 댄 도안을 코팅한다.	코팅한 도안을 오린 후, 우드락을 같은 크기로 자른다.	코팅한 도안을 우드락에 붙인 후, 시트지를 붙인다.

<게임 칩 만들기>

1. 5cm의 크기로 게임 칩 도안을 만든다.
2. 게임 칩의 앞면이 될 부분에 다양한 동물의 사진과 이름을 넣는다.
3. 게임 칩의 뒷면이 될 부분에 글씨를 넣는다.
4. 도안을 프린트하여 오린 후, 코팅한다.
5. 도안보다 조금 더 큰 사이즈로 EVA를 오려 앞뒤로 도안을 붙인다.

- 제작방법 사진

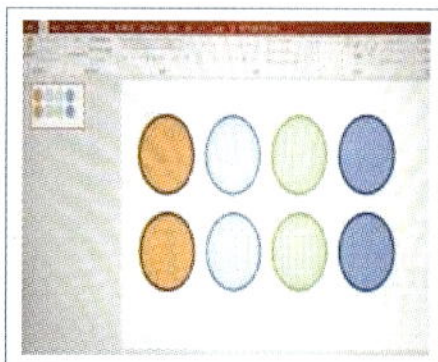	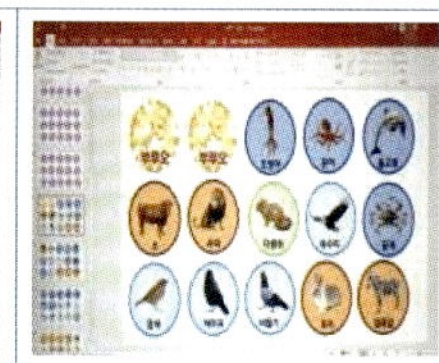		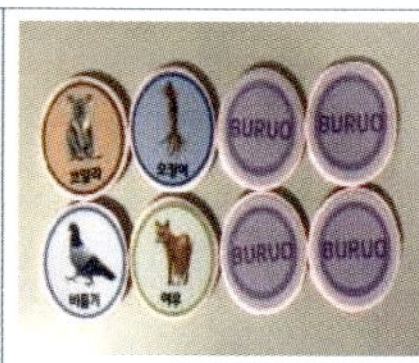
5cm의 크기로 게임 칩 도안을 만든다.	게임 칩의 앞면이 될 부분에 다양한 동물의 사진과 이름을 넣는다.	게임 칩의 뒷면이 될 부분에 글씨를 넣은 후, 도안을 프린트하여 오린 후, 코팅한다.	도안보다 조금 더 큰 사이즈로 EVA를 오려 앞뒤로 도안을 붙인다.

3) 제작 시 유의점

- 도안을 자를 때 손을 베이지 않도록 조심한다.
- 동물의 사진을 선명하고 적절한 크기로 제시한다.
- 유아들이 게임 칩의 날카로운 부분에 다치지 않도록 사이에 EVA를 붙인다,
- 빙고 판에 시트지를 감쌀 때 깔끔하게 감싸도록 한다.

교구 앞

옆(중간)

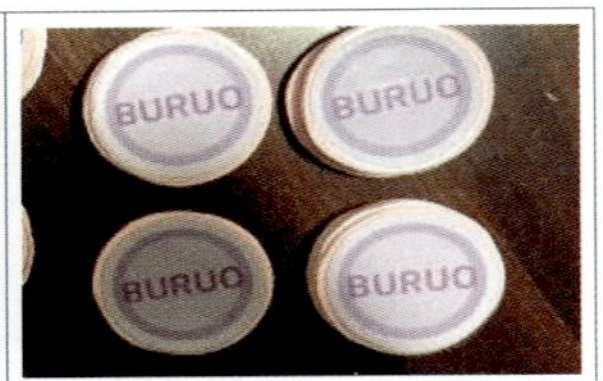

뒤 사진

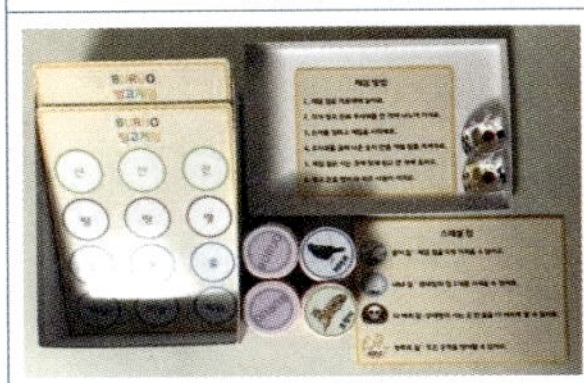

전체적인 모습

게임 칩 90개

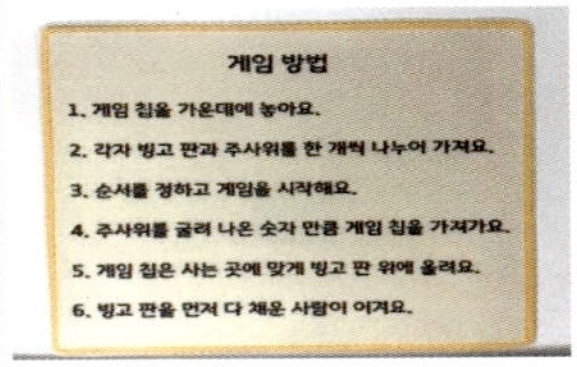

활동 방법

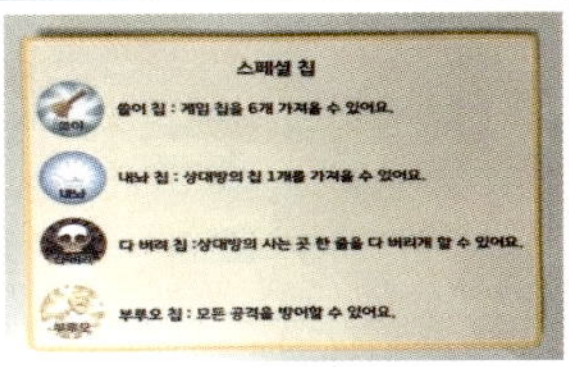

스페셜 칩 설명

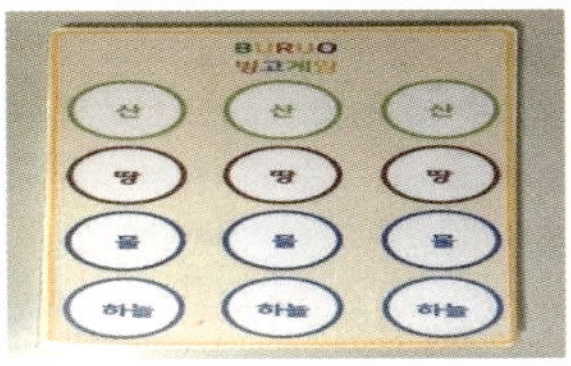

빙고 판

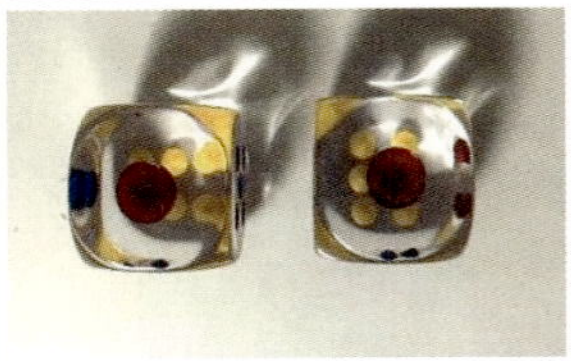

주사위

<활동 방법>

1. 게임 칩을 가운데에 놓는다.
2. 각자 빙고 판과 주사위를 한 개씩 나누어 갖는다.
3. 순서를 정하고 게임을 시작한다.
4. 주사위를 굴려 나온 숫자만큼 게임 칩을 가져간다.
5. 게임 칩은 동물이 사는 곳에 맞게 빙고 판 위에 올린다.
6. 빙고 판을 먼저 다 채운 사람이 이긴다.

동물의 이름을 찾아주세요

대소집단
게임

1. 놀이 관찰

승민이가 자유선택 활동에서 친구들과 함께 동물인형놀이를 하고 있다. 인형놀이를 하다가 인형 이름을 써주고 싶은지 교사에게 '호랑이'는 어떻게 쓰냐고 물어보고는 알려달라고 펜을 가져온다.

2. 놀이 수업 교재교구 필요성

자음과 모음에 대해 배운 후 아이들은 글자 쓰기에 흥미를 보이기 시작했다. 이러한 흥미는 자유선택 활동 시간에 역할놀이로 연결되고 그 속에서 선생님께 "이건 어떻게 써요. 저건 어떻게 써요."라는 질문을 많이 하였다. 그중 동물에 관련된 질문들이 많았다. 따라서 유아들에게 관심이 있으면서도 친숙한 동물과 관련된 단어를 시작으로 글자 쓰기를 한다면 즐겁게 글자를 익힐 수 있을 것이라는 생각이 들었다. 또한 이를 게임형식으로 한다면 더 즐겁게 글자를 익힐 수 있을 것이라는 생각이 들었다. 이러한 지원을 통해 글자 쓰기에 대한 흥미와 즐거움과 기술을 익힐 수 있는 기회가 될 것으로 기대한다.

3. 교재교구 목표

- 지식 : 자음과 모음이 합쳐져 하나의 글자가 된다는 사실을 안다.
- 기술 : 관련된 단어를 연결 지어 찾아 쓸 수 있다.
- 태도 : 글자에 대해 관심을 갖는다.

4. 누리과정 관련요소

- 의사소통 > 읽기와 쓰기에 관심 가지기 > 자신의 생각을 글자와 비슷한 형태로 표현한다.
- 신체운동·건강 >신체 활동 즐기기 > 기초적인 이동운동, 제자리 운동, 도구를 이용한 운동을 한다.
- 자연탐구 > 자연과 더불어 살기 > 주변의 동식물에 관심을 가진다.

5. 제작 방법

1) 활동준비물 : 여러 색 펠트지, 하드보드지 2장, 글루건, 가위 동물그림, 동물과 알맞은 글자, 종이 빨대, 끈 1개 , 코팅지, 시트지(보드마커용), 색깔 종이 여러 장

2) 제작 방법

<동물의 이름을 찾아주세요. 게임 판>

1. 산 모양으로 하드보드지를 가위로 오린다.
2. 산 모양으로 펠트지를 가위로 오린다.
3. 펠트지를 산 모양으로 오린 하드보지에 글루건으로 붙인다.
4. 삼각대를 만든다. (가로 23cm, 세로 16x12x26cm)
5. 펠트지를 네모로 오린다. (가로 6cm, 세로 3cm)
6. 끈에 네모 펠트지를 반으로 접어 붙힌 뒤 글루건으로 끈을 지그재그로 붙인다. 그후 네모 펠트지에 벨크로를 붙인다. 종이 막대에 글루건을 붙여 깃발도 달아준다.
7. 삼각대와 연결하여 붙인 뒤 뒤에 펠트지로 한 번 더 붙인다.
8. 동물 그림을 코팅지로 코팅 후 오린다.
9. 글자를 코팅지로 코팅 후 오린다.
10. 색깔 종이를 코팅지로 코팅 후 오린다. 그후 시트지를 붙인 뒤 오린다.
11. 동물 그림에 양면테이프를 붙여 글자와 색깔종이를 붙인다.
12. 동물 그림 뒤에 벨크로를 붙인다.
13. 게임 판에 동물 그림을 붙인다.

- 제작방법 사진

		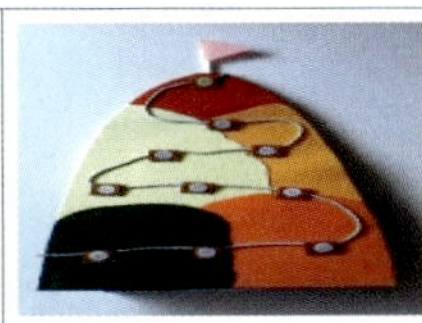	
펠트지를 산 모양으로 오린 하드보지에 글루건으로 붙인다.	삼각대를 만든다. (가로 23cm, 세로 16x12x26cm)	끈에 네모 펠트지를 반으로 접어 붙인 뒤 글루건으로 끈을 지그재로 붙인다. 그후 네모 펠트지에 벨크로를 붙인다.	동물그림을 코팅지로 코팅 후 오린다.

글자를 코팅지로 코팅 후 오린다.	색깔 종이를 코팅지로 코팅 후 오린다. 그후 시트지를 붙인 뒤 오린다.	동물 그림에 양면 테이프를 붙여 글자와 색깔 종이를 붙인다.	동물 그림 뒤에 벨크로를 붙인다.

3) 제작 시 유의점

- 끈에 붙일 때 네모로 자른 갈색 펠트지의 열린 부분에만 글루건을 칠한다.
- 끈을 산에 다 붙인 다음 네모 갈색 펠트지를 글루건으로 고정시킨다.
- 끈은 너무 두껍지 않은 것을 사용한다.
- 글루건에 손이 데지 않게 조심하여 사용한다.
- 네모 갈색 펠트지에는 보슬이, 등산 그림에는 까슬이를 붙인다.
- 까슬이 보슬이가 떼어지지 않도록 단단히 붙인다.
- 시트지는 보드마커용 시트지를 사용한다.

맞추기 판	맞추기 판	던지기 공

교구 전체 앞

<활동 방법>

1. 던지기 판에 공을 던진다.
2. 글자를 확인한다.
3. 확인한 글자와 연관된 동물을 찾는다.
4. 해당 칸에 보드마커로 글자를 보고 쓴다.

협•동•학•습

<10주차 이후> 교재교구 자기평가

교과교재연구 및 지도법의 수업을 통해 유아교육현장에서 사용할 수 있는 교구를 제작하였습니다.

1. 놀이 상황에 따라 제작된 교재교구의 모의수업 진행할 순서를 정해보세요.
2. 모의수업을 통해 제시되는 교재교구에 대하여 자기평가를 진행해보세요.

이름		학번	
연령		활동유형	

평가항목	평가내용	0 (미흡)	1 (우수)
교재교구 선정	교재교구가 놀이관찰에 따른 주제와 연계가 있는가?		
	교재교구가 연령의 발달에 적절한가?		
	교재교구가 목표를 달성하는가?		
교재교구 활용	교재교구 제작 경비가 경제적인가?		
	영유아가 활용하기에 교재교구가 불편하지 않은가?		
	교재교구의 보관이 용이한가?		
교재교구 흥미	교재교구가 영유아의 호기심을 불러일으키는가?		
	교재교구가 심미적인가?		
교재교구 안전	교재교구의 재료가 유아에게 안전한가?		
	교재교구가 견고한가?		
총점(10점)			

협·동·학·습

<10주차 이후> 교재교구 동료평가

교과교재연구 및 지도법의 수업을 통해 유아교육현장에서 사용할 수 있는 교구를 제작하였습니다.

1. 자기평가의 항목을 살펴보고 친구들의 교재교구를 살펴보세요.
2. 모의수업을 통해 제시되는 교재교구에 대하여 동료평가를 진행해보세요.

친구 이름	교재교구 선정(3점)	교재교구 활용(3점)	교재교구 흥미(2점)	교재교구 안전(2점)	총점 (10점)

Chapter 3.

연습하기 6번 답 ① 영상적 단계 ② 극화 경험

Chapter 4.

연습하기 1번 답 만 1세(12개월경) 유아가 잡고 일어서는 시기에서 걸어 다니기 시작할 때 걸음마 보조기를 사용한다.

2번 답 천이나 비닐로 만들어진 책

3번 답 신체운동·건강

Chapter 5.

연습하기 1번 답

Chapter 6.

연습하기 1번 답 교수자가 주제를 선정해 주면 학생이 패턴을 만들고 서로 맞추기를 한다.

예) 주제-과일

1. 사과 배 사과 배 사과 배 사과 배 사과 배
2. 사과 배 배 사과 배 배 사과 배 배 ______ 배 배
3. 사과 복숭아 배 배 복숭아 사과 사과 ____ 배 배

Chapter 8.

연습하기 1번 답 대소집단 활동은 교사가 유아와 함께 상호작용하거나 활동을 진행하는 것이라면 영역별 활동은 교사와 관계없이 유아 혼자나 또래와 활동을 진행할 수 있다. 따라서 영역에 배치되는 교재교구는 유아가 교사의 도움이 없이도 사용방법을 알 수 있도록 사용방법을 제시해놓는 것이 좋다.

4번 답 교육과정이 놀이중심, 놀이지원이라고 하지만 교사는 5개 영역이 골고루 이루어질 수 있도록 지원할 필요가 있다. 따라서 김교사가 역할 영역 교재교구만 만들 것이 아니라 수영장 놀이를 지원해주고자 한다면 대소집단활동에서 수영장 동화지원, 수영장 신체표현, 수영장게임 등을 지원하고 영역활동에서 수영장 글씨 쓰기 지원, 수조작활동에서 수영장 튜브 패턴, 수영장 관련 노래 지원등이 함께 이루어질 필요가 있다.

참고문헌

고윤희, 권랑희, 오경숙, 강영식, 나양자(2018). 교과교재연구 및 지도법. 경기: 공동체.

구경선(2008). 유아교육사상사. 서울: 교육아카데미.

김성은(2019). 영아의 통합발달을 위한 어린이집 평가제 교재교구 개발 및 적용 효과. 숙명여자대학교 대학원 박사학위청구논문.

김유정, 김정원(2019). 영유아 교과교재연구 및 지도법. 경기: 공동체.

김정숙, 박진아, 김정민(2015). 유치원 교재교구 질관리 방안 연구. 육아정책연구소 연구보고 2014-03

사사키 마사히로(1994). 교육놀이감 프뢰벨 은물. 한국 프뢰벨 유아교육 연구소 편역. 서울: 프뢰벨 주식회사.

서울대학교 교육연구소 편(1999). 교육학용어사전. 서울: 도서출판 하우.

석상미(2019). 게슈탈트 시지각 법칙을 적용한 행정브랜드 표현분석. 홍익대학교 광고홍보대학원 석사학위청구논문. pp. 25-35.

신화식(1995). 몬테소리교육모형. 경기: 양서원.

심성경, 이선경, 변길희, 김은정, 전영선(2019). 교과교재연구 및 지도법. 경기: 양서원.

염정은(2018). 낭만주의 교육철학에 기초한 프뢰벨의 유아기 인간교육. 서울교육대학교 교육전문대학원 박사학위 청구논문.

오연주, 김혜옥, 박향아(2021). 교재교구 연구 및 지도법. 서울: 창지사.

우원경(2001). 프뢰벨 은물을 통한 유치원 교육활동프로그램의 개발 및 적용. 동국대학교 교육대학원 석사학위청구논문.

이대균, 송정원(2002). 최신 유아 교재교구 연구 및 지도. 경기: 양서원.

이상욱 외(2011). 유아교육개론. 서울: 학지사.

이상욱(1996). 프뢰벨과 기독교 유아교육. 경기: 양서원.

이상욱(2008). 유아교육 사상사의 두 지평. 경기: 교육과학사.

이선애, 한선애, 유은석, 한경애 공저(2018). 교과교재 연구 및 지도법. 경기: 정민사.

임규혁, 임웅(2009). 교육심리학. 서울: 학지사.

정원애(2012). 몬테소리 수학활동에서 나타난 수학 저성취 유아의 수학적 태도 변화 양상. 총신대학교교육대학원 석사학위논문.

차춘희, 이수정, 오적옥, 손영환, 박희숙(2003). 교재교구 연구 및 지도법. 서울: 창지사.

한국코메니우스교육연구소(2004). 코메니우스와 교육. 서울: 프리칭 아카데미.

Atkinson, R., & Shiffrin, R. (1968). Human memory: A proposed system and its control processes. In K. Spence and J. Spence(Eds.), *The psychology of learning and motivation: Advances in research and theory*. New York: Academic Press.

Comenius, J.A.(2007). 대교수학. 정확실 역. 서울:교육과학사.

E. Dale. Audio Visual Methods in Teaching (New York: Hort Rinehart and Winston Inc. 1969), pp. 107-109.

Mayesky, Mary(2006). *Six simple ways to assess young children*. Delmar Thomson Learning.

National Association for the Education of Young Children(2019). *NAEYC early childhood program standard and accreditation criteria & guidance for assessment*. NAEYC.

https://www.naeyc.org/sites/default/files/globally-shared/downloads/PDFs/accreditation/early-learning/standards_assessment_2019.pdf (2022.5.17 발췌)

저자소개

유은정

성신여자대학교 일반대학원 교육학과(Ph.D.)

현) 백석문화대학교 유아교육과 부교수

이혜정

총신대학교 일반대학원 기독교 유아교육과(Ph.D.)

현) 백석문화대학교 유아교육과 부교수

영유아 교과교재 연구 및 지도법

초판 1쇄 인쇄 2022년 8월 12일
초판 1쇄 발행 2022년 8월 19일

지 은 이 | 유은정 · 이혜정
펴 낸 이 | 김기섭
편 집 인 | 김도언 · 이광순
펴 낸 곳 | 창지사 www.changjisa.com
08589 서울시 금천구 가산디지털 1로 83 파트너스타워 1차 9층
전화 (02)719-2211~3
팩스 (02)701-9386
등 록 | 1977년 4월 28일 · 제1-421호

ISBN 978-89-426-1548-3 (93370)

값 22,000원